KB050727

개발연대의
정책 이야기

김적교

Policy Story of Korean Development Experience

박영사

머리말

　　지난해 초 문재인정부가 발간한 자료에 의하면 우리나라는 이제 선진국이 되었다고 한다. 2021년 1인당 국민소득(GNI)은 35,000달러에 근접하고 경제규모(GDP)는 세계10위권으로 1인당 기준으로는 이미 G7 국가인 이탈리아를 추월하였다고 한다. UNCTAD에서는 2021년에 우리나라를 개발도상국에서 선진국그룹으로 격상시켰다고 한다. 우리나라가 선진국이 되었다는 것이다. 우리나라가 진짜 선진국이 되었는지 아닌지는 좀 더 따져봐야 하겠지만 경제규모나 소득수준으로 볼 때 선진국권에 진입한 것은 분명한 것 같다.

　　1960년대 초만 해도 1인당 소득이 100달러도 되지 못한 세계최빈국의 하나였던 우리나라가 60년 만에 세계10대 경제대국이 되고 선진국반열에 들어갔다. 세계사에서 일찍이 보지 못한 기적과 같은 놀라운 발전이다. 이런 엄청난 성취는 어려웠던 세월을 같이 해온 우리 세대에게는 많은 생각을 하게 한다. 나 개인적으로도 이 발전과정에 직·간접으로 참여한 바 있고 또 그 과정을 연구하여 왔기에 남다른 감회를 갖게 한다.

나는 1958년부터 1963년까지 부흥부와 경제기획원에서 6·25전쟁으로 폐허가 된 우리 경제의 재건과 우리나라 근대화과정의 출발을 알리는 제1차 경제개발5개년계획의 작업에 실무자로서 참여한 바 있다. 1963년 말 경제기획원을 그만두고 네덜란드로 떠나 6년간의 유럽유학생활을 마치고 1971년에는 KDI의 창설멤버로 돌아와 1979년까지 연구원 생활을 하면서 정부의 정책개발에 직·간접으로 참여하였다.

1972~1973년의 격동기에는 청와대 경제수석을 보좌하면서 우리 경제의 장기전망(1972-81), 내자(內資)동원 방안 등 경제정책에 깊이 관여하였고 KDI에 돌아와서는 예산제도 개편, 우리나라 근대화과정연구, 15개년장기경제발전계획(1977~1991), 중화학공업육성 관련 정책 등 정책연구에 10년 가까운 세월을 보냈다.

1980년대는 대학교수로 있으면서 경제기획원, 재무부, 상공부, 과학기술처의 자문위원으로 경제개발5개년계획과 정책개발에 직·간접으로 참여하였고 1989~1992년에는 대외경제정책연구원의 운영을 맡으면서 우리나라의 대외개방과 북방관련 정책연구를 진두지휘하였다.

이와 같이 나는 1950년대 말에서 1990년대 중반까지 40여 년의 세월을 정부와 국책연구기관에서 근무하고 또 자문활동을 하면서 우리나라가 어떻게 절대빈곤의 가난을 극복하고 근대적 산업국가로 도약하였는지를 직접 보고 체험하고 연구하면서 지내왔다. 이 기간은 정부가 경제개발에 주도적 역할을 한 개발연대로서 우리나라 경제발전의 황금기라고 할 수 있으며 선진국으로 가는 길을 닦아 놓았다는 점에서 역사적으로도 매우 의미 있는 시기였다고 할 수 있다.

나는 그동안 여러 형태의 글을 통해 한국경제의 발전과정에 대한 나의 생각을 정리한 바 있지만 내 개인이 걸어온 발자취를 통해 이를 살펴보는 것도 한국경제의 발전과정을 이해하는 데 조금이라도 도움이 되지 않을까 생각되어 이 글을 쓰게 되었다. 지난 반세기 동안 내가 살아온 길을 시대별로 구분하여 내가 보고 경험하고 또 연구하고 생각했던 일을 있는 그대로 기술하도록 노력하였다. 이 책은 나의 자전적 회고록이지만 정책문제를 중심으로 기술하였기 때문에 책의 이름은 "개발연대의 정책이야기"로 하였다.

이 책에 실린 내용은 어디까지나 나의 개인적 경험과 생각을 정리한 것이라는 것을 밝혀두며 우리나라 경제가 어떻게 그리 빨리 성장하고 발전하였으며 또 그 과정에서 어떤 문제가 잉태되었는지를 이해하는 데 조금이라도 도움이 된다면 그 이상의 바람은 없다 하겠다. 크고 작은 정책관련 문제를 이야기 형태로 다 옮기기에는 한계가 있어 독자의 이해를 돕기 위해 정책과 관련된 몇 개의 글과 논문을 부록으로 첨부하였다. 오래전의 일을 기억에만 의존하다보니 본의 아니게 이름이나 기타에 오류가 있더라도 양해하여 주시기 바라며, 지난 반세기 동안 나를 가르치고 이끌어주고 도와주고 또한 함께했던 모든 분들에게 이 기회를 빌려서 감사의 말씀을 드리고자 한다.

끝으로 원고정리에 도움을 준 한홍렬 교수, 김상호 교수, 정영록 교수, 배진영 교수와 안호숙 박사에게 심심한 사의를 표하며, 이 책의 발간을 기꺼이 응해주신 박영사의 이영조 부장님과 편집과 교정을 맡아주신 전채린 차장님께도 감사의 말씀을 드리고자 한다.

2023년 1월

김적교

Contents

차 례

개발연대의
정책 이야기

Policy Story of Korean Development Experience

부흥부 시절

1 촉탁직으로 공직생활시작

나는 1958년 2월 말 대학졸업과 동시에 부흥부 기획국 관리과에 4급 촉탁으로 공직생활을 시작하였다. 부흥부는 전쟁으로 폐허가 된 경제를 재건하기 위해 1955년 기획처의 발전적 해체로 탄생된 신생부처였다. 1953년 한국전쟁이 종식되면서 미국을 중심으로 UN이 한국의 재건을 위해 대대적인 경제 원조를 제공하게 되자 한국정부는 이의 계획 및 운영을 위한 부처의 신설이 요청되었으며 이를 위해 1955년 기획처를 부흥부로 승격 개편하였다.

부흥부의 조직은 원조자금의 도입과 계획을 관리하는 기획국과 이의 집행을 담당하는 조정국 및 원조의 심사 평가를 담당하는 경제계획관실로 구성되었다. 그 당시 장관은 송인상 씨, 차관은 신현확 씨였고 1년 후 송인상 씨가 재무부장관으로 가면서 신현확 씨가 장관으로 취임하고 후임으로는 상공부의 국장으로 있든 정영기 씨가 왔다.

기획국장은 송정범 씨였고 조정국장은 김태동 씨였다. 경제계획관실은 차균희 박사가 맡고 있었다.

1956년부터 원조가 급증하고 이에 따른 업무량의 증가로 부흥부는 해마다 자체적으로 소수지만 대학의 추천을 받아 신규직원을 촉탁직 형태로 채용하였다. 1958년에는 나와 연세대학을 나온 강신조 씨가 들어왔다. 이러한 관계로 당시 부흥부에는 4급직은 정규직보다는 촉탁직이 더 많았다.

이는 부흥부가 대충자금이란 자체 재원을 가지고 있었기에 가능하였다. 부흥부는 미국의 주한 원조당국인 USOM(United States Operation Mission)을 상대해야 하기 때문에 과장급 이상의 고위직은 대부분 미국에서 교육을 받았거나 훈련을 받은 분들로 구성되었고 한국은행과 산업은행 출신들이 적지 않았다. 이 때문에 직원도 영어시험을 통하여 채용하였는데 나는 박희범 교수의 추천으로 시험에 응할 기회를 가졌었다.

내가 속한 기획국 관리과는 원조물자의 판매로 생긴 원화자금, 즉 대충자금(counterpart fund)을 기획·관리하는 것을 주 업무로 하고 있다. 대충자금은 관수와 민수로 나누어지는데 관수는 공공부문에 대한 지원, 예컨대 교육, 보건위생, 철도, 전력, 통신 등 주로 사회간접자본에 대한 복구와 시설투자지원에 집중되었다. 민수는 민간에 대한 융자로써 주로 산업은행을 통하여 지원되었다.

대충자금의 배분은 부흥부에서 부문별 규모를 정하여 재무부에 주면 재무부는 이를 기초로 예산을 편성하여 해당부처와 기관에 지원하였다. 재무부에서는 예산국 4과가 대충자금예산을 담당하였는데 당시 4 과장은 김학열 씨(후에 경제기획원 장관 부총리역임)였다. 예산국 4과는 우리 관리과에서 대충자금을 받아야 하기 때문에 김학렬 씨는 인사차 관리과에 들리기도 하였다.

2 원조와 국민경제

원조자금의 사용은 원칙적으로 미원조당국과의 협의로 이루어지기 때문에 사실상 1950년대의 경제정책은 원조당국이 장악하고 있었다 해도 지나친 말은 아니다. 원조가 국민경제에서 차지하는 비중이 워낙 크기 때문이다.

〈표 1−1〉에서 보는 바와 같이 1953~1960년 기간 중 원조자금에 의한 수입은 평균적으로 우리나라 총수입의 74.2 %를 차지하였고 나머지는 우리의 보유외화자금으로 충당하였다. 1950년대 중반 한때는 우리나라 수입전체의 85% 이상을 원조자금에 의존하였다. 우리의 외화자금이라는 것도 대부분 우리정부가 UN군이 필요한 원화를 주고 그 대가로 받은 것이기 때문에 사실상 우리나라 수입은 거의 전적으로 원조자금에 의하여 이루어졌다고 해도 과언은 아니다. 왜냐하면 그 당시 우리나라의 수출은 2~3천만 달러에 불과하였기 때문이다.

1953~1960기간에 원조물자의 판매대금인 대충자금수입은 평균적으로 정부세입의 38.4%에 달하였으며 한두 해를 제외하고는 재정수입의 거의 절반을 차지하였다. 이처럼 우리경제는 원조 없이는 나라의 살림살이를 꾸려갈 수 없는 매우 어려운 상황이었다.

표 1-1 **원조와 국민경제, 1953-1960**(단위: %)

	1953	1954	1955	1956	1957	1958	1959	1960	1953-1960 평균
원조/총수입	58.3	73.9	69.3	76.1	86.6	84.9	73.1	71.4	74.2
대충자금 /총세입[3]	11.9	29.9[1]	46.5[2]	-	52.9	51.5	41.6	34.6	38.4

주: 1) 1954년 4월에서 1955년 6월까지의 15개월임.
　　2) 1955년 7월에서 1956년 12월까지의 18개월임.
　　3) 세입은 중앙정부의 세입임.
자료: A. Krueger(1979), p.67; R. Bahl et al(1986). p.227.

미국의 원조는 전쟁으로 파괴된 시설 복구와 민생 안정에 목적을 두었기 때문에 성장보다는 경제안정에 역점을 두었다. 이로 인하여 원조도 시설재의 제공보다는 민생안정에 필요한 물자나 식량의 제공에 치중함으로써 경제성장을 원하는 우리정부와는 마찰과 갈등이 없지 않았다. 전자를 사업(project)원조라 하고 후자를 비사업(non-project)원조라 하는데 양자 간의 비중은 해마다 다르나 평균적으로 2대 8의 비율로 나누어졌다.

송인상 씨의 회고록에 의하면 이승만 대통령은 원조자금은 한국 국민의 피의 대가인데 그 돈으로 일본 물품을 들여와 소비하는 것은 참을 수 없는 일이라 하시며 기회가 있을 때마다 원조자금을 공장건설에 투자하라고 지시하였다고 한다. 그래서 자기도 더 많은 돈을 시설재 구입과 공장건설에 사용하고자 하였으며 이로 인하여 미국 측과의 협상에서 어려움이 적지 않았다고 회고하였다.

소비재중심의 원조성격 때문에 미국의 원조정책을 비판적으로 보는 견해도 없지 않았다. 그 당시 어려웠던 우리의 경제사정을 고려할 때 원자재나 생활물자의 도입이 시설재의 도입보다 꼭 나쁘다고만 할 수 없다. 비사업원조는 그 판매대금인 대충자금수입으로 들어가 경제안정과 전후 경제재건에 사용되었기 때문이다. 대충자금수입의 36%정도가 국방비로 지출되고 나머지 64%는 거의 전부가 경제재건과 민간융자금으로 사용되었다.

그 당시 일반회계에서는 투융자사업을 지원할 형편이 되지 못하였기 때문에 정부의 투융자사업은 전적으로 대충자금특별회계에 의존하였고 이는 우리나라 총고정자본형성의 2/3에 달할 정도로 매우 큰 비중을 차지하였다(김적교, 한국의 경제발전, 2012). 다시 말하면 미국의 대한국원조는 전후 경제안정과 성장에 절대적인 영향을 미쳤다고 할 수 있다. 1945~1960년에 대한국원조는 약 30억 달러에 달하였는데 미국원조가 84%를 차지하였다.

또한 농산물과 원자재원조는 이를 활용한 소비재산업, 특히 제분, 제당 및 면방과 같은 수입대체산업의 발달로 이어짐으로써 초기의 공업화에도 크게 기여하였다. 면방의 경우는 60년대 섬유산업이 우리의 주력수출산업으로 발전하는 데 결정적 역할을 하였다.

위에서 지적한 물적 원조 말고도 적지 않은 기술원조가 있었고 이는 우리나라의 인력개발에 크게 기여하였다. 1951~1971년에 UN과 미국으로부터 180백만 달러의 기술원조가 있었는데 1951~1961년에 50백만 달러, 1962~1971년에 130백만 달러에 달하였다. 기술원조는 외국전문가의 초청이나 우리나라 인력의 해외파견훈련을 위하여 쓰였는데 1962~1971년에는 1,547명의 외국전문가의 초청과 7,189명의 국내인력의 해외파견훈련이 있었다. 1950년대도 수천명의 전문가

초청과 해외파견훈련이 있었을 것으로 추정되나 자료의 부재로 정확한 숫자는 알 수가 없다(김적교, 한국의 경제발전, 제2판, 2016).

국내인력의 해외파견훈련은 주로 공무원이나 국가기관에 종사하는 사람들을 대상으로 하였는데 경제, 행정, 산업, 교육, 보건의료 등 여러 분야의 중견급 실무자들로서 이들의 해외훈련은 개발초기의 빈약한 행정 및 기술 인력의 자질향상은 물론 선진 전문기술의 습득을 통해 국가발전에 크게 기여하였다. 기술원조는 금액상으로는 적으나 물적 원조 못지않게 경제발전에 기여하였다고 할 수 있다.

3 문교부와 체신부담당

관리과에는 직원이 총 15~16명 정도로 사무관 두 사람이 관수와 민수를 나누어 담당하고 있었다. 과장은 장예준 씨였다(후일 경제기획원 차관과 상공부장관 및 동자부장관 역임). 나는 관수계에 속하였는데 계장은 유병호 씨로 기획처에서 넘어온 분이었다. 관수계는 6~7명이 있었는데 한 사람이 2 내지 3개 부처를 담당하였으며 나는 문교부와 체신부를 담당하였다.

대충자금예산은 관계부처에서 자금요구액이 오면 관리과에서 일차 심사를 하여 USOM과 협의하에 결정한다. 이 관계로 영문서류도 보고 USOM에 갈 기회가 있어 영어를 배우는 데도 큰 도움이 되었다.

앞에서 지적한 바와 같이 원조당국은 전쟁으로 파괴된 시설복구에 주안점을 두었는데 문교부의 경우는 실업계고등학교의 시설복구와 기자재의 보급에 큰 관심을 보였다. 나는 문교부 시설과와 빈번한 협의를 통해 가능한 한 많은 자금을 지원하도록 노력하였으며, 이를 위해 1959년 여름으로 기억되는데 실태 조사를 위해 이리(익산), 목표, 여수지방의 실업계고등학교를 방문한 적도 있었다.

체신부에 대한 지원은 송배전선의 보수와 확충에 집중되었다. 예산편성은 숫자와 싸워야 하는데 주판으로만 계산할 수밖에 없어 어려움이 적지 않았다. 우리 과에는 원조물자로 얻은 손으로 돌리는 계산기가 하나 있었으나 신입직원에게 돌아올 기회는 많지 않았다.

나의 부흥부 생활은 박봉이었으나 업무 자체가 매우 매력적이고 신생부처라 분위기도 좋아 매우 만족스러웠다. 당시 공무원들은 박봉에다 과한 업무량으로 저녁에는 술로 스트레스를 풀기도 하였다. 장예준 과장님은 술을 좋아해 자주 술도 하고 2차로 집에까지 가서 한 적도 적지 않다. 장과장님의 댁은 회현동의 조그마한 적산 가옥에서 부친을 모시고 사신 것으로 기억된다. 사모님은 우리가 늦게까지 술을 하는데도 늘 한결 같은 마음으로 반갑게 대해주었다.

우리 과에는 장예준 과장님을 포함해 나의 대학선배가 세 분 계셨는데 그 중 한분인 원용훈 씨는 나의 1년 선배로 가깝게 지냈다. 원 선배는 미 대사관에 친구가 있어 자주 같이 놀러도 가고 내가 미국에 갈 때 펜팔을 소개하는 등 많은 도움을 주었다. 1959년에는 대학 1년 후배인 곽승영 씨와 이만용 씨가 들어와 분위기는 더욱 좋았다. 부흥부는 원조자금을 다루기 때문에 업자들의 출입이 적지 않았고 이 관계로 스캔들이 없지 않았으나 비교적 깨끗한 부처로 정평이 나 있었다. 더구나 관리과는 주로 정부기관을 상대하기 때문에 그러한 문제는 더욱 없었다.

4 해외훈련에 선발되다

1960년에 들어오면서 나의 신상에 적지 않은 변화가 있었다. 부흥부는 해마다 소수의 직원을 선발하여 해외훈련을 시켰는데 1960년에는 장관실의 정춘택, 차관실의 박필수, 기획국 조사과의 조천식, 관리과의 김적교로 네 명이 선발되었다. 조천식 씨는 한국은행에서 파견 나왔던 분이다. 이분들은 나보다 모두 나이가 많은 분으로 Pittsburg대학교로 가고 나만 Vanderbilt대학교로 가게 되었다. Vanderbilt대학은 교수를 보내 후보들을 직접 선발하였는데 그 해에는 Anthony Tang 교수가 와서 인터뷰를 하였다.

Vanderbilt대학은 후진국 관료를 훈련시키기 위한 대학원 과정으로 Graduate Program in Economic Development를 두었는데 당시에는 이 부문에서 미국에서도 가장 좋은 program이었다. 그래서 우리나라에서도 여러 사람이 교육을 받고 왔는데 1958년에는 부흥부에서 정재석, 최창락, 김석근, 1959년에는 오정현 씨가 다녀왔다. 이분들은 후일에 장관, 국책은행의 총재, 부총재직을 지내는 등 우리나라경제발전에 크게 기여하였다.

내 이후에도 경제기획원과 한국은행 및 산업은행 등에서 많은 분들이 다녀왔다. 대표적인 저명인사로는 서울대학교의 변형윤 교수와 아웅산 사태에서 희생된 서석준 경제기획원 장관과 이기욱 재무부차관을 들 수 있다. 나는 부흥부에 들어 온지 2년 만에 해외유학이란 기회를 잡은 것은 큰 행운이었으며 장예준 과장님과 송정범 국장님의 배려가 크지 않았나 생각된다.

나는 출국하기 전 서울대학교 부설 FLI에서 몇 개월 영어교육을 받고 1960년 6월말 경에 출국하여 Washington D.C.에서 한 2주 정도 오리엔테이션을 받고 Nashville에 도착한 것은 7월초 경으로 기억된다. Nashville은 비교적 작은 도시로 교육도시로 유명하다. Vanderbilt 대학과 교육학으로 유명한 Peabody 외 몇 개의 작은 대학이 있었다. Vanderbilt는 남부의 Harvard로 불릴 정도로 유명하였으며 경제학부에도 미국 농업경제학회회장인 William H, Nicholls 교수와 Georgescu-Roegen, Rendigs Fels 등 유명한 교수가 있었다.

우리 Program에는 40명 정도가 참여했는데 소수의 미국인을 제외하고는 전부가 아세아, 아프리카, 중남미, 중동 등에서 온 정부관리, 대학교수, 중앙은행 직원이었다. 9월의 정규과정에 들어가기 전 미국 대학의 3, 4학년의 학생들이 배우는 교과서를 가지고 한 달 정도의 오리엔테이션을 받았다. 첫 학기에는 통계학, 화폐금융론, 경제발전론을 수강하였는데 한국에서는 배우지 못한 것이 거의 대부분이었다.

수요공급곡선도 제대로 배우지 못하고 간 처지라 잠도 제대로 잘 수가 없었으며 이러한 긴장감은 일 년 내내 지속 되었다. 이 Program은 여름 학기를 포함해 평균 B학점 이상을 받고 논문(세미나 paper로 대체)을 쓰면 경제학 석사학위를 주는데 잠을 덜 잔 덕택에 과정을 성공적으로 마칠 수 있었다.

경제기획원 시절

1 제1차5개년계획에 참여

　　1961년 귀국 후 나는 병역문제로 연말경에나 복직을 하였고 경제기획원 종합기획국 2과에 배치되었다. 5·16 군사정부는 우리나라의 경제발전을 위해서는 중장기 경제개발계획을 담당하는 기관이 필요하다고 판단하여 1961년 부흥부에 재무부의 예산국과 내무부의 통계국을 합쳐서 경제기획원을 설립하였다. 종합기획국은 종합기획과와 1,2,3과로 나누어져 있었는데 국장은 한국은행 조사부 차장출신인 안종직 씨였고, 2과장은 산업개발위원회 출신인 전석두 씨였다.

　　1961년 말 내가 복직을 했을 때는 제1차5개년계획(1962~1966)의 작성이 마무리 단계로, 각 과에서는 부문별 계획의 내용을 설명하는 5개년계획의 해설서를 준비하고 있었다. 나는 제조업부문계획을 맡았다. 5개년경제계획은 우리나라에서 처음 시도되는지라 계획의 성공적인 추진을 위해서는 계획서와는 별도로 이를 쉽게 국민에게 알릴 필요가 있기 때문에 해설서를 만들기로 하였다. 이 해설서는 "우리나라 경제의 나아갈 방향"이란 책으로 1962년 동아출판사에 의하여 출판되었다.

경제기획원은 제1차5개년계획의 본격적 추진을 위해 1962년에 종합기획국을 기획국, 1차산업국, 2차산업국, 3차산업국으로 나누어 계획기능을 대폭강화하였다. 종합기획국 2과는 2차산업국으로 확대 개편되었다. 경제기획원의 조직이 개편되면서 나도 그해 여름에 계획관보(사무관)로로 승진되고 외부에서도 많은 새로운 인재가 등용되었다. 기획부서에서는 사무관을 계획관보, 서기관을 계획관으로 칭하였다.

2차산업국은 종합기획, 기계금속, 조선, 전기전자, 석유화학부문으로 나누어졌는데 나는 종합기획부문에 속했다. 제1차5개년계획은 처음에는 매우 야심적이어서 목표성장률을 연평균 7.1%로 설정하고 중화학공업육성에 중점을 두었다. 2차산업국은 공업부문의 세부계획 작성에 집중하였는데 제철, 시멘트, 조선, 석유화학, 기계 등의 투자계획과 경제성 분석을 중점적으로 다루었다.

종합기획파트에서는 각 부문에서 작성한 투자계획의 취합과 타당성 검토에 필요한 기준을 제공하는 데 역점을 두었다. 나는 당시 미국에서 박사학위를 마치고 한국은행에 와있던 한기춘 박사의 도움을 받아 사회적 한계생산성(Social Marginal Productivity: SMP) 투자기준을 작성하여 이를 경제성 검토에 시도한 바 있다.

제1차5개년계획은 위에서 지적한 바와 같이 매우 야심적이었으나 미국정부의 비협조와 통화개혁실패로 인한 재원조달의 어려움으로 개발전략을 바꾸지 않을 수 없었다. 경제기획원은 1963년부터 보완작업을 시작 하여 목표성장률도 연평균 5%로 낮추고 공업화도 중화학 공업중심의 수입대체정책에서 경공업중심의 수출촉진정책으로 전환하는 등 계획의 내용이 상당히 수정되었다. 이러한 정책전환으로 수출이 급증하면서 1차5개년계획기간 중 경제성장률은 당초 목표성장률 7.1%를 초과 달성할 수 있었다.

나는 경제기획원에 근무하면서도 학문에 대한 관심이 많았다. 미국에서의 1년은 나에게 경제학에 대한 흥미와 관심을 촉발하였다고나 할까. 기획원의 일 자체도 책을 보고 새로운 이론의 탐구도 요구되기도 했다. 그 당시 경제기획원은 기획국에 조사과를 두어 계간 "경제조사"를 발간하는 등 젊은 직원들에게 공부하는 분위기를 조성하였는데 이는 기획국장으로 있든 정재석 씨의 영향이 컸다. 그는 관리로는 학구적인 분으로 젊은 사람들에게 공부하고 책 보는 것을 장려하였다. 좋은 경제정책은 이론의 도움이 필요하기 때문이다.

나도 그분의 권유로 그 당시 후진국개발관련이론으로 논쟁의 대상이 되었든 균형성장론(balanced growth)과 불균형성장론(unbalanced growth)을 비교분석한 글 "후진국경제개발에 관한 이론적 분석: 균형성장론 대 불균형성장론"을 1963년에 경제조사에 기고한 바가 있다.

2 　자의반 타의반으로 기획원을 떠나다

1963년 여름으로 기억되는데 나는 한국은행의 임희철 씨를 만나 네덜란드의 사회과학원(Institute of Social Studies: ISS)에 다녀온 이야기를 들었다. 임희철 씨는 연세대학을 나온 분으로 전석두 씨와도 가까운 사이였다. 네덜란드는 인구밀도가 세계에서 가장 높은 나라 중의 하나다. 그래서 국토관리와 자원의 효율적 활용을 위한 이론은 어느 나라보다도 잘 발달되고 경험도 풍부하였다. 이러한 네덜란드의 경험을 전수하기 위하여 네덜란드 왕실은 해구에 ISS를 세워 국가발전, 경제기획, 통계학 등의 과정을 두어 후진국은 물론 일본과 같은 선진국의 관리들도 훈련시키고 있었다.

ISS의 경제기획과정(Economic Planning Course)은 여러 과정 중에서도 가장 오래되고 유명하였다. 네덜란드에는 경제계획모델의 개발이나 이론을 전문적으로 다루는 중앙기획처(Central Planning Bureau)라는 기관이 있고 그기에 있는 교수와 전문가가 와서 강의하고 있고 또한 이 분야에서 세계적 대가로 알려진 Tinbergen 교수가 있기 때문이다. Tinbergen 교수는 너무나 유명한 분이기 때문에 나는 가보고 싶은 생각이 들었다. 임희철 씨는 관심이 있으면 서울에 네덜란드 명예영사가 있으니 한 번 만나보라고 하였다.

얼마 후 나는 네덜란드 영사관을 방문해 ISS에 가보고 싶다는 뜻을 표했다. J.J. Lenssen 명예영사는 나의 이력과 경제기획원에서 하고 있는 업무에 대한 이야기를 듣고 몇 가지 질문을 하고는 즉석에서 본국에 추천하겠다는 긍정적인 반응을 보였다. 그리고 몇 달 후 영사관으로부터 여비와 생활비를 포함한 전액장학금을 네덜란드정부가 주겠다는 통보를 받았다.

나는 이 문제를 나의 상관인 국장과 기획차관보에 보고하고 그간의 사정을 자세히 설명하였더니 두 분이 흔쾌히 허락하여 주었다. 경제기획과정은 우리 업무수행을 위해서도 좋고 7개월의 단기과정이고 경비도 네덜란드정부가 부담하니 아무 문제가 없다고 다녀오라는 것이다. 그래서 나는 결재 서류를 올렸는데 차관실에서 문제가 생겼다. 차관님이 오라고 해서 갔더니 누가 너를 추천했느냐고 묻기에 이기홍 차관보님이라고 했더니 이기홍차관보 보고 오라고 하라는 것이다. 그 당시 경제기획원 차관은 김학열 씨로서 차균희 차관이 농수산부장관으로 영전한 후 운영차관보로 있다가 승진된 지 얼마 안 된 때였다.

기획원은 재무부의 예산국과 내무부의 통계국이 부흥부에 흡수되면서 생겼다. 그래서 설립초기에는 부흥부 출신이 실권을 잡았다. 원장은 한국은행 총재를 지낸 김유택 씨, 차관도 한국은행 조사부차장과 부흥부 기획국장을 지낸 송정범 씨였기 때문이다. 그래서 김학열 씨는 한동안 한직으로 있다가 운영차관보를 거쳐 차관이 되었다.

이러한 관계로 부흥부 출신과 재무부 출신 간에는 보이지 않은 세력싸움이 있었던 것이며 김학열 씨가 차관이 되면서 이러한 현상은 두드러지기 시작하였다. 다시 말하면 이때부터 부흥부출신의 고난이 시작된 것이다. 김학열 씨가 차관과 장관이 되면서 고위직 부흥부 출신은 대부분 기획원을 떠나거나 타 부처로 가거나 해외로 밀려났다.

나는 이기홍차관보님에 가서 차관님이 좀 오시라고 한다고 하였더니 이차관보 말씀이 "자네 같은 젊은 친구가 우리 돈도 안 들고 해외훈련 TO와도 관계가 없고 Tinbergen 밑에 가서 좀 배우고 오면 얼마나 좋으냐. 내가 잘못한 것 없으니 걱정할 것 없다"고만 하고는 차관실에 가지를 않는 것이다. 답답한 나는 차관실에 가면 차관님은 이기홍차관보가 오라는데 네가 왜 자꾸 오냐고 하고, 차관보실에 가면 걱정할 것 없다 기다리면 된다고만 하니 내 가슴만 탔다. 고래싸움에 새우등이 터지는 격이 된 셈이다.

이기홍 씨는 미국 컬럼비아대학 출신으로 부흥부 기획국 기획과장으로 있던 분인데 자존심이 강하고 깐깐한 분이었다. 시간은 점점 흘러 연말 안으로 출국을 해야 하는데 해결의 기미가 보이지 않았다. 나의 고향 친구인 예산국의 박희윤 사무관이 차관님 사모님을 안다는 말을 듣고 박사무관하고 하루는 댁으로 찾아가 사모님께 부탁을 드렸으나 소용이 없었다.

또 김학열 씨의 제자로 청와대 비서관으로 있는 한준석 선배를 찾아갔으나 별 효과가 없었다. 나의 친구로 협력국 과장으로 있는 황병태하고 상의를 했더니 미국에 갔다 왔으면 됐지 뭐 하러 또 가려 하느냐고 하였다. 차관님의 성격이 워낙 까다롭기 때문에 아무도 그에게 말하기를 꺼려하는 눈치였다. 사실 관리로 생활하는 데는 큰 도움이 되는 것은 아니다. 황병태의 말은 매우 현실적이었다. 이러한 친구의 충고도 나의 결심을 바꿀 수는 없었다. 나는 사표를 내기로 결심을 하였다. 생각하면 매우 무모한 결단이었다. 돌아오면 복직이 된다는 보장도 없었기 때문이다. 그때 나는 지금의 집사람과 막 연애를 시작한 때였다.

유럽 유학시절

1 네덜란드유학

나는 부모님께 그간의 사정을 말씀드리고 1963년 12월 말에 기획원에 사표를 내고 네덜란드로 떠났다. 막상 사표를 내고 오니 앞으로의 진로에 대한 생각을 하지 않을 수 없었다. 그래서 Vanderbilt 대학의 Fels 교수에 편지를 써서 Vanderbilt에 돌아가고 싶다는 이야기를 했더니 돌아오는 것은 환영하나 장학금을 받기에는 늦었으나 ISS의 높은 사람(top man)한테서 강력한 추천서가 있으면 고려해 보겠다는 것이다. 네덜란드에 오자마자 미국으로 가겠다고 하면 누가 추천서를 써 주겠는가. 나는 미국 가는 것은 포기하고 과정에 충실하기로 하였다.

우리 과정에는 일본 경제기획청에서 두 사람이 왔고 그 밖에도 스페인, 터키, 유고슬라비아, 아이슬란드, 뉴질랜드 등에서 정부관리, 대학교수 등이 참여하였다. 뉴질랜드에서 온 Turnovsky라는 친구는 대학원에서 수학석사학위를 받고 Harvard와 MIT에서 장학금을 받고 온 친구로 여기서 과정을 마치고는 바로 미국으로 간다고 자랑을 하였다. 이 친구는 후에 미국에서도 유명한 경제학 교수가 되었다. 강의는 Tinbergen 교수를 위시하여 Oxford의 Balogh, lady Hicks 등의 저명교수가 와서 특강을 하였고 경제계획에 관한 강의는 주로 Central Planning Bureau에서 온 전문가와 교수로 경제계획의 작성 방법과 모델에 관한 이론적 기술적 분석을 주로 다루었다.

이 과정을 마치기위해서는 논문을 하나 써야 하는데 나는 경제기획원에 있을 때 투자기준 문제를 다루어봤기 때문에 투자기준과 관련되는 문제를 쓰기로 하여 지도교수와 상의한 결과 "capital intensity and investment criteria in underdeveloped country"라는 주제를 택하였다. 지도교수는 Rotterdam의 Netherlands School of Economics의 C.J. van Eijk 교수로 정해졌다. 그 당시만 해도 후진국은 워낙 가난하고 어려웠기 때문에 저개발국(underdeveloped country)이라고 표현하는 것이 일반적이었고 개발도상국(developing country)이라고는 하지 않았다.

자본과 노동의 비율인 자본집약도(capital intensity)는 그 당시 후진국에서 노동집약적인 기술을 택할지 아니면 자본집약적인 기술을 택할지를 두고 큰 논쟁의 대상이 되었다. 전자를 주장하는 학자들은 자본은 귀하고 노동이 풍부한 후진국에서는 노동이 상대적으로 싸기 때문에 비교우위가 있는 노동집약적인 기술을 택하는 것이 유리하다는 것이다. 반면 후자를 주장하는 학자들은 노동집약적인 기술은 단기적으로는 성장의 극대화가 가능하지만 임금이 국민소득의 대부분을 차지하기 때문에 저축의 여력이 적고 따라서 재투자율이 낮을 수밖에 없어 장기적으로 높은 성장이 불가능하다는 것이다.

이들에 의하면 경제발전이란 현재보다는 미래의 1인당 소득을 극대화하는 데 있기 때문에 노동의 생산성을 올려 소득을 증대하는 데 초점을 두어야 하고 이를 위해서는 자본집약적 기술을 택해야 한다고 한다. 왜냐하면 자본의 집약도가 높아야 노동생산성이 높고 노동생산성이 높으면 자본의 잉여율(rate of surplus)이 높기 때문에 재투자율(rate of reinvestment)이 높아 높은 성장이 가능하다는 것이다. 따라서 자본집약적인 중화학공업에 대한 투자가 유리하다는 주장이다. 이러한 주장을 한 대표적인 학자가 인도 출신의 A.K. Sen이었다.

나는 투자기준에 관련된 제이론을 비교분석하고 자본집약도가 높아도 자본의 잉여율이 반듯이 높은 것은 아니며 임금률(wage rate)에 따라 달라질 수 있고 기술진보가 있을 때 잉여율이 어떻게 달라지는지를 이론적으로 설명하고자 하는 내용의 논문을 썼다. 지도교수는 나의 논문을 보고 좋은 평가를 하면서 자기 밑에서 박사과정을 밟을 생각이 없느냐고 제안하였다.

나는 뜻밖의 제안에 감사할 따름이었다. 5명의 심사위원이 결정되면 interview가 있을 터이니 준비하고 기다리라는 것이다. 그러면서 우리 과정의 책임자인 Zimmerman 교수가 Stigler의 Price Theory 책을 읽으라고 추천하였다. 심사위원은 내부에서 세 사람, 외부에서 두 사람으로 구성된다고 하였다. 나는 뜻밖의 제안에 고무되어 도서실에서 열심히 책을 읽고 있었다.

한두 달이 조금 지났을 무렵 지도교수가 나를 부르기에 갔더니

Delft에 있는 한국학교수인 Voigt 교수가 나에 대하여 강력하게 반대하고 있어 자기도 어떻게 할 수 없다는 것이다. 경제학교수도 아니고 한국학교수가 반대한다니 나로서는 도저히 이해가되지 않았다. Voigt 교수가 나를 아는 것도 아닌데 왜 반대했을까? 나는 그 뒤에 곰곰이 생각을 해보았다.

　　그 당시 Delft공대에 이 모라는 학생 한 사람이 있었는데 4~5년이 지났으나 공부를 마치지 않고 있었다. 이 학생 전에도 한 사람이 Delft공대서 공부를 하였는데 이분은 공부를 마치고 네덜란드여자와 결혼해서 그곳에 살고 있었다. Voigt 교수의 눈에는 한국 학생이 네덜란드에 와서는 한국으로 돌아가지 않고 그곳에 살려고 하는 것이라고 생각했던 것 같고 그런 이유에서 반대를 한 것이 아닌가하는 생각이 들었다. 더구나 나는 공무원으로 있다가 본의는 아니지만 공무원신분을 버리고 왔고 네덜란드정부에는 공무원신분으로 장학금을 신청하였기 때문에 그런 의심을 받기에 충분하지 않았나 생각되었다.

　　나는 그 결정에 실망을 하였으나 그렇다고 하여 나의 꿈을 버릴 수는 없었다. 그래서 독일로 가기로 했다. 독일 쾰른(Köln)에는 대학선배인 이창수 씨가 있었다. 나는 그해 11월에 독일의 쾰른으로 떠났다.

2　독일유학과 Kraus 교수와의 만남

　　내가 독일로 가는 데는 문제가 한둘이 아니었다. 우선 독일어에 대한 준비가 전연 없었다. 나는 실업계고등학교를 나왔기 때문에 학교에서 독일어를 배운 적이 없고 대학 다닐 때 학원에서 독일어를 잠깐 배운 적이 있었을 뿐이다. 강의를 들으려면 어학과정을 통과해야 하므로 우선 어학과정을 밟기로 하였다. 초급반부터 시작해서 1년 동안 독일어를 집중적으로 공부를 해 소정의 과정을 마칠 수 있었다. 박사과정에 들어가기 위해서는 교수를 찾아야 하는데 이를 이창수 선배와 상의를 했더니 Bochum 대학에 있는 W. Kraus 교수를 소개해 주었다.

Kraus 교수는 원래 쾰른대학에 있다가 기쎈(Giessen)대학의 정교수로 갔다가 Bochum대학으로와 그 대학의 개발정책연구소의 책임자로 있었다. 독일에는 후진국의 경제적 사회적 발전을 전문적으로 다루는 종합적인 연구소가 없어서 1960년대 초에 Bochum대학에 후진국의 개발 문제를 다루는 종합적인 연구소를 세웠다. 연구소의 정식 명칭은 개발연구 및 개발정책연구소(Institut für Entwicklungsforschung und Entwicklungspolitik: IEE)다. Kraus 교수는 경제발전문제를 주로 다루었고 동아시아의 경제발전에도 관심이 많았다. "경제성장과 균형"이란 그의 책은 한국에서도 일찍이 번역된 바 있다.

나는 Kraus 교수에 편지를 쓰고 이력서와 네덜란드에서 쓴 논문을 보냈더니 얼마 후 보자고 연락이 와서 갔더니 여러 가지를 묻고는 자기 밑에서 학위과정을 밟는 것을 쾌히 승낙하였다. 이와 아울러 Kraus 교수는 나에게 Assistent 자리를 주겠다는 약속을 하였다. 덕분에 경제적 문제도 해결되어 1966년부터 학업에 전념할 수 있었다. 쾰른에 있을 때는 방학 중에 아르바이트를 하는 등 경제적 어려움이 적지 않았다.

　나는 미국에서 딴 석사학위가 인정을 받고 또 네덜란드에서의 과
정을 고려하여 추가적인 학점을 딸 필요 없이 바로 논문작성에 들어
갈수 있었다. Kraus 교수는 근대성장이론에서 자본계수가 안정적이라
는 가정하에서 이론을 전개하는데 과연 안정적인지, 아닌지 또 변하
면 어떻게 변화하는지를 이론적으로나 실증적으로 분석할 필요가 있
으니 한 번 연구해보라면서 박사학위제목을 "경제성장과정에서의 자
본계수의 변화"로 정하여 주었다.

　Bochum대학은 1960년대 초에 설립된 역사가 짧은 대학이다.
1950년대까지 서독에는 20개도 안 될 정도로 대학 수가 적었다. 그러
나 종전 후 경제가 급속하게 성장하면서 대학에 대한 수요가 급증하
게 되자 독일의 학제에 대한 비판적인 의견이 분출되면서 미국식 학
제를 닮아가는 새로운 형태의 대학이 출현하기 시작하였다.

　Bochum대학은 이러한 흐름에 맞추어 생긴 대학이며, 특히 후진
국의 발전과 동아시아에 대한 종합적인 연구에 중점을 두었다. 위에
서 지적한 IEE와 함께 독일에서는 처음으로 Bochum대학에 어문학은
물론 정치, 경제, 역사 등을 가루치고 연구하는 종합적인 동아시아연
구소(Ostasien Institut)를 세웠다. 중국과 일본의 정치, 경제, 역사에 대
한 연구에 집중되었고 한국에 대해서는 어문학에만 관심이 있었으며
한국학과에는 권선생이란 분이 한국어를 가르치고 있었다. 동아시아
연구소는 그 뒤 동아시아학부로 확대 승격되었고 나는 1982년에 객원
교수로 가서 한 학기 한국경제 강의를 한 적이 있다.

　Kraus 교수는 동아시아연구소의 경제연구도 책임을 맡았고 일본연

구에 관심이 많았다. 이 관계로 나는 주로 동아시아 연구소에서 교수님을 도와주었다. 처음에는 반쪽짜리 Assistent(wissenschaftliche Hilfskraft)로 있다가 1년 후 풀타임 Assistent(wissenschaftlicher Assistent)로 승진하여 월급도 600마르크에서 1,200마르크로 두 배가 올라갔다.

독일에서는 원칙적으로 박사학위를 받아야 Assistent가 되는데 예외적으로 박사과정에 있는 사람도 행정업무를 겸임하는 조건으로 Assistent 자리를 주는 경우도 있다. 독일에서는 대학을 졸업하는 데 보통 5~6년이 걸리며 성적이 좋은 사람은 바로 박사과정으로 들어갈 수 있다. 독일에서 대학도 나오지 않은 나를 풀타임 Assistent로 발탁한데는 내가 동아시아에서 왔다는 이점도 있었겠지만 Kraus 교수님의 나에 대한 각별한 애정과 배려의 표시가 아닌가 생각된다. 경제적 여유가 생기면서 나는 차도 사고 1968년에는 서울에 잠깐 나와서 결혼을 할 수 있었다.

연구소에서 내가 하는 일은 주로 교수의 강의와 연구에 필요한 자료의 수집·분석 등 연구소 일은 생각보다 많지 않아 나의 학위논문 작성에 집중할 수 있었다. 나의 논문은 이론적 파트와 실증연구의 두 부문으로 나누어진다. 이론적 파트에서는 근대성장이론에서 자본계수의 의의와 역할, 변화의 거시 경제적 결정요인 등을 다루었고 실증연구파트에서는 일본경제의 장기적 성장과정에서 자본계수가 어떻게 변화하였는지를 산업별 구조적관점에서 분석하는 데 중점을 두었다.

자본계수의 변화는 경제성장이나 기술진보와 같은 거시경제적 요인만으로 설명하기에는 부족하며, 특히 장기적 추세적 변화를 설명하기 위해서는 경제구조의 변화를 고려하지 않고는 제대로 설명을 할 수 없기 때문이다. 나는 일본 히토스바시 대학의 오카와 가스시 교수 주도하에 작성한 일본의 장기경제 통계자료를 입수하여 1905년부터 1965년까지 일본에서 자본계수가 어떻게 변화하여 왔고 거시적 구조적 요인은 어디에 있는가를 분석하였다.

국민경제 전체의 자본계수는 장기적으로 떨어지는 추세를 보이고 있으나 경제가 발전함에 따라 안정적인 경향을 보이고 있었다. 자본계수가 장기적으로 떨어지는 것은 기술진보의 영향이 컸으며 근대에 와서 안정적인 영향을 보이는 것은 경제가 발전함에 따라 산업구조가 점진적으로 안정화되는 경향과 밀접한 관계가 있다는 것을 구체적 분석을 통하여 입증하였다.

나는 "경제성장과정에서의 자본계수의 변화. 일본의 1905~1965 기간 경제성장과정을 중심으로 한 구조이론적 분석(Veränderung des Kapitalkoeffizienten im Wachustumsprozess. Eine strukturtheoretische Untersuchung unter besonderer Berücksichtigung des japanischen Wachstumsprozesses von 1905 bis 1965)"이란 제목의 논문을 제출하였고 심사위원회에서 좋은 평가(magna cum laude)를 받아 1970년 12월에 박사학위(Dr, rer. oec.)를 받았다. 내 논문은 교수의 추천으로 1972년 베르텔수만(Bertelsmann) 출판사에 의하여 경제성장과 자본계수(Wirtschaftswachstum und Kapitalkoeffizient)란 주제로 출판되었다.

박사학위를 받은 후 Kraus 교수는 자기와 함께 계속 일을 했으면 좋겠다는 뜻을 전하면서 자기가 오래전에 쓴 국민소득론 책을 보완하여 개정판을 내고 싶으니 같이 하자는 것이다. 그래서 나는 책의 개정판작업을 위해 참고서적을 보는 등 준비 작업을 하고 있던 중

1971년 여름에 KDI 김만제 원장으로부터 한 통의 편지를 받았다.

　　KDI가 귀하를 수석연구원으로 초빙하고자 하니 의향이 있으면 곧 연락을 달라 하면서 대우는 아파트와 자동차를 제공하고 귀국에 소요되는 모든 비용은 KDI가 부담한다는 것이다. 나는 김만제 원장을 전연 모르는데 그런 제안이 온데는 경제기획원에서 누군가가 나를 추천한 것으로 생각되었다. 경제기획원의 기획국장인 이희일 씨는 네덜란드에서 나와 같은 방에서 6개월을 같이 지낸 부흥부 출신의 동료였고 나의 친구 황병태는 경제협력국장으로 있었고 차관인 장예준 씨는 내가 부흥부 관리과에서 과장님으로 모셨던 분이기 때문이다.

　　나는 귀국문제를 놓고 Kraus 교수와 상의를 했다. Kraus 교수는 자기와 같이 있으면 교수도 될 수 있으니 잘 생각해보라는 것이다. 내가 박사학위를 딴 것도 외국에서 살려고 한 것이 아닐 뿐 아니라 독일에서의 외국인 생활은 만만치가 않고 늦은 나이에 온 내가 언어의 장벽을 완전히 극복하는 것도 간단치가 않는 등 여러 가지 문제를 고려해 귀국하기로 결정하였다.

04

KDI와 청와대 근무 시절

1 수출산업의 생산성분석

나는 1971년 10월부터 KDI에서 수석연구원으로 근무하기 시작하였다. KDI(한국개발연구원)은 박정희 대통령이 우리나라의 경제발전을 위해서는 과학자만 있어서는 안 되고 경제학자도 필요하다고 생각하여 1971년 3월에 국책출연연구원으로 설립되었다. 박대통령은 1966년에 KIST(한국과학기술연구소)를 세웠고 1970년에는 KAIS(한국과학원)을 세워 공업입국을 위한 연구개발과 고급인력양성의 초석을 놓았다.

1, 2차 경제개발5개년계획의 성공적인 추진으로 경제가 급속히 성장하고 구조가 복잡해지자 보다 합리적이고 장기적인 관점에서의 개발계획의 수립과 정책추진이 필요하였던 것이며 이를 위해서는 보다 전문적인 지식을 가진 경제학자가 필요하였다. 그래서 해외에서 박사학위를 받고 경험을 가진 이코노미스트(economist)를 데리고 왔던

것이다.

당시 KDI는 건물이 신축중인 관계로 중앙일보 근처에 있는 동화빌딩 24층에 있었고 김영봉, 김대영, 김완순, 남우현, 송희연, 송병락, 이규식, 홍원탁 박사 등 8명 정도가 나보다 먼저 와 있었고 그 뒤 박종기, 주학중, 구본호 박사가 와서 창립초기에는 12명의 박사로 시작되었다. 모두 다 미국에서 공부한 분이고 유럽에서 공부한 사람은 나 혼자뿐이었다. 그러나 김영봉 박사를 제외하고는 나이차가 별로 없고 학교관계 등 모두 알 만한 처지라 분위기는 좋았다.

나는 김완순 박사와 같은 방에서 비서 한사람을 두고 업무를 시작하였다. 나의 초봉은 월 14만원 정도로 기억하는데 당시 대학교수의 월급 4~5만원에 비하면 파격적이며 거기에다 동부이천동의 20평대 외국인 아파트와 출퇴근 승용차 제공 등 그 당시 한국의 경제사정을 고려할 때 특급대우를 받았다고 할 수 있다.

그 당시 우리나라 대학에는 해외서 경제학 박사학위를 받은 교수들이 많지 않기 때문에 대학에서 KDI박사를 초빙하고자 하는 움직임이 없지 않았다. 1974년으로 기억되는데 하루는 서울대학교 상과대학의 황병준 학장님으로부터 경제학과 출신인 나하고 홍원탁 박사와 송병락 박사에게 만나자는 연락이 왔다. 을지로 입구의 일식집인 이학에서 황학장님은 우리 세 사람에게 서울대학교로 왔으면 좋겠다는 제의가 있었다. 그러나 세 사람 모두가 대학에 가는 것을 원치 않았다. 그 당시 KDI에서의 연구 환경이나 대우가 서울대학과는 너무나 차이가 컸기 때문이다. 홍박사와 송박사는 그 뒤 몇 년이 지나서 서울대학으로 갔다.

1972년 초 홍릉에 신축건물이 완공되면서 KDI는 홍릉으로 옮겼고 주위 환경이 아름다운데다 6평 규모의 독방이 제공되고 연구원도 한 사람씩 제공되었다. 서울대학교 경제학과를 나온 홍철 씨가 나의 첫 번째 연구원으로 채용되었다. 홍철 씨는 후에 미국유학을 하고 와서 청와대비서관, 국토개발연구원장, 대학총장을 지냈다.

이렇게 연구여건이 완벽하게 갖추어지면서 우리는 모두 열심히 연구를 하였다. 김만제 원장의 지시가 없었는데도 모두가 주말에도 나와 자기가 맡은 연구 과제를 수행하였다.

김만제 원장은 나에게 생산성연구를 해볼 것을 권유하였다. 우리나라 수출이 급격하게 증가하고 있으나 과연 우리나라 수출산업이 얼마나 경쟁력을 가지고 있는지 이를 알아볼 필요가 있고 이를 위해서는 생산성분석이 요구되었기 때문이다. 그래서 KDI에서 나의 첫 번째 연구과제는 우리나라 수출산업의 생산성분석으로 정하였다.

그 당시 우리나라에서의 생산성연구는 한국생산성본부가 발표하는 노동생산성분석이 전부였다. 그러나 노동생산성은 산업의 효율성을 측정하는 수단으로는 적합하지 않기 때문에 자본과 노동을 합한 총요소생산성을 분석하기로 하였다. 우리나라에서는 내가 처음으로 총요소생산성 분석을 시도한 셈이다.

나는 우리나라 제조업을 수출산업, 수입대체산업, 내수산업으로 나누어 1966~1970년간 세 개 산업의 노동, 자본 및 총요소생산성을 측정, 비교분석하였다. 당초 기대와는 달리 수출산업은 수입대체산업과 내수산업보다 총요소생산성 증가율이 낮았다. 수출은 1966~1970년 사이에 연평균 36.7%가 실질 증가를 했으나 총요소생산성은 5.4%

증가에 그쳤다. 이는 생산성이 수출증가의 15% 정도만 설명하고 있다는 것인데 생산성이 수출증가에 별로 도움이 되지는 못하였다는 것을 의미한다.

물론 일부 노동집약적인 섬유산업, 전자산업, 고무산업, 피혁제품의 총요소생산성 증가율은 높았으나 금속, 기계, 목제 등 자본집약적인 산업의 생산성은 매우 저조하였다. 이러한 관계로 수출산업전체의 생산성증가율은 낮게 나타났다. 이는 정부의 수출에 대한 집중적 지원으로 경쟁력이 없는 산업에 대한 투자가 이루어졌기 때문이다. 그 당시에는 수출금융을 따기 위해 수출만 되면 채산성이 있건 없건 투자를 하였던 것이며 이 때문에 수출은 크게 증가하였지만 생산성 증가는 저조하였던 것이다. 다시 말하면 우리나라 수출산업의 경쟁력이 좋아져서 수출이 그렇게 크게 늘어난 것이 아니고 투자가 활발해져 생산이 늘어나 수출이 급증했다는 것이다.

가용자원이 완전히 활용되지 않은 경제발전의 초기에 생산성 증가가 낮은 것은 자연스런 현상이기는 하나 경제발전이 진행됨에 따라 가용자원의 제약이 따르기 때문에 수출의 지속적인 증가를 위해서는 생산성증가가 무엇보다 긴요하다는 등을 내용으로 하는 보고서를 영문으로 작성하였다.

이 논문은 1972년 7월 한국개발연구원 신축건물의 개관을 기념하기 위해 개최한 국제심포지엄에서 우리나라 수출산업의 생산성분석(Productivity Analysis of Korean Export Industries)이란 주제로 발표되었다. 그 당시 나는 청와대 파견근무를 한 관계로 한나절 짬을 내어 발표를 하였다. 국제심포지엄에는 노벨경제학 수상자인 쿠즈넷즈(S,

Kuznets), Yale대학의 래니스(G. Ranis), Harvard대학의 퍼킨스(D. Perkins), UC Berkely 대학의 아델만(I. Adelman) 등 세계적으로 저명한 경제학자들이 참석하였는데 내 paper는 이들로부터 좋은 평가를 받았다. 심포지엄이 끝난 후 김만제 원장이 불러서 갔더니 여러 사람이 와서 내 paper가 좋았다고 평을 하더라고 말해주었다.

2 청와대 파견근무

72년 6월초 이 논문이 끝날 무렵 나는 청와대의 이기욱 박사로부터 전화연락을 받았다. 자기는 곧 경제기획원 원장 비서실장으로 가게 될 것 같아 나를 자기 후임으로 정소영 경제수석에게 추천했다는 것이다. 이기욱 박사는 내가 부흥부에 있을 때부터 아는 사이인데다 Vanderbilt 대학 동문이다. 이 박사는 Vanderbilt에서 박사학위를 마치고 성균관대학교에서 가르치다가 청와대서 정소영 박사를 도와주고 있었다. 김만제 원장이 불러서 갔더니 청와대가서 정소영 박사를 도와주라는 것이다. 이래서 나는 홍철 연구원과 함께 6월 중순부터 청와대 파견근무를 하게 되었다. 내가 청와대서 할 일은 주요 경제정책문제에 대하여 경제수석을 보좌하는 일이었다.

70년대 들어오면서 우리 경제는 대내외적으로 큰 도전을 받게 되었다. 대외적으로는 미국경제가 월남전의 장기화에 따른 후유증으로 국제수지가 악화되어 달러화에 대한 국제적 신뢰도가 추락하고 있었다. 이에 1971년 8월 15일 닉슨 대통령은 긴급경제조치(달러화의 금태환정지 및 10% 수입부가세 부과 등)를 발동하였고 이를 계기로 선진국에서는 보호무역주의가 대두되기 시작하였다.

한편 대내적으로는 1,2차 5개년계획의 성공적인 추진으로 우리 경제는 고도성장을 하였으나 1960년대 말부터 시작된 세계경제의 경기후퇴로 수출이 급격히 감소하자 타인자본에 의존하던 기업의 재무구조가 급속히 악화되었다. 이 때문에 기업의 부도사태가 속출하는 등 우리경제는 심각한 위기국면을 맞이하게 되었다. 이를 타개하기 위해 정부는 1972년 8월 이른바 8.3긴급경제조치를 취하였다.

8.3조치는 사채를 동결하고 금리를 인하하여 기업의 재무구조를 개선하여 경쟁력을 향상시키는 데 목적을 두었다. 이조치의 성패여부는 물가안정에 있다고 보아 정부는 물가안정 목표를 3%로 정하고 물가안정에 총력을 기울였다.

경제기획원에 물가대책위원회(위원장 경제기획원 이재설 차관)를 두고 매주 초 전주의 물가동향을 점검하고 대책을 수립하곤 하였다. 그 회의에는 국세청 차장, 한국은행 조사담당이사, 관련부처국장 등이 참석하였고 청와대서는 경제수석의 명에 따라 내가 참석하였다. 국세청 차장이나 조사국장은 꼭 참석하였는데 필요시 세무조사를 하겠다는 것이다.

한국은행에서는 박성상 조사담당이사가 참석하였는데 하루는 박이사가 난처한 입장에 처하게 되었다. 왜냐하면 소비자물가 중 일부 품목의 가격이 너무 많이 올라서 세무조사를 하겠다는 것이다. 이재설 차관은 박 이사에게 어디서 조사를 하였는지 조사한 곳을 밝히라는 것이다.

그 당시 분위기로 봐서는 이를 거절하기가 어려움에도 불구하고 박 이사는 끝까지 버티어 밝히지 않았다. 조사한 곳을 밝히면 한국은행은 앞으로 소비자물가조사를 할 수 없다는 것이다. 만일 그때 박 이사가 출처를 밝혔다면 한국은행의 소비자물가지수는 믿을 수 없는 지수가 되고 말았을 것이다. 박 이사는 1980년대 초 한국은행 총재가 되었다.

물가 3%목표는 KDI 김만제 원장의 작품이라는 이야기도 있으나 많은 논란의 대상이 되었다. 왜냐하면 우리나라처럼 고도성장을 하는 경제에서 물가상승을 3%수준에서 억제한다는 것은 현실적으로 어렵기 때문이다. 8.3 조치는 금리의 인하, 사채동결 등 물가안정에 우호적인 요인도 있었으나 정부의 경기부양정책에 따른 유동성공급의 확대로 오래갈 수 없었고 1973년 일차 오일쇼크가 발생하면서 사실상 폐기되었다.

8.3 긴급조치는 어디까지나 단기 처방으로서 이 조치만으로 수출구조를 개선하여 지속적인 고도성장을 유지하기는 어려웠다. 따라서 지속적인 고도성장을 위해서는 수출구조를 노동집약적인 산업에서 자본 및 기술집약적인 산업으로의 개편이 요구되었다. 왜냐하면 선진국의 보호무역조치로 노동집약적인 수출구조는 한계에 왔기 때문이다.

수출구조의 고도화를 위해서는 소득과 성장 탄력성이 큰 중화학공업의 육성이 요구되었기 때문에 박정희 대통령은 10월 유신을 단행하였고 중화학공업육성을 경제정책의 핵심과제로 설정하였다. 10월 유신은 정치적으로 많은 논란과 비판의 대상이 되었으나 돌이켜 보면 박대통령의 장기집권이 없었다면 중화학공업정책이 과연 성공할 수 있었을까 하는 의문을 제기하지 않을 수 없다.

(1) 한국경제의 장기전망(1972-1981)

박대통령의 장기집권이 확정되면서 청와대가 할 첫 번째 과제는
한국경제에 대한 장기비전을 제시하는 일이었다. 1972년 10월로 기억
되는데 정소영 경제수석은 나에게 앞으로 10년 동안 한국경제의 장기
전망을 작성하라는 긴급지시를 하면서 한국은행의 배수곤 부총재를
만나 한국은행의 도움을 받으라고 하였다.

배부총재를 찾아갔더니 전영수 조사부차장을 불러 나를 도와주
라고 하였다. 전영수 차장은 나의 대학 3~4년 선배로 불편하여 조사
역 한 사람을 붙여 달라고 하였더니 오창환 조사역을 지정하여 주었
다. 경제기획원에서는 기획국의 강봉균 사무관(후일 재경부장관과 KDI
원장역임)의 지원을 받고 청와대서는 내가 KDI에서 데리고 간 홍철
연구원과 함께 모두 4명으로 작업팀을 구성하였다.

한국경제의 장기전망을 위해서는 잠재성장률을 구하는 것이 핵
심이다. 청와대 일이라는 것은 항상 시간을 다투는 것이기 때문에 복
잡한 컴퓨터작업을 통한 잠재성장률추정은 할 수도 없었다. 나는 장
기적으로 볼 때 우리나라 경제성장을 제약하는 요인은 자본보다는 노
동력에 있다고 보아 노동력과 노동생산성의 추계를 가지고 잠재성장
률을 구하기로 하였다.

우리나라의 노동력은 1950년대의 베이비 붐과 여성의 노동시장
참가율의 증대로 그 동안 3% 이상 증가하여 왔으며 앞으로도 계속
증가할 것으로 예상되어 1972~1981기간에 연평균 3.5%의 증가가 가

능할 것으로 보았다. 국민경제전체의 노동생산성은 과거에 연평균 6%
이상이 증가하였고 산업구조가 자본집약적인 산업으로 이행되는 것을
감안하여 연평균 6.5% 정도의 증가는 가능하다고 추정하였다. 그래서
우리나라경제는 앞으로 10년 동안 연평균 10%의 성장은 가능하다고
보았다.

　　10%의 경제성장이 국민들의 생활에 어떤 영향을 미치는가를 보
기 위해서는 1인당 소득, 그것도 달러표시 1인당 소득을 계산할 필요
가 있었다. 이를 위해서는 물가와 환율문제가 제기되었다. 그 당시만
해도 8.3조치로 물가가 비교적 안정될 것으로 보아 GNP 디플레이터
상승률은 5~6%로 가정하였고 미국의 GNP 디플레이터 증가율도
3~4%로 보아 약간의 환율조정을 하였다.

　　이러한 가정하에 계산된 1인당 소득은 경상가격으로는 1981년에
1,014달러가 될 것으로 추정되었다. 이러한 작업은 약 일주일 정도가
걸렸는데 나는 이 결과를 정소영 수석에게 보고하고 대통령의 재가를
받아 발표되었다. 수출 100억 달러와 함께 1인당 국민소득 1,000달러
는 80년대 초까지 우리경제가 달성하여야 할 지상과제가 되었다.

　　이 목표에 대하여 일부에서는 비현실적이란 비판이 없지 않았다.
왜냐하면 그 당시 우리나라의 수출은 20억 달러도 되지 않았고 1인당
소득도 300달러를 조금 넘는 수준에 불과하였기 때문이다. 그러나 이
목표는 앞에서 지적한 바와 같이 이론적으로나 논리적으로 근거가 충
분하기 때문에 결코 무리한 목표는 아니었다.

　　적극적인 중화학공업육성정책에 따른 10%에 가까운 높은 성장
과 지속적인 수출증대에 힘입어 이 목표는 예상보다 빨리 1977년에

달성되었고 1981년에는 수출 212억 달러, 1인당 소득 1,741달러가 되는 등 당초 목표를 크게 초과 달성하였다. 이는 우리 국민에게 희망과 함께 우리도 잘 살 수 있다는 자신감을 심어주는 데 큰 역할을 하였다.

(2) 중화학공업육성과 내자동원

두 번째의 과제는 중화학공업육성을 지원하는 문제였다. 중화학공업의 구체적 산업별육성정책은 오원철 제2경제수석이 담당하고 있기 때문에 제1경제수석실에서는 내자동원문제에 집중하였다. 70년대 초까지만 해도 우리나라의 저축률과 조세부담률은 매우 낮은 편이었다. 따라서 막대한 자금이 소요되는 중화학공업을 육성하기 위해서는 내자동원이 시급히 요청되었다. 그래서 정소영 수석은 나에게 내자동원 방안을 마련하라는 지시를 하였다.

그 당시 우리나라는 국민저축률이 매우 낮았다. 저축률이 낮은 것도 문제지만 그나마 있는 저축도 생산적인 곳으로 흘러들어가지 못하고 있다는 게 더 큰 문제였다. 각종 보험회사, 연금 및 공제조합, 공적기금 등에 상당한 자금이 있었으나 이들 자금이 대부분 부동산투자에 이용되었고 심지어 은행예금도 부동산투자를 위한 대출로 많이 이용되고 있었다.

따라서 이러한 자금을 모아서 생산적인 투자로 돌리는 것이 시급한 과제라고 생각되었다. 이러한 것을 주요 내용으로 하는 내자동원 방안을 작성하였는데 이 안을 기초로 그 당시 청와대서 같이 일하다가 재무부 이재국장으로 돌아간 하동선 씨(아웅상 사태 때 순직)가 보완

발전시킨 것이 국민투자기금이다.

　국민투기금의 조성 외 일반 금융기관의 저축성예금을 증대시키는 것도 매우 중요한 과제였다. 그 당시만 해도 은행의 저축성예금은 매우 저조한 편이었다. 또한 저축성예금은 일정 시일에 일정금액만을 저축하도록 되어있었다. 저축이란 금액에 관계없이 여유자금이 있을 때는 언제나 예금을 할 수 있도록 해야 서민이나 중소상공인의 저축이 많이 동원될 수 있기 때문에 저축제도를 바꿀 필요가 있었다. 그래서 나는 서민 금융기관인 국민은행의 실무자를 불러 이러한 취지에 맞는 저축방안을 만들도록 하였는데 여기서 나온 것이 우리나라 최초의 자유적립식 저축예금제도였다.

　이 예금제도를 시행하기 위해서는 재무부의 승인이 필요하기 때문에 나는 국민은행의 차장 두 분(이름은 기억나지 않음)과 함께 안을 만들어 당시 재무부 차관인 김용환 씨에게 브리핑을 하였다. 브리핑 도중 김용환 차관은 "김박사 여기 동그라미가 하나 빠졌군"하고 차트에 오류가 있음을 지적하여주었다. 듣던 대로 김용환 씨는 꼼꼼하고 매우 치밀한 분이었다.

　금융저축증대 못지않게 중요한 것이 새로운 세원의 발굴이었다. 중화학공업을 육성하기 위해서는 모든 국민이 세금을 부담해야 된다는 취지에서 나온 것이 주민세였다. 주민세는 인두세라는 측면에서 논란이 없지 않았으나 일본에서도 시행된 바 있고 국민개세주의에 합치된다는 면에서 큰 문제가 되지 않는 것으로 생각되었다. 주민세 안은 원래 이기욱 씨가 부총리비서실장으로 가기 전 청와대에서 거의 성안이 되었었다.

또 하나의 새로운 세원으로 채택된 것이 전화세였다. 그 당시 우리나라에서는 전화사정이 매우 나빠서 시중에서는 전화가 수백 만 원의 가격으로 거래되는 등 소득이 높은 사람만이 전화를 이용하였기 때문에 전화이용에 대해 세금을 부과할 수 있다고 생각했다. 이리하여 주민세와 전화세가 새로운 세원으로 채택되었고 대통령의 재가를 받아 내각에 이관 시행되었다. 위에서 지적한 여러 내자동원방안의 작성은 정소영 수석의 지도하에 이루어졌으며 나는 그분과 함께 일을 하면서 많은 것을 배웠다.

내자동원문제는 중화학공업육성의 핵심적인 과제이기 때문에 그 당시 경제계 일각에서는 신용창출을 해서라도 중화학공업을 지원해야 되지 않느냐는 의견제시도 있었다. 이러한 경제계분위기를 반영하여 한국경제신문사에서는 1973년 봄으로 기억되는데 전후 일본경제 고도성장의 이론적 기초를 제공하였던 일본 장기신용은행의 설비투자연구소 소장인 시모무라 박사를 초청하여 특별강연을 주선한 바 있었다.

시모무라 박사의 강연요지는 한국경제가 지속적인 고도성장을 위해서는 투자율이 25% 이상은 되어야 하며 이를 위해서는 설비투자금융의 확대가 무엇보다 중요하다는 내용이었다. 신용창출에 의한 설비투자는 생산시설의 증가를 가져오기 때문에 중장기적으로 보면 결코 인플레적이 아니라는 것이다. 이러한 시모무라 박사의 주장은 근대 성장이론으로 말하면 투자의 시설효과(capacity effect)를 강조한 것으로 시모무라 박사의 강연은 당시 한국에서도 좋은 반응을 얻었다.

나는 이러한 강연요지를 서면으로 박대통령에게 보고하였다. 나는 정식 비서관이 아니기 때문에 내가 작성하는 서류는 경제수석명의로 올라갔다. 그런데 놀라운 것은 박대통령이 결재서류에 친필로 "우리나라 3차 5개년계획에는 투자율을 27.1%를 책정하고 있기 때문에 시모무라 박사가 제시한 의견에 일치한다"라고 지적을 하였다는 점이다.

투자율이란 경제적 개념으로 일반인에게는 다소 생소한 개념인데 박 대통령은 이를 정확히 이해하고 있고 또한 5개년계획서에 있는 숫자까지 알고 있는 데는 놀라지 않을 수 없었다. 박대통령은 그 당시 상당한 수준의 경제적 지식을 가지고 있었고 숫자에 밝았기 때문에 비서관들은 이에 대비 항상 긴장을 하지 않을 수 없었다. 내가 경험한 박 대통령 통치행정의 핵심은 확인행정이었다고 생각된다. 중요 정책에 대해서는 항상 확인하거나 현장 점검을 했던 것이며 이것이 정책을 차질 없이 집행될 수 있었든 요인이 아니었나 생각된다.

한국경제의 장기전망, 내자동원 방안, 세제개혁 등 앞으로 추진할 중요정책에 대한 큰 방향이 설정되면서 이를 좀 더 종합적으로 발전시킬 필요성이 제기되었다. 이를 위해 정소영 수석은 관계비서관들에게 이를 구체적으로 발전시킬 것을 지시하고 이를 내가 종합하도록 하였다.

나는 배상욱 비서관(상공담당), 윤근환 비서관(농림수산담당), 하동선 씨(재무담당) 등의 협조를 받아 앞으로 정부가 추진해야 할 주요정책과제를 체계적으로 종합 정리하였다. 1인당 소득 1,000달러와 100억 달러 수출달성, 중화학공업육성을 위한 내자동원, 주곡의 자급, 제2연구단지 조성 등 70년대 정부가 추진해야 할 주요정책과제와 방향을 내용으로 한 보고서를 작성하였다. 제2연구단지조성문제와 관련해서는 과학기술처 권원기 종합계획관의 도움을 많이 받았다. 이 보고서는 "유신경제의 기본전략"이란 이름으로 녹색책자 형태로 만들어 제한된 사람에게만 배부되었다.

1973년 7월 말 정소영 경제수석이 갑자기 농수산부 장관으로 가고 김용환 차관이 후임으로 오면서 나의 신상에도 변화가 있었다. 김용환 수석은 앞에서 언급한 바와 같이 나를 아는 처지라 나를 보고는 일급 비서관으로 청와대서 같이 일을 했으면 하니 월요일 본관 수석비서관회의에서 실장님께 말씀해 당신 문제를 해결해 주겠다고 하였다.

나는 생각지도 않은 제의라 감사할 뿐이었다. 월요일 아침 본관 회의를 마치고 와서 김용환 수석이 나를 부르더니 "실장님이 당신은 KDI로 돌아가라고 하신다고"하였다. 그래서 나는 짐을 싸고 있는데 한 키가 큰 사람이 오더니 "선배님 앞으로 잘 부탁합니다"라고 인사를 하는 것이다. 이 사람이 김재익 박사였다. 김재익 박사가 내 후임으로 대기하고 있었던 모양이다.

그 당시 우리나라 경제정책은 한국은행 출신들이 장악하고 있다 해도 과언은 아니다. 청와대 김정렴 비서실장, 신병현 특별보좌관, 남덕우 재무부장관이 모두 한국은행 출신이고 김재익 박사도 한국은행에 있다가 스탠포드대학에서 경제학 박사학위를 받고 돌아왔다.

어떻게 보면 정소영 경제수석이 농수산부 장관으로 가게 된 것도 이러한 세력싸움에서 밀려난 것이라고 봐야 한다. 왜냐하면 정소영 수석은 원래 재정전문가였기 때문에 누구나 그가 내각에 간다면 재무부장관이나 경제기획원 장관으로 갈 것으로 기대했고 자신도 그렇게 믿었다고 했다.

정소영 수석은 같은 장관급인 관계도 있었지만 김정렴 비서실장과는 그렇게 돈독한 사이는 아니었다. 고(故) 정소영 장관에 의하면 중요한 경제정책문제에 대해서는 박대통령이 항상 자기와 김정렴 비서실장을 불러 의견을 물었는데 그럴 때마다 어떻게 실장님과 같은 말을 할 수 있겠느냐는 것이다. 두 분 사이에는 보이지 않는 경쟁관계가 있었던 것이다.

3 예산제도 개편

나는 1973년 8월 초에 1년 반 남짓한 청와대 생활을 청산하고 KDI로 돌아왔다. 오랜 시간은 아니지만 청와대 있는 동안 일도 열심히 했지만 많은 것을 배웠다. 75kg이 넘었던 나의 체중은 몇kg이 줄었고 속탈이 자주 났다. 청와대 일은 항상 시간과의 싸움이기 때문에 긴장상태에 있었고 야간작업도 적지 않았다. 정소영 수석은 자주 "김 박사, 이것은 주말까지 해야 해"하는 독려도 있었지만 나를 극진히 예우해주었다.

나는 정식 비서관이 아닌데도 비서관회의에 참석하게 하고 중요한 정책과제는 나에게 맡겼다. 그는 판단력이 빠르고 추진력이 강해 박대통령의 신임이 두터웠으나 워낙 자존심이 강한 관계로 그의 탁월한 능력에도 불구하고 크게 꽃을 피우지 못해 안타까움을 금할 수 없었다.

내가 KDI로 돌아온 뒤 얼마 되지 않은 때였다. 김만제 원장이 불러서 갔더니 청와대 김용환 수석이 예산제도개편에 대한 작업을 KDI가 해주었으면 좋겠다는 부탁을 하니 김 박사가 가보는 것이 좋겠다는 것이다. 나는 재정학을 전공한 것은 아니지만 청와대에서 정책문제를 다루어 봤기 때문에 내가 가는 것이 좋다고 김만제 원장은 판단한 것 같다. 청와대에 가서 김용환 수석을 만났더니 연말까지 예산제도 개편안을 만들어 자기에게 직접 보고해 달라고 하는 것이다.

그 당시 우리나라 예산제도는 여러 가지 문제점을 가지고 있었다. 우선 예산규모가 명확하지 않았다. 일반회계와 경제개발특별회계를 합한 것을 일반재정부문이라 하고 이를 예산규모로 보고 있으나 일반재정부문의 크기만으로 재정규모를 알기 어렵고 또한 각종 특별회계와 기금이 난립되어 상당부분이 예산외계정으로 처리되고 있어 재정자금이 상당히 비효율적으로 운용되고 있었다. 예산편성도 목간전용이 금지되어 있고 예산과목의 분류가 체계적으로 되어 있지 않은 등 많은 문제점을 안고 있었다.

이를 대별한다면 두 가지 문제로 나눌 수 있는데 하나는 예산의 개념정립과 규모의 파악이요, 다른 하나는 예산편성제도의 개편문제다. 일반재정부문의 규모만으로 재정규모를 알 수 없는데다가 더욱 중요한 것은 재정수지를 정확히 파악하기 어렵다는 것이다. 재정규모와 재정수지를 정확히 파악하지 않고 어떻게 올바른 재정정책을 수립할 수 있겠는가?

김만제 원장은 사안의 중요성을 감안해 선진국의 사례를 연구 조사 할 필요가 있다고 판단 나와 박종기 박사로 하여금 미국, 독일, 노르웨이 등 선진 몇 개국의 예산제도 조사를 하고 오라고 하였다. 우리는 이 3개국의 예산당국을 방문해 인터뷰를 하고 많은 자료를 가지고 왔다. 미국에서는 예산당국인 OMB(Office of Management and Budget)와 뉴욕주정부를 방문하여 통합예산제도와 관련해 많은 이야기를 나누었고 자료를 받았다.

독일과 노르웨이에서는 주로 중기 예산편성과 관련된 문제에 대한 이야기를 나누었다. 중요한 것은 이들 국가 모두가 일반회계와 특별회계를 통합하고 회계 간 전출입을 감안한 순계개념의 통합예산(unified budget)제도를 채택하고 있다는 것이다. 통합예산은 예산규모는 물론 재정수지도 정확하게 알 수 있는 장점이 있다. 이러한 이유에서 나는 우리나라도 통합예산제도를 채택하여야 한다고 생각했다.

다음은 예산편성제도의 개편인데 당시의 예산과목은 너무 세분화되어 있고 분류가 국민계정상의 분류와 너무나 차이가 난다는 것이다. 다시 말하면 예산의 국민경제적 효과 예컨대 정부지출이 자본 형성적 지출인지, 경상비적 지출인지를 정확하게 파악할 수 없다는 것이다. 그래서 예산과목을 단순화하고 분류를 체계화하는 방향으로 바꾸었다.

예산과목중 목은 예산당국이 각 부처를 통제하는 가장 효과적인 수단이기 때문에 예산당국도 예산과목변경에 매우 예민하였다. 하루는 당시 경제기획원 예산국장인 최동규 국장으로부터 "김 박사 예산과목 중 목에 대해 손대는 것은 신중해 주었으면 좋겠다"라는 전화가 오는 등 예산제도개편에 많은 관심을 보였다.

나는 통합예산제도의 도입과 체계적인 예산과목의 분류 및 특별회계의 정비 등을 내용으로 한 예산제도개편안을 청와대에 보고하였다. 이안은 그 뒤에 "예산제도개선에 관한 연구"라는 보고서로 출간되었다. 통합예산제도의 도입은 예산회계법의 개정이 필요할 뿐 아니라 재정수지를 적나라하게 나타내는 등 정부가 이를 즉시 시행하기 어려움이 있었기 때문에 이의 채택은 몇 년이 지난 후에나 시행되었으나 예산과목의 변경이나 특별회계의 정비는 일부 채택된 것으로 기억된다.

정부가 현재 실시하고 있는 통합예산제도는 중앙정부에 국한하고 있어 지방정부는 포함하지 않고 있다. 이런 관계로 통합재정수지도 중앙정부에 국한되고 있어 지방정부를 포함한 정부의 총재정수지는 알 수 없다. 내가 오래전에 KDI의 재정담당 박사를 만나 왜 지방정부 재정수지는 연구하고 있지 않나 하였더니 너무 일이 방대하고 사람도 적어 못한다고 하였다.

4 15개년 장기경제사회발전(1977-1991)

(1) 전망작업의 성격과 주요내용

정부는 수출 100억 달러와 1인당 소득 1,000달러의 장기목표를 달성하기 위하여 1973년에 경제기획원에 장기전망심의위원회를 설치하여 내각차원에서 준비 작업을 시작하였다. 그러나 1973년 하반기에 터진 제1차 석유파동과 이로 인한 극심한 인플레와 외환위기 등 경제안정문제가 시급한 현안 문제로 대두되면서 장기전망 작업은 자연히 밀릴 수밖에 없었다.

1975년 경기가 회복되면서 이 문제가 본격적으로 논의가 되었으나 장기전망 작업은 정부가 주도할 것이 아니라 민간의 참여의식을 고취시키고 거국적으로 추진하기 위해서는 이를 KDI에 위임하는 것이 좋다고 판단하였다. 기간도 당초의 1972~1981의 10년에서 1977년에서 1991년까지 15개년으로 확대 연장하기로 결정하였다. 이는 우리나라경제가 1980년대에도 10%의 성장은 가능하다고 보았던 것이다.

김만제 원장은 이 작업의 실무총책과 함께 공업부문계획을 나에게 맡겼다. 김만제 원장은 이 거대한 장기전망 작업을 위해서는 각 분야의 전문가로 구성된 작업반을 구성하는 것이 선결문제라고 생각하여 경제기획원의 기획국과 협의하여 학계, 산업계, 연구계, 관계기관 등에서 우리나라의 대표적인 전문가들로 구성된 20개의 작업반을 만들도록하고 KDI의 박사가 각 작업반의 간사를 맡도록 하였다. 특히 주목할 것은 세계은행 등 외국기관에서 28명의 저명한 전문가들을 컨설턴트로 활용하고 이들의 자문을 구하여 작업하였다는 점이다. KDI에서 이 작업에 참여한 분야별 작업반위원 명단은 다음과 같다.

종합계획: 김만제, 김적교, 김광석, 남상우, 김재원, 김춘배, 이택수, 손병암
국제경제: 박을용, 강정모
재정금융: 박종기, 사공일, 조용득
무　　역: 서석태
산업조직과 유통: 이규억, 이천표
농림수산: 문팔용
공　　업: 김적교, 김영봉, 문희화, 남종현, 노부호, 김재원, 김창수, 손찬현

교　　육: 김영봉

주　　택: 김광석, 박준경

사회보장: 박종기, 민재성, 권순원

국토 및 도시: 송병락, 임효구, 최영일

통　　신: 이종욱, 오인식

보　　건: 주학중, 김학영

고용인력: 김수곤, 유영기

인　　구: 홍사원

과학기술: 이종욱

국민생활: 주학중

장기전망 작업은 여러 가지 측면에서 5개년개발계획과는 차이가 있었다. 첫째는 종전의 목표 지향적 개발계획이 아니라 장기비전을 제시하는 정책개발에 중점을 두었다는 것이며, 둘째는 계획의 범위도 거시경제전망, 산업구조, 대외무역, 에너지수급과 전망은 물론 교육, 주택, 복지, 국토개발, 소득분배, 국민생활 등 사회개발을 포함하는 매우 포괄적이었다는 것이며, 셋째는 계획의 효율적인 추진을 위해서 민간과 전문가를 대폭적으로 참여시켰다는 것이다. 그래서 장기전망의 명칭도 장기경제사회발전으로 정하였다.

15개년 장기경제사회전망의 주요내용과 특징으로는 다음과 같은 것을 지적할 수 있다.

첫째, 한국경제는 1977년부터 1991년까지 10%의 지속적인 고도성장이 가능하다고 보았다. 그 이유는 노동력의 공급이 1970년대에 이어 1980년대 와서도 3%이상의 지속적인 증가가 가능할 뿐 아니라 교육수준의 향상과 기술개발의 촉진으로 노동생산성이 6% 이상의 높은 증가율을 보일 것으로 보았기 때문이다.

둘째, 교육, 주택, 사회복지, 국토개발, 보건, 소득분배개선 등에 상당한 역점을 두었다. 소득이 급속히 증가함에 따라 생활환경의 개선과 복지에 대한 국민적 욕구가 크게 증가할 것이기 때문이다.

셋째, 산업구조의 고도화와 과학기술의 획기적인 진흥에 역점을 두었다. 수출산업의 구조를 개선하고 지속적인 고도성장을 위해서는 기술집약적인 중화학공업육성이 불가피하며 이는 과학기술의 뒷받침 없이는 불가능하기 때문이다.

넷째, 1990년대 초까지 경상수지의 균형을 달성하는 것을 주요 목표로 하였다. 우리나라는 오랫동안 만성적인 국제수지적자를 경험하였기 때문에 1991년에는 국제수지의 균형을 이루어 재원조달에 있어 외자(外資)의존에서 탈피하고자 하였다.

다섯째, 국내산업의 국제경쟁력제고와 경제안정기반의 구축을 위해 관세율인하와 수입규제의 단계적 철폐로 수입을 자유화하고 금융의 국제화를 추진할 것을 중요한 정책과제로 제시하였다.

이상에서 지적한 바와 같이 15개년 장기전망은 매우 야심적인 것으로서 당시의 상황으로 볼 때 한국경제를 너무 낙관적으로 보는 것이 아니냐의 비판도 없지 않았다. 그러나 오늘날 1990년대 초의 실제상황과 비교하여 보면 결코 허황된 장밋빛 전망이 아니었다는 것을 알 수 있다.

경제성장률만 해도 1977년에서 1991년까지의 GNP성장률은

1981년의 −3.9%를 제외하면 연평균 9.2%로서 거의 10%에 가깝고 1인당 경상 GNP도 1992년에는 7,007달러로서 15개년전망상의 7,731 달러와도 큰 차이가 없다. 경상수지도 1991년에 약간의 적자를 기록 하였으나 장기전망에서 국제수지균형을 목표로 세운 것은 결코 무리 한 목표라고 보기는 어렵다.

보다 중요한 것은 이러한 수치상의 일치여부보다 정책방향인데 경제안정기반의 구축과 무역자유화의 필요성, 중화학공업의 육성, 사 회개발의 필요성강조, 과학기술의 진흥 등 우리경제가 나아가야 할 방향을 제대로 제시하였던 것이며, 이러한 정책방향은 1970년대 후반 과 1980년대의 개발계획과 정책에 크게 영향을 미쳤다는 것이다. 이 작업은 "장기경제사회발전, 1977−91"이란 보고서로 1977년에 발표 되었다.

(2) 공업부문전망과 경제적·기술적 분석

공업부문계획의 핵심은 중화학공업을 육성하는 것인데 중화학공 업은 철강, 기계, 석유화학, 전자 등 범위가 매우 넓고 다양할 뿐 아 니라 매우 자본집약적이고 기술집약적이기 때문에 이를 육성하는 것 은 쉽지가 않다. 이런 관계로 제2차 세계대전 종전 후 많은 개발도상 국가가 중화학공업육성을 시도하였으나 대부분 실패하고 말았다. 우 리나라도 제1차5개년계획 때부터 철강, 기계, 석유화학을 육성하고자 하였으나 사실 실패하였고 2차5개년계획기간에 겨우 법적 뒷받침을 하였으며 1973년 박정희 대통령이 중화학공업육성을 선언하면서 본 격적으로 추진하기 시작하였다.

정부는 10년 내에 철강은 10배, 조선 20배, 자동차 17배 등 생산 능력을 획기적으로 늘리고 총수출 중 중화학공업제품의 비중을 50% 이상으로 늘린다는 계획을 발표하였다. 이에 대해 세계은행은 물론 국내외 많은 전문가들은 한국의 기술력이나 자본력 등을 생각할 때 중화학공업육성정책은 너무 야심적이라는 비판이 대부분이었으며 정부 내에서도 견해를 달리하는 사람이 없지 않았다.

이러한 비판과 우려에도 불구하고 박대통령이 중화학공업육성계획을 선포한 이유는 수출구조의 고도화, 고도성장의 지속 등 경제적 이유 외도 몇 가지 정치적 이유가 있었다고 보아야 한다. 우선 북한의 위협에 대비하기 위해 방위산업의 육성이 필요하였다는 점이다.

1970년대 초까지만 해도 북한의 경제력은 우리보다 앞서고 있다는 것이 일반적인 평가였으며 이는 우리의 안보에 큰 위협이 아닐 수 없었다. 또한 박대통령은 10년 전 그가 시작한 우리나라의 근대화작업을 공업화를 통해 완성시키고자 하는 정치적 야망이 작용한 것도 부인하기 어렵다. 공업화의 완결을 위해서는 중화학공업육성이 절대적으로 필요하기 때문이다.

이와 같이 중화학공업육성이 정부의 주된 정책목표로 설정되고 그 작업이 KDI에 떨어진 이상 이에 대한 경제적 기술적 심층 분석은 불가피하였다. 그래서 나는 그 당시 우리나라에서 제일가는 전문가는 모두 초청, 참여시키기로 하였다. 대학, 한국과학기술연구소(KIST), 한국과학원(KAIS), 기타 연구소에서 그 분야에서 가장 권위 있다고 평가되는 교수와 박사 25명을 자문위원으로 초청하였고 상공부 공업국의 실무담당과장 25명도 참여시켰다. 세계은행과 미쓰비시 연구소 등 해외에서도 5명의 전문가를 초청하였다.

　　민간에서도 삼성, 현대, 대우 등 대기업의 전무, 상무와 중소제작소, 엔지니어링, 기타 기술회사의 사장 등 중요사업과 기술의 현장책임자 등 44명을 초청, 참여시켰다. KIST의 최남석, 장성도, 채영복, 이춘식 박사, 과학원의 이진주, 이정오, 천성순 박사, 서울대학교의 강춘식, 고려대학교의 윤동석, 한양대학교의 한응교 교수, 삼성전자의 정재은 전무, 현대자동차의 신현동 상무, 대우엔지니어링의 배순훈 전무, 대한항공의 홍용식 상무, 한국기계공업진흥회의 송병남 상무 등이 참여하였다.

　　그야말로 거국적인 분야별 작업팀을 만들어 KDI의 박사들이 조정자역할을 하면서 작업을 진행토록 하였다. 중화학공업육성이 국민경제에 가지는 중요성과 대통령의 최대 현안 관심사라는 것이 인식되면서 모든 전문가들이 적극적으로 참여하였고 특히 대기업의 책임자들도 그들의 사업과도 관계가 있기 때문에 큰 관심을 가지고 적극 협조하여 주었다.

(3) 산업기술 · 기능연관표 개발

　　중화학공업육성정책을 효과적으로 추진하기 위해서는 거시경제전망에 따른 수급분석과 같은 경제적 분석은 물론 기술적분석도 시도하였다. 왜냐하면 우리산업의 기술수준은 어느 정도인지 또 어떤 산업을 육성하는 것이 바람직한지 등에 대한 기술적 검토가 필요하기 때문이다.

　　중화학공업은 범위가 넓고 다양하기 때문에 산업의 기술수준을 평가하기 위해서는 어떤 통일된 객관적인 지표가 있어야한다. 통상적으로 산업의 기술수준은 연구개발비, 기술인력, 특허건수 등을 가지고 간접적으로 측정하고 있으나 이런 단일기준으로는 산업의 기술수준을 제대로 평가하기는 어렵다. 기술인력도 단순기능공에서 박사까지, 기술도 제조기술에서 설계기술까지 다양하기 때문이다. 따라서 산업의 기술수준을 제대로 평가하기 위해서는 이를 포괄하는 종합적 지표가 필요하였던 것이다.

이를 위해 나는 한국과학원의 이진주박사와 함께 산업기술과 기술인력을 세분화하고 이를 포괄하는 새로운 종합지표인 산업기술·기능연관표를 개발하였다. 이 표는 행렬형태로 횡축에는 산업가술을, 종측에는 기술인력을 기능수준별로 표시한다. 산업기술은 제조기술, 운영관리기술, 설계기술, 연구관리기술로 분류하고, 기술인력은 단순작업공, 기능공, 기술공, 기술자, 과학자로 분류하고, 종업원 수를 기능분류와 기술분류에 따라 백분율로 표시한다. 이표의 작성을 통해 그 산업의 기술적 특성 즉 기능집약도, 기술집약도, 연구집약도를 알 수 있고 이를 통해 기술수준은 물론 국제경쟁력과 유망산업을 파악하는 데도 큰 정보를 얻을 수 있다. 실제로 이표는 철강, 기계, 전자, 화학, 섬유부문의 25개 업종에 대하여 적용하였다.

[표 4-1]에서 보는 바와 같이 우리나라 자동차공업기술의 구조적 특징은 1970년대 중반의 경우 기능공의 비중이 약 3분의 2로서 가장 큰 비중을 차지하고 있고 단순작업공도 17.6%나 되고 있어 전반적으로 기술수준이 낮음을 보여주고 있다. 특히 전 분야에 걸쳐 과학자가 전무하다는 것은 자체 내의 연구개발 기능의 결여로 기술개발이

표 4-1 산업기술·기능연관표(자동차)(단위 구성비, %)

	제조기술	운영관리 기술	설계기술	연구개발	계
단순작업공	15.1	1.7	-	0.8	17.6
기능공	51.0	9.6	1.9	3.3	65.8
기술공	3.6	0.6	0.7	0.3	5.2
기술자	4.9	2.6	2.3	1.6	11.4
과학자	-	-	-	-	-
계	74.6	14.5	4.9	6.0	100.0

주 1) 생산직 종업원의 기술별 기능인력의 구성비임.
　 2) 우리나라 2대 자동차회사 기준

외부의존적임을 알 수 있다. 이는 전생산직 종업원의 90% 정도가 제
조나 운영관리 쪽에 치우쳐있고 연구개발이나 설계기술에는 소수의
인원만 종사하고 있는 데서도 알 수 있다.

(4) 이병철 회장의 초대

앞으로 15년 동안 우리나라의 공업화가 나아갈 방향과 전망은 물
론 25개 주요제조업종에 대한 수급전망과 기술수준 및 국제경쟁력을
체계적으로 심층 분석한 것은 지금까지 우리나라에서는 없었던 작업
으로 그것도 대통령의 중요 관심사항이고 KDI란 국책연구소가 만들었
다는 면에서 업계나 기업에게는 큰 관심의 대상이 아닐 수 없었다.

15개년장기전망이 발표된 후 얼마 되지 않아 김만제 원장과 나
는 삼성의 이병철 회장으로부터 초대를 받아 그의 남대문로 집무실에
서 면담을 한 적이 있다. 이병철 회장은 우리 경제가 나아갈 길을 제
대로 제시하여 주었고 우리 경제의 앞날을 긍정적으로 보고 있는데

큰 감명을 받았으며 특히 주요제조업의 업종별 수급전망, 기술수준 등을 분석한 것은 우리산업계에 큰 도움이 된다고 언급하면서, 장기비전의 제시로 우리기업인에게 희망과 자신감을 갖게 해주어 감사하다는 말과 함께 격려를 해 주었다.

5 자동차산업 육성정책

(1) 정책개요와 특징

자동차산업은 우리나라의 중화학공업분야에서도 대표적인 성공산업으로 꼽히나 그 이면에는 적지 않은 우여곡절이 있었다. 우리나라는 일찍부터 자동차산업을 육성하고자 하였다. 정부는 자동차산업을 제1차5개년계획의 주요 계획사업으로 지정하여 1962년부터 완성차수입을 금지하고 국내생산을 적극 장려하였다. 처음에는 외국산부품의 조립생산으로 시작하였으나 부품의 국산화비율을 정하여 이를 의무화하는 등 자동차의 국내생산을 적극 지원하였다.

외국자동차회사의 국내진입은 합작투자형태로 그것도 매우 제한적으로 이루어져 경영의 주도권은 항상 국내기업이 가졌었다. 다시 말하면 우리나라 자동차산업정책의 궁극적 목표는 우리나라 기업에 의한 우리나라 생산부품을 이용한 자동차를 생산하는 데 두었다고 할 수 있다. 이러한 점에서 우리나라의 자동차산업정책은 외국거대자동차회사에 의한 자동차생산을 하는 다른 개도국의 정책과는 판이하게 다른 정책이라 할 수 있다.

이러한 정책의 성공여부는 부품의 국산화와 품질에 달려있는데. 우리나라는 다행히 부품의 국산화가 빠르게 이루어지고 품질도 비교적 빠르게 개선됨에 따라 경쟁력 있는 국산자동차를 생산할 수 있었다. 여기에는 여러 가지의 역사적 요인이 있었다. 우리나라는 일제강점기에서도 피스톤 링, 스프링, 보디, 베어링 등 부품을 생산하는 공장이 있었으며 해방 후에는 이런 공장에 근무하였던 기술자들이 나와서 여러 가지의 부품을 생산하여 군납을 하기 시작하였다.

특히 6.25 전쟁이후 군사용 수요가 급증하면서 품질개선이 이루어지면서 일부 부품은 주한미군에도 납품하였다. 또한 피스톤 링, 수프링, 엑셀 등은 60년대부터 동남아에 수출되는 등 부품산업은 자동차의 국내 조립생산이 시작되기 전부터 상당한 발전이 있었다. 국내 조립생산이 시작되면서 정부는 해마다 부품의 국산화율을 정하고 이를 적극 지원함에 따라 부품의 국산화율은 빠르게 올라갈 수 있었다. 부품의 국산화율은 1966년의 21%에서 1972년에는 60%로 올라갔으나 협소한 국내시장으로 인한 높은 가격, 기술부족으로 인한 품질의 저하 등 적지 않은 문제점을 노정시켰다.

이리하여 정부는 1974년 자동차산업정책의 대전환을 가져왔다. 정부정책이 자동차의 CKD 조립생산에서 자체생산정책으로 바꾸어 소형국민차모델을 개발하가로 하였다. 현대자동차의 포니(pony)가 이의 대표적인 예다. 이러한 전략의 전환으로 현대, 기아 등의 자동차회사의 투자와 기술도입이 활발해지고 경기회복으로 자동차에 대한 수요가 급증하면서 자동차생산도 크게 증가하였다. 국내자동차생산은 1974년의 32,000대서 1979년에는 200,000만 대로 급증하였다. 이에 따라 자동차부품의 국산화율도 빠르게 진전되어 승용차의 경우 1970년대 후반에는 90%수준으로 올라갔다.

이와 같이 우리나라 자동차산업은 70년대 중반부터 정부정책에 힘입어 다소 활력을 띠기 시작하였으나 여러 가지 문제점을 안고 있었다. 좁은 국내시장을 상대로 여러 개의 회사가 경쟁을 하고 있고 각 회사의 시설규모도 승용차의 경우 50,000대를 넘지 못하고 있어 경제성이 없는데다가 가격도 비싸고 부품도 엔진 등 핵심부품은 수입에 의존하고 있어 국제경쟁력을 갖기에는 갈 길이 멀었다.

이러한 관계로 국내에서도 자동차산업이 국제경쟁력을 가져 수출산업으로 발전할 수 있을 가에 대한 비판과 의문이 적지 않았다. 심지어 정부 내에서도 우려의 목소리가 없지 않았다. 그 당시 경제기획원의 경제기획관으로 있던 김재익 박사 같은 분도 자동차산업육성에 대해서 매우 회의적이었다.

김 박사는 우리나라는 기술도 부족하고 국내시장이 좁기 때문에 자동차산업을 수출산업으로 육성하기는 어렵고 완성차를 직접 만드는 것보다 대만처럼 자동차부품산업을 육성하여 수출하는 것이 우리 실정에 맞고 합리적이라고 주장하였다. 그 당시의 상황으로 볼 때 김 박사와 같은 생각을 하는 것은 충분히 이해할 수 있었고 또 많은 사람들도 그런 생각을 가지고 있었다. KDI내에서도 자동차산업을 긍정적으로 보는 사람은 많지 않았다.

그러나 자동차 산업은 철강, 기계, 화학공업 등을 연관 산업으로 하는 종합공업으로 중화학공업육성에 있어 전략적 중요성을 가지는데다 소득수준이 일정 이상이 되면 수요가 급증하기 때문에 우리 경제가 고도성장을 지속하는 한 우리 경제의 규모로 보아 경제성이 있고 내수를 기반으로 하여 수출산업으로의 도약이 가능하다고 보았다. 이런 이유에서 김만제 원장과 나는 자동차산업의 육성을 긍정적으로 보았다.

(2) 국제공동연구에 참여

우리나라가 경제가 1970년대 중반부터 고도성장을 하면서 자동차산업이 활기를 띠게 되자 외국에서도 우리나라 자동차산업에 관심을 가지게 되었다. 일본에서는 미쓰비시 연구소가 KDI와 연구협력을 맺어 연구원들의 상호방문이 이루어졌고 나도 미쓰비시연구소를 방문하는 등 한·일간 연구협력이 활력을 띠기 시작하였다.

1975년 나는 히토스바시 대학의 이시가와시게루 교수의 요청으로 아세아자동차부품산업의 국제공동연구에 참여하게 되었다. 이를 계기로 나는 우리나라 자동차산업에 대한 심층 분석을 하게 되었고 이를 통해 우리나라 자동차산업의 발전가능성에 대하여 어느 정도의 확신을 가지게 되었다.

나는 1978년 여름 동경에서 열린 아세아 자동차부품산업국제회의에서 "우리나라 자동차산업의 성장(The Growth of Automotive Industry in Korea)"란 주제의 글을 발표하였다. 이 글에서 나는 우리나라 자동차산업의 역사적 발전과정과 정부정책을 설명하고 부품산업의 발전요인을 시장, 생산성, 기술수준, 국산화율 등의 측면에서 분석하고 우리나라 부품산업의 문제점과 앞으로의 과제를 제시하였다.

(3) 정주영 회장, 독자생존의 길을 택하다.

독일의 폴크스바겐 회사는 1970년대 중반 한국, 중국 등 동아세아의 자동차에 대한 방대한 잠재수요를 생각하여 한국에서 자동차를 생산하고자 하였으며 이를 위해 현대자동차와 협상을 한 적이 있었다. 그러나 상호간의 의견차이로 협상은 결렬되고 폴크스바겐은 중국으로 가고 현대자동차는 독자생존의 길을 택하게 되었다.

정주영 명예회장은 외국의 자본과 기술에 의존하는 자동차생산을 원하지 않았기 때문이다. 이런 결정을 내린 것은 정주영 명예회장이었고 이는 그 당시의 매우 불투명한 자동차산업의 앞날을 생각할 때 상당한 모험을 감수해야 하는 결정이었다. 그때 현대자동차가 폴크스바겐사의 요구를 들어 주었다면 오늘날의 현대자동차는 존재하지 않았을 것이고 자동차산업이 우리나라의 주력수출산업으로도 발전하지 못했을 것이다.

1970년대 중반 경기의 활성화로 자동차산업이 활력을 찾기 시작하였으나 이는 오래가지 못하였다. 1979년 박정희 대통령의 시해로 인한 정치적 혼란과 제2석유파동으로 국내경제는 침체의 늪에 빠지게 되었기 때문이다. 1980년 경제성장은 한국경제가 일찍이 경험하지 못한 4%의 부의 성장을 보이는 반면 물가는 거의 30%나 오르는 스태그플레이션 현상이 나타났고 이를 타개하기 위한 전두환 정부의 강력한 안정화정책으로 내수시장마저 꽁꽁 얼어붙었었다.

1981년으로 기억되는데 하루는 현대자동차의 정세영회장이 전무와 상무를 대동하여 국제경제연구원으로 나를 찾아왔다. 나는 자동차산업의 프로모터로 알려져 정세영 회장과는 일찍부터 아는 사이였다. 나는 1979년 초 KDI를 떠나 국제경제연구원 부원장으로 있을 때였다.

그는 경기가 하도 나빠 이러다가는 머지않아 부도가 날 정도로 경영이 심각한 상태에 있다고 하소연을 하면서 정부에 자가(owner) 운전제도를 건의해달라는 것이다. 그러면서 폴크스바겐과 협상할 때 영감이 반대해서 성사가 되지 않았는데 지금 생각하면 그때 폴크스바겐과 손을 잡았더라면 좋았지 않았을까 하는 후회도 된다는 푸념까지 하였다. 사실 그때까지만 해도 현대가 폴크스바겐과 비밀협상이 있었다는 것은 세상에 알려지지 않았고 나도 그날 처음 들었다.

그 당시 자동차산업뿐만 아니라 중화학공업 전체가 과잉 및 중복 투자로 몸살을 앓고 있었다. 그래서 전두환 정부는 1980년 8월에 중화학공업 투자조정을 단행하였으며 그 일환으로 자동차산업도 투자조정을 하였는데 처음에는 승용차는 현대가, 트럭 및 특장차는 기아자동차가 독점생산토록 조치하였으나 1981년과 1982년의 후속조치로 승용차, 버스, 8톤 이상의 트럭은 현대와 새한자동차(대우)의 경쟁체제로 하고 소형트럭은 기아가, 소방차 등 특장차는 동아자동차가 전문화하기로 하였다.

중화학공업 투자조정은 그 당시의 경기상황을 고려할 때 불가피한 조치였으나 업계의 반발도 없지 않았다. 흡수합병에 따른 경제력 집중화의 문제가 있었으나 감량경영을 통한 경영합리화와 전문화 및 양산체제로 인한 경쟁력 향상 등 긍정적인 효과가 있었으며 이는 1980년대 후반 중화학공업이 수출산업으로 발전하는 데 적지 않은 기여를 하였다고 보아야 할 것이다.

정부도 자동차산업의 경영이 심각함을 인식하여 자가운전제도를 그 후 얼마 되지 않아 도입하였다. 처음에는 공공기관부터 시작하였으나 시간이 지나면서 민간 기업에까지 확산되면서 자가운전제도는 자동차회사의 경영위기를 돌파하는 데 일조를 하게 되었다.

1983년부터 국내경기가 회복되면서 자동차산업은 양산체제로 들어가고 수출도 본격적으로 시작되었다. 현대자동차는 1985년에 연산 30만 대의 단일모델 전용공장을 완공하였으며 대우와 기아도 국제경쟁이 가능한 대량생산체제를 확립하였다. 1986년 현대자동차는 포니를 미국시장에 수출하는 데 성공함으로써 자동차산업은 수출산업으로 발전되기 시작하였다.

1985년 프라자 합의 이후 대외여건의 호전과 경기의 호전으로 자동차생산과 수출은 크게 늘어났다. 1988년 국내생산이 100만 대를 돌파하면서 우리나라는 세계 10대 생산국으로 부상하였고 수출도 급증하여 수출비율은 해마다 늘어나 완성차의 경우 2000년에는 50%에 달함으로써 자동차산업은 우리나라의 주력 수출산업으로 발전하게 되었다.

오늘날 자동차산업이 우리나라의 주력수출산업으로 성장하는 데는 정부의 정책적 지원이 큰 역할을 한 것은 사실이나 결코 정부의 지원만으로 가능했던 것은 아니다. 정주영 명예회장이나 정세영 회장과 같은 탁월한 통찰력과 경영능력을 가진 기업가가 있었기에 가능하였던 것이며 같은 맥락에서 반도체산업에서의 이병철 회장과 포항제철의 박태준 회장의 경우를 들 수 있다.

6 근대화과정에서의 재정의 역할

　　내가 KDI에 재직하는 동안 가장 오래 집중적으로 연구한 것은 한국의 근대화과정연구에 참여한 것이 아닌가 생각된다. KDI는 1975년 하버드대학교 부설 국제개발연구소(HIID)와 공동으로 한국의 근대화과정에 대한 공동연구를 시작하였다.

　　공동연구를 추진한 이유는 한국경제가 해방이후 눈부신 성장을 통해 근대적 산업국가로 발전한데 대한 국내외 관심이 높아지고 있으나 이에 대한 종합적인 연구가 없었고 또한 한국의 성공적인 경험은 다른 개도국의 발전을 위해서도 좋은 사례연구가 될 수 있기 때문에 국내외 전문가로 구성된 공동연구가 필요하였던 것이다.

　　이 연구는 김만제 원장과 하버드 대학의 메이슨(E. Mason) 교수가 총 책임을 맡고 분야별로 한국 측 20명과 미국 측 14명의 전문가 공동형식으로 참여하였다. 나는 박종기 박사와 시라큐스 대학의 볼(R.Bahl) 교수와 함께 재정부문을 맡았는데 나는 재정지출, 박종기 박사는 재정수입, 볼 교수는 재정정책의 분배적 효과분석과 함께 이를 종합하는 책임을 맡았다.

　　나는 우선 우리나라의 재정통계를 1948년 정부가 수립된 이후 1975년까지 체계적으로 정리하기로 하였다. 앞에서 지적한 바와 같이 우리나라의 재정통계는 일관성이 없는데다 역사적인 시계열자료도 없었기 때문이다.

　　나는 각 회계간의 전출입, 중앙정부와 지방정부간의 전출입을 순계 처리하는 통합재정통계의 원칙에 입각하여 1953년부터 1975년까지의 중앙정부, 지방정부, 중앙정부와 지방정부를 합한 일반정부의 세입과 세출, 재정수지 및 이의 보전재원을 추계하기로 하였다. 이는 우리나라에서는 처음 시도되는 작업으로서 대한민국 수립 이후의 예산 결산자료를 수집해 정리하고 분석해야 하는 등 엄청난 시간과 노력이 투입되었다.

이 연구를 통해 얻은 중요한 결과는 우리나라의 근대화과정에서 재정의 역할이 매우 컸다는 것이다. 정부는 적극적인 재정정책으로 경제발전에 크게 기여하였는데 중앙정부와 지방정부를 합한 일반정부 지출은 경제성장률의 두 배 이상으로 증가하여 대GNP비율은 1953년의 12.4%에서 1975년에는 25.9%에 달하였다. 특히 중요한 것은 정부 지출 중 40% 이상을 경제사업비로 쓰고 있어 정부가 경제개발을 위하여 재정을 얼마나 집중적으로 투입하였음을 알 수 있다.

지방정부와 중앙정부를 합한 총지출이 GNP 대비 25%에 불과하다는 것은 박정희 정부가 비교적 작은 정부를 지향하였다는 것을 알 수 있다. 경제개발을 위한 지출 외 다른 지출은 가능한 한 억제하였다고 할 수 있다. 일반행정비는 1953년 총지출의 19.0%에서 1975년에는 13.7%로 줄었고 국방비도 52.4%에서 18.0%로 떨어졌다. 경제사업지출과 사회사업지출만이 증가하였는데 전자는 17.5%에서 42.5%로, 후자는 10.0%에서 24.7%로 각각 증가하였다.

조세정책은 수출장려와 중화학공업지원 등 경제개발지원을 위한 조세감면정책으로 조세부담율은 비교적 낮은 편이었다. 1950년대는 평균 GNP의 7~8%에 불과하였고 1960년대에 오면서 점점 증가하기 시작하여 1970년대 말에는 17%에 근접하게 되었으나 낮은 편이었다.

비교적 낮은 조세부담과 적극적인 재정정책으로 통합재정적자는 경제개발계획이 본격적으로 추진되면서 증가하였으나 70년대 말까지 GNP대비 2~3%대로 관리 가능한 수준으로 유지되었다. 결론적으로 요약하면 1970년대 까지 우리나라 재정은 작은 정부, 비교적 낮은 조세부담, 국제무역에 대한 조세의존 거의 전무, 수출과 투자에 대한 강한 인센티브, 재분배용 지출보다는 경제사업 지출강조 등 자원의 효율적 활용으로 비교적 건전재정을 유지하면서 고도성장을 이룩하는데 중추적 역할을 하였다고 할 수 있다.

공동저자인 볼(R.Bahl)의 말을 빌리면 우리나라 재정당국은 미국보다 10년 앞서 공급측 정책(supply side policy)을 개발하였다고 높은 평가를 하였다. 이 연구는 1986년 하버드대학 출판사에 의하여 "한국근대화과정에서의 재정"(Public Finances During the Korean Modernization Process)라는 이름으로 출판되었다.

7 중화학공업육성과 인플레이션문제

중화학공업육성정책은 산업구조의 고도화와 투자의 활성화로 우리경제의 지속적인 수출과 고도성장을 가져오는데 결정적인 역할을 한 것은 틀림없으나 이의 부작용도 적지 않았다. 그 중에서도 대표적인 것이 통화팽창으로 인한 인플레 현상이다. 수출을 위한 금융지원이 1960년대 중반부터 본격화되면서 통화량은 급속도로 팽창하기 시작하였고 1970년대에 와서는 중화학공업육성으로 통화팽창은 지속되었다. M2는 연말기준으로 1960년대 후반부터 1970년대 말까지 연평균 거의 40%에 가깝게 증가하였다.

1970년대 중반부터 중화학공업투자가 본격화되고 이로 인한 호경기로 물가와 임금이 폭등하고 주식시장도 과열현상을 보이기 시작하였다. 경제성장률이 10%를 넘어서면서 시중에서는 단군 이래 최대 호황으로까지 회자될 정도로 경기과열현상을 보였다. 500원짜리 삼환기업의 주가가 7, 8천원에 거래되고 시중에서는 화장지가 귀해서 여행객이 일본에서 화장지를 사가지고 올 정도로 물가상승은 일반가계를 위협하는 등 고도성장의 후유증이 나타나기 시작하였다.

이러한 무렵 정부는 금리를 인상하고 공공요금을 현실화하는 조치를 취하였다. 이를 계기로 1978년 6월 15일 조선일보는 당시 서울대학교 교수로 있는 이현재 교수, 중앙대학교의 박승 교수와 KDI의 나를 불러 이 조치와 관련하여 좌담회를 가졌다.

나는 좌담회에서 이번 조치는 문제의 해결을 위한 것이라기보다 문제의 제기요 문제의 노정에 불과하다고 보며 이제는 고도성장정책은 지양하고 안정화정책을 추구해야 할 때라는 취지로 정부정책을 약간 비판하는 말을 했다. 그 다음날 아침에 출근했더니 김만제 원장은 "김 박사 왜 쓸 데 없는 말을 했어" 하고는 심기가 불편한 기색을 보였다. 아마도 그날 아침 경제기획원의 고위인사로부터 무슨 말을 들었던 것 같았다. 그 당시 경제기획원 장관은 남덕우 씨였고 차관은 서석준 씨였다. 정부의 현실화조치에도 물가가 안정되지 않자 박대통령은 그 해 12월에 남덕우 씨를 퇴임시키고 신현확 씨를 부총리로 임명하였다.

1970년대 후반에 인플레이션이 심화된 데는 중화학공업에 대한 과도한 투자로 인한 경기과열이 주된 요인이기는 하나 부가가치세도 입도 영향을 미친 것으로 보인다. 부가가치세를 제대로 이해하지 못한 상인이나 기업은 부가치세 10%를 거래단계마다 가격에 추가해 전가하니 인플레를 크게 자극하는 결과를 가져왔다.

부가가치세를 도입한 지 얼마 되지 않아서 대만에서 전후 대만경제를 발전시킨 대부로 알려진 李國鼎(K. T. Li) 씨가 KDI를 방문한 적이 있었다. 그는 부가가치세 도입 이후 물가에 어떤 영향이 있는지를 묻기에 물가가 오르는 것 같다고 하였더니 그는 물가가 오르면 대만에서는 부가가치세를 도입하기 어렵다고 하였다.

민생경제의 안정을 최고의 정책목표로 하는 대만에서는 물가를 자극하는 정책은 도입할 수 없다는 것이다. 나는 그 뒤 대만에 가는 기회가 있어 무임소장관으로 있던 그 분의 사무실로 예방하였고 그는 대만경제발전에 관한 그의 영문 책을 선물로 주었다.

8 인덱세이션조사 차 브라질 방문

그 당시 인플레의 심각성은 정부에서도 인식하여 여러 가지 대안을 생각하였으며 그 중의 하나로 인덱세이션(Indexation)정책을 고려한 적이 있었다. 물가가 크게 오르면서 임금도 급등하였기 때문이다. 1974년부터 1978년까지 소비자물가와 명목임금은 각각 연평균 20%와 35%나 올랐다. 이러한 물가와 임금의 악순환현상은 정부로서도 심각하게 받아들이지 않을 수 없기 때문이다.

1976년으로 기억되는데 경제기획원은 브라질의 인덱세이션정책을 조사하기로 하였다. 왜냐하면 브라질은 물가상승률이 한때는 연 100%나 되는 심각한 인플레이션을 경험하였으나 임금이나 금리를 물가에 연동시키는 인덱세이션정책을 실시하여 상당한 물가안정을 기한 것으로 알려졌기 때문이다. 김만제 원장은 나를 보고 서석태 박사와 기획국의 강현욱 과장(후일 경제기획원 차관과 농수산부 장관 역임), 원희영 사무관(후일 LG그룹 중역역임)과 함께 브라질에 가 현지조사를 하고 오라는 것이다.

우리는 브라질정부와 주요대학 및 연구소를 방문하여 자료 수집과 인터뷰를 하였다. 브라질의 관계정부당국자와 전문가들은 대부분 물가가 20~30% 정도로 안정되고 있어 인덱세이션정책은 성공적이었다고 보고 있었다.

그런데 우리가 주목하였던 것은 지금 이름은 기억나지 않지만 한 연구소의 소장의 의견이었다. 그는 인덱세이션은 100%의 물가상승을 20~30%까지 내리는 데는 유효하지만 그 이상의 안정은 어렵다는 것이다. 왜냐하면 한번 연동제를 도입하게 되면 이에서 벗어나기가 어렵기 때문이라는 것이다.

나는 돌아오는 길에 Boston에 잠깐 들려 Harvard대학에서 공부하고 있든 친구 황병태를 만났다. 그는 경제기획원의 고위 공직자 생활을 그만 두고 40이 넘는 나이에 20대의 젊은 미국학생과 경쟁을 하자니 고생이 적지 않은 것 같았다. 부인이 옆에 있다가 하루 3시간밖에 잠을 자지 않으니 손에 마비 현상이 있다는 등 걱정을 하였다. 그래서 나는 무리하지 말고 건강에 유의하라고 하였다.

나는 그와 함께 우리형님 집에서 1년 이상 같이 있었던 관계로 그를 너무나 잘 알고 있기에 그가 성공리에 학위과정을 마칠 것을 확신하고 있었다. 그 뒤 그는 캘리포니아의 UC Berkely대학으로 가 정치학 박사학위를 받았다. 고위공직자로 있다가 늦게 유학을 가 학위과정을 마치고 돌아온 사람은 아마도 황병태 박사가 처음이 아닌가 생각된다.

나는 우리나라는 인덱세이션정책을 써서는 안 되겠다는 생각을 하였다. 우리나라의 인플레이션은 브라질처럼 심각하지도 않고 25% 정도의 물가상승은 다른 정책수단으로 이를 통제할 수 있기 때문이다. 나는 이러한 내용을 김만제 원장에게 보고하였고 강현욱 과장도 같은 내용의 보고를 윗선에 보고함으로써 인덱세이션문제는 그 이상 논의되지 않았다.

그러나 고도성장의 부작용이 심화되자 박대통령은 1978년 12월에 개각을 단행하여 신현확 씨를 부총리겸 경제기획원 장관으로 임명하였다. 신현확 부총리는 안정속의 성장이라는 기치아래 안정화정책을 강력히 추진하기로 하였다. 그는 1979년 4월에 가격통제철폐, 수입개방 확대, 중화학공업 축소 및 조정 등을 내용으로 하는 경제안정화 종합시책을 발표하였다. 이는 경제정책의 기조를 성장제일주의에서 경제안정으로 바꾸는 획기적인 조치였다.

신현확 부총리의 안정화정책은 불행하게도 1979년 10월 박대통령의 시해와 이에 따른 정치적 혼란으로 큰 진전을 보지 못하였다. 그러나 이 정책기조는 전두환 정부에 의하여 계승 발전되어 1980년대

안정속의 성장을 이루는 데 결정적인 역할을 하였다는 점에서 높이 평가되어야 하겠다.

국제경제연구원 부원장으로 가다

　　신현확 씨의 부총리 취임은 간접적이지만 나의 신상에도 영향을 미쳤다. 신현확 부총리는 경제기획원 차관에 국제경제연구원 원장으로 있던 정재석 씨를 발탁하고 그 후임 원장으로 정소영씨를 임명하였기 때문이다. 정소영 박사가 원장으로 취임한지 얼마 되지 않은 1979년 3월에 나는 국제경제연구원의 부원장으로 자리를 옮겼다.

　　국제경제연구원은 1970년대 중반 중동 붐을 타고 중동문제연구소로 출발하였다가 지역연구의 중요성이 부각되면서 국제경제연구원(Korea International Economic Institute: KIEI)으로 개편되었다. 국제경제연구원에는 김기환 박사, 정훈목 박사, KDI출신의 송희연 박사, 박웅서 박사, 차동세 박사, 양수길 박사, 김수용 박사, 이영선 박사, 김광두 박사, 강철규 씨 등 쟁쟁한 인재들이 모인 정부출연구소로서 KDI에 버금갈 정도로 발전하고 있었다. 강철규 씨는 일을 잘해서 박사가 아닌데도 박사급 대우를 해주었고 미국유학의 길도 터주었다.

　　정소영 원장은 연구원의 조직도 바꾸고 인재도 새로 더 영입하는 등 의욕적으로 연구원을 운영하고자 하였으나 박대통령의 시해로 인한 정치 환경의 변화로 1981년 말경 연구원을 떠나지 않을 수 없었다. 전두환 정부가 들어오면서 국책연구기관의 통폐합문제가 논의되었고 이 과정에서 국제경제연구원은 1981년 말에 한국과학기술정보센터(KOSTIC)와 통폐합이 되어 산업연구원(KIET)으로 탈바꿈이 되었다.

국제경제연구원이 과학기술정보센터와 통폐합된 데는 뒷이야기가 없지 않았다. 청와대에서는 정소영 원장을 좋지 않게 본다는 소문이 널리 알려졌고 이것이 연구원의 통폐합과 무관치 않았다는 것이다. 처음에는 조직을 축소하라고 압력을 가하고 그래서 부원장제도를 없애기도 했으나 이에도 만족하지 못해 통폐합으로 이어졌다고 할 수 있다.

우리나라와 같이 무역으로 먹고 사는 나라에서 국제지역연구를 하는 연구소는 없어도 세워야 할 판인데 있는 것을 없앤다는 것은 납득이 가지 않았다. 국제경제연구원은 10년 후에 대외경제정책연구원이란 이름으로 재탄생되었다.

나는 부원장직을 수행하면서도 연구는 계속하였다. 1980년에는 육군사관학교의 이철희 박사와 함께 KDI에서 하든 자동차산업에 대한 연구를 발전시켜 "Ancillary Firm Development in the Korean Automotive Industry"를 Working Paper No.13로 발표하였다. 이 paper는 1983년 싱가폴대학 출판사의 고노쓰케 오다카 교수가 편집한 책 "아세아의 자동차산업(The Motor Vehicle Industry in Asia)"에 수록되었다. 1981년에는 우리나라 산업정책이 중소기업발전에 끼친 영향을 분석한 "Industrial Policy and Small and Medium Industry in Korea"를 Working Paper No.19로 발표하였다.

한양대학교 교수시절

1 한양대학교 교수가 되다

국제경제연구원이 산업연구원으로 통폐합되면서 나도 나의 앞날에 대하여 고민을 하지 않을 수 없었다. 1982년 초 대학교 은사인 고승재 교수님댁에 세배를 하러 갔다가 나의 진로문제에 대한 이야기가 나왔다. 교수님은 한양대학교 김연준 이사장님께 인사나 한번 하러 가자고 하였다. 교수님은 은퇴하신 후 한양대학교 행정대학원 원장으로 계실 때였다.

그로부터 얼마 되지 않아 고승재 교수님과 나는 김연준 이사장님을 그의 집무실로 찾아뵈었다. 교수님과는 사전에 이야기가 되었는지 이사장님은 한양대학에 오는 것을 환영한다면서 즉석에서 교무처장에게 교수발령장을 가져 오라고 하여 그 자리에서 발령장을 주는 것이었다. 나는 인사나 하고 갈 줄 알았는데 갑자기 발령장을 받으니 좀 얼떨떨하였다. 생각지도 않게 나는 순식간에 한양대학교 교수가 되었다. 이렇게 빨리 대학교수가 될 줄은 몰랐으며 사립대학에서 이사장의 파워를 실감하게 되었다. 나는 그 뒤 산업연구원에 사표를 제출하였다.

이사장님은 임명장을 주면서 한양대학교 공과대학은 그동안 많은 발전이 있었고 국내외적으로 인정을 받고 국가경제발전에도 나름대로 기여를 하였으나 사회과학분야는 아직도 이에 미치지 못하니 이공계수준만큼 올려달라고 하시면서 경제연구소를 맡아달라고 하였다. 그러면서 필요한 것이 있으면 자기에게 언제든지 직접 이야기해 달라고 하였다. 이사장님은 그 후에도 외부에서 중요한 손님이 오면 나를 배석시키는 등 나에 대해 각별한 관심을 보였다.

2 경제연구소를 활성화시키다

나는 상경대학에 가서 김명윤 학장에게 인사하고 경제연구소에 들렀다. 김명윤 학장이 경제연구소장도 겸직하고 있었는데 이름만 연구소지 방 하나에 외부의 원가계산을 맡아 하는 사람과 그를 도와주는 여자직원 한 사람뿐이며 일 년에 한 번 정도 논문집이나 내는 정도의 일이 전부였다.

나는 이걸 보고 대학연구소의 실상에 놀라지 않을 수 없었다. 국책연구소와는 너무나 차이가 나기 때문이다. 이런 여건 속에서는 아무것도 할 수 없다는 판단하에 연구소를 먼저 상경대건물 6층에 있는 중소연구소만큼의 큰 공간으로 이동시키고 전담 연구원 두 사람과 여자직원 한 사람의 신규 채용을 이사장님께 요구하였다. 김연준 이사장님은 이를 즉각 수용 조치하여 주었다. 연구소 소장의 방에는 카펫을 깔아주는 등 일반 교수에게는 주어지지 않는 특별대우를 하여주었다.

한양대학교 역사에 대학연구소에 조교 말고 전임 연구원을 정식 직원으로 채용하는 것은 처음이었다. 나는 국제경제연구원에서 함께 일했던 황규호 연구원, 박준성 연구원과 여자직원 한사람을 데리고 왔다. 좋은 직장을 버리고 대우도 그전보다 못한 대학연구소에 나를 따라온 그들에게 나는 늘 고맙게 생각하였다.

이분들은 나와 1~2년 정도 같이 일하다가 미국으로 유학을 갔고 돌아 와서는 한 분은 한국과학원 교수가 되고 다른 한 분은 SK그룹의 사장이 되었다. 이 분들이 떠난 뒤에는 그 후임으로 KDI에서 민홍식 씨 와 KIET에서 채영배 씨가 들어왔다. 연구조교로는 박성용군과 심재엽군이 있었는데 이들 중 세 분은 후에 모두 대학교수가 되었다. 여자직원으로 있던 안호숙 씨도 주경야독의 실천으로 성균관대학에서 박사학위를 받아 민화전문가로 활약하고 있다.

1982년 봄 학기부터 강의를 하면서 경제연구소를 키우기로 결심하고 그동안 간헐적으로 발간하던 논문집 "경제연구" 표지를 새롭게 고치고 연 2회 정기적으로 발간하기로 하였다. 또한 외부의 연구용역 수주 활동을 강화하여 연구소의 수익을 올려 중장기적으로 자립할 수 있는 기반을 마련하도록 하였다.

이와 관련하여 나는 경제예측 모형을 개발하기로 하고 국책연구소에서 이 분야를 전공한 박사 한 분을 데려오려고 하였으나 여의치 않아 경제학과의 손정식 교수를 연구실장으로 모셨다. 손교수는 한국은행에 근무하다가 미국유학을 가 예측모형관련 논문으로 학위를 받았다. 그 당시만 해도 우리나라에서는 KDI와 한국은행만이 경제예측을 하고 있으나 이들은 준정부기관이라 정부의 영향을 받지 않을 수 없기 때문에 예측의 독립성이라는 면에서 대학연구소의 이점이 있다고 생각하였다. 더구나 우리나라에서는 대학연구소에서 경제예측을 하는 곳은 하나도 없기 때문에 길게 보아 경제성도 있다고 판단하였다.

손 교수가 경제학과장으로 가고 오웅탁 교수가 연구실장으로 오는 등 인사이동으로 예측모형개발은 다소 늦어졌으나 1985년부터 해마다 연초에 당해 연도의 경제성장률, 국제수지, 물가 등 주요 거시경제의 전망치를 발표하였으며 언론에도 가끔 인용되었다.

경제예측발표는 내가 1989년 8월 대외경제정책연구원(KIEP) 원장으로 갈 때까지 4년 동안 계속되었으나 내가 KIEP로 떠난 이후 이 사업은 중단되고 말았다. 나는 원래 이 사업을 더 다듬고 발전시켜 회원제를 도입하게 되면 경제성이 충분히 있다고 하여 추진하였던 것이다.

3 개도국 중견관리자 연수교육 실시

또 하나의 중요한 연구소 활동으로는 대학으로는 처음으로 과학기술처와의 협력으로 개발도상국의 공무원을 훈련시키는 사업을 들 수 있다. 우리나라의 성공적인 경제발전에 대한 개발도상국의 관심이 고조되자 정부는 1980년대에 들어오면서 우리나라의 개발경험을 개발도상국에 전수하는 사업을 시작하였는데 이 사업을 한양대학교 경제연구소가 처음 맡아 하게 된 것이다. 경제연구소가 이 사업을 맡게 된 데는 당시 과학기술처 사무관으로 있든 김차동 박사의 도움이 컸음을 밝혀둔다(김 박사는 후일에 교육과학기술부 차관을 역임하였다).

과학기술처는 해마다 20~30명 정도의 개도국 중견공무원을 초청하여 연수교육을 실시하는데 이를 경제연구소가 위탁을 받아 수행하게 되었다. 연수기간은 통상 4주가 되는데 경제연구소에서 한국경제발전에 대한 전문가들의 강의를 듣고 주요산업을 시찰하는 등 현지견학을 하는 식으로 운영되는데 프로그램이 끝나면 한양대학교 총장 명의의 수료장을 받게 된다. 이 사업은 한양대학교의 명성을 대외적으로 알리는 데 적지 않은 기여를 하였다.

이 사업도 내가 KIEP로 간 뒤는 오래가지 못하고 끊어져 안타까움을 금할 수 없다. 이 개도국공무원 위탁교육사업은 그 후 규모가 크게 되어 국제대학원의 석사과정으로 발전되었는데 다른 대학에서 운영되고 있어 더욱 아쉬운 생각이 든다.

이외도 나는 외부로부터 연구용역 사업을 수탁하는 데도 많은 노력을 하였다. 과학기술처, 한국과학재단, 한국연구재단, 한국경제연구원, 상공회의소 등으로부터 연구용역을 받아 참여한 연구원에게는 약간의 보상을 해주고 남는 것은 연구소의 기금으로 축적하였고 기금이 축적되면서 적은 금액이나마 교수님들의 연구비로도 사용하였다.

교수님들의 좋은 연구결과는 연구소의 연구총서로도 발간하는 제도를 도입하였다. 연구총서 1호로는 김적교, 유지성, 황규호 공저의 "한국, 일본, 대만의 제조업 생산성분석"을 1984년에 발간하였다.

나는 경제연구소를 활성화시키는 한편 강의도 충실히 하였다. 강의는 경제발전론, 경제정책론, 고전경제영강의 세 과목만 가르쳤다. 경제정책론 과목은 내가 처음으로 도입하였는데 학생들의 현실경제에 대한 이해를 돕기 위함이었다. 경제학이 최근에 와서 너무 정교하고 기술적이어서 경제현실과의 괴리감이 있는데다 대학에서는 이론에 치중하다보니 현실 문제를 소홀히 하게 되고 이로 인하여 학생들이 현실경제를 제대로 이해 못하거나 왜곡하는 경우가 적지 않았다.

이론과 현실을 접목시켜주는 응용경제학으로서의 경제정책론은 학생들로 하여금 현실경제문제의 본질을 이해하고 이의 해결을 위한 정책대안을 생각토록 하는 데 큰 도움을 줄 수 있기 때문에 정식 교과목으로 채택하였다. 이에 대한 학생들의 반응도 좋아 경제정책론 책을 집필하기 시작하여 1996년에 "경제정책론 – 한국의 경제정책"이라는 표제로 박영사에 의하여 초판이 출판되었고 그 후 독자들의 호응이 좋아 개정 5판까지 나왔다.

1980년대에는 학생들의 데모가 심해 운동권 학생들은 강의에 들어오지 않는 경우가 적지 않아 학교당국으로는 이런 학생들의 학사관리에 어려움이 적지 않았다. 1980년대 중반으로 기억되는데 학생처장으로부터 전화가 왔다. 학생회장이 경제학과 학생인데 김 교수의 과목을 신청했는데 학점이 안 나왔다는 것이다. 처장 말씀이 이런 학생은 골치 아프니 학점을 주고 빨리 내보내자는 것이다. 그래서 학점을 좀 주었으면 좋겠다는 것이다.

나는 그 학생이 시험을 보지 않았으니 학점을 줄 수 없다고 했다. 그로부터 얼마 후 그 학생이 찾아왔기에 나는 네가 시험을 다시 보든지 아니면 논문이라도 써서 네가 공부를 했다는 것을 증명하지 않는 한 학점을 줄 수 없다고 하였다. 그 후 그는 논문을 써왔고 나는 학점을 주었다. 그 후 그 학생은 나를 볼 때마다 크게 절을 하는 등 교수에 대한 예의를 깍듯이 하였다.

1980년대 경제상황과 정책문제

　　대학에 와서도 나의 연구 활동은 계속되었다. KDI에서는 주로 정부를 도와주는 정책연구에 주력하였으나 대학에서는 좀 더 자유롭게 연구할 수 있었다. 물론 대학에 와서도 내가 오랫동안 국책연구소에 근무한 관계로 경제기획원, 재무부, 산업자원부, 과학기술처와는 각종 위원회에 참여하는 등 꾸준한 관계를 유지하여 왔다. 이러한 관계로 1980년대에 와서도 연구나 대외활동도 적지 않았다. 여기서는 1980년대 우리 경제가 당면하였던 주요정책문제와 이와 관련된 연구활동에 대하여 간단히 살펴보기로 한다.

1 안정화정책

　　1980년대는 정치적으로나 경제적으로나 어려운 시기였다. 정치적으로는 새로운 군부세력이 집권하면서 이에 저항하는 운동이 대학가를 중심으로 격렬해지고 데모가 일상화되었다. 고도성장과 이에 따른 인플레로 빈부격차가 심해져 소득불평도가 사회적 문제로 제기되면서 기존 질서나 체제에 대한 저항이 나오는 등 우리사회에도 계층 및 계급의식이 나타나기 시작하였다.

특히 중남미에서 발달된 종속이론이 80년대 초 우리경제의 어려움과 맞물리면서 자본주의경제질서에 대한 비판과 부정적 시각이 대학가를 중심으로 나타나는 등 사회적으로도 혼돈의 시기였다고 할 수 있다. 80년대 한때 외채가 GNP의 50%에 육박하는 등 외채망국론까지 대두되기도 하였다.

이런 여러 가지 문제 중에서도 가장 시급한 문제는 물가를 잡고 경제를 안정시키는 일이었다. 1970년대 후반 경기과열과 임금의 상승으로 물가가 급등하고 여기에 제2차 오일쇼크가 가세하면서 1980년에는 소비자물가가 거의 30%까지 상승하였기 때문이다. 물가를 잡아야 자원의 효율적 배분은 물론 국제경쟁력을 강화하고 소득분배도 개선할 수 있기 때문에 전두환 정부는 물가안정에 총력을 기울였다.

1982년부터 제로베이스 예산편성제도를 도입하여 예산편성의 효율성을 기하는 한편 공무원 봉급과 추곡수매가격의 동결 등 긴축정책을 강화하고 통화의 양적규제로 통화팽창을 강력 억제하였다. 또한 근로자에게는 임금인상을, 기업인에는 제품가격인상을 자제할 것을 호소하는 등 소득정책도 병행하였다. 이와 함께 대국민 경제교육을 실시하여 국민의 이해와 협조를 얻도록 하였다.

이러한 일련의 정책이 상승작용을 하면서 물가와 임금이 안정되고 국제수지가 개선되면서 경제성장도 상승세를 타기 시작하였다. 특

표 7-1 주요 거시경제지표, 1981~1990(단위:%)

	GDP 성장률	소비자 물가 상승률	통화량 증가율[1] (M2)	명목임금 상승률 (비농림어업)	경상수지 (대GDP)	재정수지 (대GDP)	실질실효환율 (2000년=100) (노임단가기준)
1981	7.4	21.4	36.1	20.7	-6.4	-4.3	98.6
1982	8.3	7.2	37.0	15.8	-3.3	-4.0	92.6
1983	12.2	3.4	22.9	11.0	-1.8	-1.5	89.8
1984	9.9	2.3	19.0	8.7	-1.4	-1.2	92.8
1985	7.5	2.5	18.1	9.2	-0.8	-0.8	96.0
1986	12.2	2.8	29.5	8.2	4.2	-0.1	114.7
1987	12.3	3.1	30.2	10.1	7.2	0.2	113.6
1988	11.7	7.1	29.8	15.5	7.7	1.2	93.0
1989	6.8	5.7	25.8	21.1	2.3	0.0	82.0
1990	9.3	8.6	25.3	18.8	-0.8	-0.8	82.6

주: 1) 연말기준
자료: 한국은행 국민계정 2009; 한국경제60년사-경제일반(2010), pp.202~210

히 1985년 이후에는 3저 현상(저유가, 저금리, 저달러)과 같은 대외여건의 호전으로 1987년까지는 물가와 국제수지가 안정된 가운데 높은 성장을 유지할 수 있었다(표 7-1). 대한민국 역사상 일찍이 보지 못한 기적과 같은 현상이 일어났던 것이다. 우리가 1980년대를 평가함에 있어 정치적 시각으로만 보지 말고 경제적 성과도 함께 고려하는 균형 있는 접근이 필요하지 않나 생각된다.

그러나 이러한 안정 속의 성장은 안타깝게도 오래가지 못했다. 1987년 6.29 선언 이후 과격한 노동운동은 급격한 임금 상승을 가져왔고 노태우정부의 200만호 주택건설계획과 더불어 물가상승을 자극한 결정적 요인으로 작용하였다. 1988년부터 물가는 다시 뛰고 부동산투기가 일어나고 1990년에는 국제수지도 다시 흑자에서 적자로 돌아서는 등 모처럼 이룩한 안정기조는 흔들리기 시작하였다. 전문가 사이에서는 우려의 목소리가 나왔고 나도 이런 취지의 글을 신문에 기고하기도 하였다.

1989년 초로 기억되는데 한국은행의 김근 총재로부터 연락이 왔다. 나와 김근 총재는 개인적으로 전혀 모르는 사이였다. 갔더니 김 총재와 김명호 부총재, 조사담당 서 이사가 맞아주었고 이런저런 이야기를 나누다가 김 총재가 우리 은행에 자문을 좀 해주면 좋겠다는 말씀을 하였다.

나는 원래 성장론자지만 안정 없는 성장은 바람직하지 않고 이제 우리 경제도 고도성장의 시대는 지나고 안정성장이 필요한 단계에 왔다는 생각을 가지고 있었기 때문에 이를 기회가 있을 때마다 지상에 발표하였는데 아마도 이런 점이 고려되지 않았나 생각된다.

나는 이에 감사하다는 말과 함께 내가 한국은행자료를 이용하다가 느낀 점을 하나 이야기하였다. 최근 내가 서비스산업의 생산성측정을 하다 보니 한국은행의 서비스산업소득추계에 문제가 있는 것 같다고 했다.

조사담당 서 이사 말씀이 국민소득추계는 조사2부에서 하는데 직원들이 조사2부는 거기 있다가 다른 좋은 부서로 가기 위한 징검다리로 생각해 열심히 일을 안 하는 것 같다고 했다. 내가 1989년 8월에 대외경제정책연구원 원장으로 간 후 얼마 되지 않아 한국은행으로부터 자문위원은 원장직과 겸직이 안 된다는 연락이 왔다.

1988년 말 서울대학교 교수로 있던 조순 씨가 부총리로 취임하면서 긴축정책을 추진하고 강력한 부동산투기 억제정책을 실시하는 등 경제안정화정책을 추진하였다. 그러나 이는 재벌들의 저항으로 오래가지 못하였다. 1989년 세계경제의 경기후퇴로 성장률이 떨어지면서 고도성장에 오랫동안 안주하여온 대기업들은 탈출구를 다시 고도성장에서 찾고자 하였고 이는 조부총리의 퇴진으로 이어졌기 때문이다.

1990년 3월에 조순 씨가 물러가고 이승윤 씨가 부총리로 들어오면서 정부는 다시 성장정책으로 회귀하게 되고 물가와 국제수지의 불안정은 되살아나게 되었다. 성장정책은 김영삼 정부에서도 이어졌고 투자의 활성화로 고도성장은 이룩하였으나 거시경제의 불안정은 계속되어 1997년의 외환위기를 가져온 불씨가 되었다.

1990년도 중반으로 기억되는데 재경부의 금융산업발전심의회가 열려 금융문제현안에 대한 당시 재경부 나웅배 장관의 설명이 있었고 위원님들의 질의가 있었다. 그 당시 정부는 OECD 가입문제로 장기외화차입은 규제하면서 단기외화차입은 자유화하였다. 이로 인하여 금리가 낮은 단기외화차입이 급증하던 시기였다.

이 무렵 나는 우리나라 외채문제가 심상치 않은 것 같아 한국은행 실무자에게 전화를 걸어 물어본 적이 있었는데 실무자는 말을 하지 않는 것이었다. 나는 이 이야기를 나 장관에게 말하고 현재 우리나라 외채규모가 도대체 얼마나 되는지를 물었고 시중에서는 1,000억 달러가 된다는 말이 도는데 사실이냐고 다시 물었으나 나 장관은 이에 대해 언급을 회피하였다. 나 장관은 나의 대학 1년 선배로 대학시절부터 아는 사이였다. 내 옆에 앉아있던 김중웅 박사도 외채의 심각성을 이야기하였으나 정부 측에서는 아무런 반응이 없었다. 우리나라 외채는 1992년의 600억 달러에서 1995년에는 거의 1,200억 달러에 달하였다. 3년 사이에 외채가 2배나 증가하고 있었다.

　　나는 1997년 2월 세계경제연구원의 시사평론지 "세계경제지평"에 우리나라외채가 위험수위에 달하고 있어 이를 해결하기 위해서는 환율을 유동화하고 총수요관리를 통해 성장을 감소시켜야 한다는 내용의 글 "감속성장, 왜 바람직한가"를 기고한 바 있다(원문은 부록 참조). 그 당시 우리나라 재벌들은 과중한 외채 때문에 원화의 절하를 원하지 않았고 싼 외자를 무차별적으로 들여옴으로써 그해 11월에 외환위기는 결국 터지고 말았다. 우리의 능력을 벗어난 무리한 성장정책은 엄청난 결과를 가져왔던 것이다.

　　돌이켜 보건데 조순부총리의 경제안정화정책이 이어졌다면 경제성장은 약간의 희생이 있어도 국제수지가 안정적으로 관리되면서 외환위기는 피할 수 있었을 것이다. 왜냐하면 1989년까지 경상수지는 흑자상태가 유지되었고 재정수지도 균형을 이루고 물가도 비교적 안정되고 있어 외채도 400억 달러를 조금 넘는 수준이라 충분히 관리 가능하였기 때문이다.

2 　자유화 · 개방화와 기술혁신정책

　　다음은 자유화·개방화 문제였다. 우리나라는 1970년대까지 관세와 수입제한을 통해 국내 산업을 보호해 주었다. 이 덕택에 우리 산업은 크게 성장했으나 경쟁력은 떨어졌다. 정부가 보호를 해주니 국내에서는 독과점만 형성되어 상품의 질은 나빠지고 가격만 올라갔다.

그러니 기업은 기술개발을 할 유인이 없는데다가 임금마저 급등하였으니 경쟁력이 떨어질 수밖에 없었다.

이에 정부는 수입자유화정책을 통해 산업의 경쟁력을 강화하기로 하였다. 이러한 개혁정책은 청와대 경제수석과 경제기획원, KDI 등 시장주의자들의 영향이 컸다. 수입자유화정책에 대해서는 산업계의 저항이 적지 않았으나 정부는 이 정책을 강력히 밀고 나갔다. 그 이유는 이제 우리 산업도 정부의 보호를 통해 성장하는 데는 한계에 왔고 경쟁과 기술개발을 하지 않고는 세계시장에서 살아 남을 수 없기 때문에 지속적 성장을 위해서는 다소의 고통이 따르더라도 수입의 자유화가 불가피하다고 보았기 때문이다.

수입자유화는 경쟁을 촉진시킨다는 이점이 있으나 경쟁력이란 경쟁만으로는 되는 것은 아니다. 궁극적으로는 산업의 기술력에 의하여 결정되기 때문에 기업들이 스스로 기술개발을 할 수 있도록 도와 주지 않으면 안 된다. 이를 위해 정부는 기업의 연구 및 기술개발을 위한 각종 금융 및 세제상의 지원을 강화하고 기술도입과 외국인 투자도 자유화하였다. 다시 말하면 정부는 한편으로는 수입개방이란 압력의 채찍을 가하고 다른 한편으로는 강력한 기술개발지원이란 당근을 주었던 것이다. 이러한 채찍과 당근정책은 수입자유화를 하면서도 기업의 경쟁력을 올리는 데 크게 기여하였다.

기술개발의 중요성이 부각되면서 정부는 1980년대 들어오면서 국정지표를 기존의 수출입국(輸出立國)에서 기술입국(技術立國)으로 바꾸고 기술드라이브정책을 강력히 추진하였다. 대기업에는 1기업 1연구소 설치를 권장하고 다양한 수단을 통해 기업의 연구개발, 기술개발, 인력개발을 지원하였고 또한 기술 집약형 중소기업의 발굴 등 중소기업의 기술개발지원도 강화하였다. 이러한 정책개발의 중심에는 과학기술처가 있었다. 과학기술처는 1967년 설립 이후 공업화정책을 적극 지원하는 방향으로 정책을 개발함으로써 우리나라의 공업화를 성공적으로 수행하는 데 크게 기여하였다.

이 시기에 나는 과학기술처의 지원을 받아 중소기업의 기술개발 능력 및 기술 집약형 중소기업육성 대책(1983), 우리나라 과학기술예산제도에 관한 연구(1985), 기술혁신촉진을 위한 조세지원제도의 개선에 관한 연구(1986) 등 기술개발지원관련 연구를 수행하였고 정책개발에도 간접적으로 참여하였다.

3 경제력집중과 재벌문제

경제력집중도 1980년대 들어오면서 중요한 현안문제로 대두되었다. 중화학공업육성정책으로 대기업이 급성장하면서 경제력집중현상이 나타났고 특히 우리나라 대기업은 가족중심의 기업집단, 즉 재벌형태로 성장하여 왔기 때문이다. 1970년대까지만 해도 경제력집중의 폐해가 있었음에도 불구하고 정부는 중화하학공업육성을 위하여 이를 암묵적으로 용인하여 주었고 독과점규제는 가격통제를 통한 물가안정에 국한하였다.

1980년대에 들어오면서 정책기조가 시장의 기능을 중시하는 방향으로 전환되면서 독과점규제도 경쟁촉진과 공정거래질서 확립이란

표 7-2 **30대 기업집단의 광공업부문 점유율 추이**(단위: %)

	1981	1985	1990	1992	1995
출하액	39.7(28.4)	40.2(30.2)	35.0(27.1)	39.7(31.7)	40.7(33.6)
부가가치	30.8(20.4)	33.1(24.1)	30.0(22.8)	35.9(28.0)	40.2(33.9)
고용	19.8(12.1)	17.6(11.7)	16.0(11.6)	17.5(13.1)	18.0(14.1)

주: ( )는 10대 기업집단 기준임.
자료: 한국개발연구원

측면에서의 접근이 필요하다는 인식이 확산되었다. 이를 위해 전두환 정부는 1980년 12월 기존의 「물가안정 및 공정거래에 관한 법률」을 「독점규제 및 공정거래에 관한 법률」로 대체하여 경제력집중과 독과점폐해를 규제하기 시작하였다. 그러나 1980년대 전반기는 경기가 좋지 않은 데다 중화학공업 투자조정문제 등으로 실제운용은 불공정거래행위규제에 집중되었고 경제력집중에 대한 직접규제는 없었다.

전두환 정부는 1980년대 중반 경기가 회복되면서가 경제력집중을 본격적으로 규제하기 시작하였다. 1986년에 대규모기업집단의 지정제도와 출자총액제한제도를 도입하였고 대규모기업집단 계열회사 간 상호출자를 금지하는 등 재벌규제를 위한 의미 있는 조치가 있었고 이로 인해 80년대 후반에는 경제력집중이 상당히 완화되었다. [표 7-2]에서 보는 바와 같이 30대 기업집단과 10대 기업집단의 광공업부문 점유율을 보면 1990년에는 1985년에 비하여 출하액, 부가가치, 고용의 모든 면에서 떨어졌다.

김영삼 정부에서도 대규모기업집단 계열사 간 상호채무보증제한, 순자산출자한도의 하향조정(40%→20%), 여신관리제도 등 재벌규제를 위한 다각적인 노력이 있었으나 정책의 일관성 결여, 정부의 규제완화 정책으로 실효를 거두지 못하고 경제력집중은 오히려 심화되는 결과를 가져왔다. [표 7-2]에서 보는 바와 같이 30대 기업집단의 점유율은 모든 면에서 1990년대 와서 크게 증가하였고 특히 10대 기업집단의 점유율증가가 두드러지고 있어 경재력집중은 10대 재벌중심으로 심화되었음을 알 수 있다.

4 재벌규제와 업종전문화정책

김영삼 정부는 경제력집중심화의 원인이 재벌의 문어발식 사업다각화에 있다고 판단하여 1993년에 재벌의 업종전문화 정책을 추진하기로 하였다. 정부는 관련 기관의 대표와 전문가로 구성된 업종전문화협의회를 구성하여 각계의 의견을 청취, 이를 정책에 반영하기로 하였다. 한 차례의 회의가 있었는데 대부분의 참여자는 재벌의 문어발식 사업다각화를 억제하고 주력업종의 경쟁력제고를 위해서는 업종전문화가 필요하다는 데 인식을 같이 하였다. 나는 이 협의회의 위원장으로 회의를 주제한 바가 있다.

정부는 상공부에 실무 작업반을 두어 재벌해체, 비주력업종의 처분, 소유와 경영의 분리 등 다각적인 관점에서 검토가 있었다. 그러나 우리나라가 시장경제체제임을 고려하여 과격하고 급진적인 정책보다는 재벌이 자율적으로 전문화업종을 선정하도록 유도하는 것이 합리적이라고 판단하여 10대 재벌까지는 3개, 11대부터 30대 재벌까지는 2개의 주력업종을 가질 수 있게 하였다. 또한 주력업종에 대해서는 출자총액규제와 은행대출규제를 풀어 주고 주력기업의 투자와 부동산 취득 시 주거래은행의 사전승인을 면제해 주는 등 규제를 대폭 완화했다(이경태, 평등으로 가는 제3의 길, 2020).

　이러한 규제완화정책은 재벌들의 투자를 활성화하고 고도성장을 유지하는 데는 성공하였으나 재벌들의 문어발식 사업 확대를 억제하고 이를 통해 경제력집중을 완화하는 데는 실패하였다고 할 수 있다. 1993~1995년 기간에 재벌들의 계열기업 수는 604개에서 623개로 늘어났고 앞에서 지적한 바와 같이 1990년대 와서 경제력집중은 심화되었기 때문이다.

　재벌에 대한 규제완화정책은 삼성의 반도체나 현대의 자동차와 같은 주력업종의 경쟁력제고에는 기여하였다고 할 수 있으나 전체적으로 볼 때 재벌의 사업다각화억제 실패, 편중여신, 부채증가, 수익성 악화 등의 부작용을 가져옴으로써 업종전문화정책은 득보다 실이 크다고 할 수 있다.

　이와 같이 업종전문화정책은 당초 의도와는 달리 재벌의 경제력을 억제하기보다 키워주는 결과를 가져왔으며 이로 인해 재벌은 막강한 압력단체로 부상, 정부의 정책에도 적지 않은 영향력을 행사하였다. 그 대표적인 예가 1994년 삼성의 자동차산업진출이었다. 이 무렵 나는 삼성의 자동차산업진출은 무리라는 글을 써서 내가 잘 아는 한 유력 일간지 경제부장에게 실어 주겠느냐고 물었더니 다른 글은 다 좋으나 자동차산업관련 글은 곤란하다고 하였다.

5 소득분배문제

1980년대에 들어오면서 비교적 잠잠하던 소득분배문제가 수면 위로 올라오기 시작하였다. 그동안 고도성장으로 실업률과 절대 빈곤 인구가 크게 감소함으로써 전체적으로 볼 때 소득분배는 개선되었다고 할 수 있다. 지니계수나 10분위 분배율과 같은 소득분배지표를 보드래도 70년대는 좀 나빠졌지만 80년대 와서는 개선되고 있고 다른 개도국과 비교해서도 비교적 양호한 편이었다.

이처럼 분배지표만 보면 소득분배에 큰 문제가 없는 것으로 보이고 있고 또 국민들의 생활수준이 전반적으로 향상되고 있기 때문에 1970년대까지 정부는 경제성장이 최상의 분배정책이라고 생각해 분배문제에 별로 신경을 쓰지 않았다.

그러나 고도성장이 장기간에 걸쳐 지속되면서 계층 간의 소득격차는 커지게 되고 인플레로 인한 부동산투기가 만연되면서 빈곤층과 부유층 간의 소득격차는 더욱 확대되었다. 이로 인하여 실제 국민이 피부로 느끼는 소득불평등은 지표상으로 보는 것보다 훨씬 나쁘다고 할 수 있다.

1980년대 들어오면서 소득분배문제가 생각보다 심각하다는 인식이 있었으나 전두환 정부에서는 안정화정책에 전력투구하다 보니 신경을 쓸 여유가 없었고 80년대 후반 정치적 민주화운동이 전개되면서 소득불평도문제가 큰 사회적 문제로 부각되었다.

이 무렵 나는 정신문화연구원으로부터 소득분배문제에 대한 연구를 수탁하게 되었다. 소득분배에 무엇이 문제고 생활수준이 많이 올라갔는데도 왜 그렇게 불평이 많은지 연구를 해 달라는 것이었다.

(1) 기존소득분배연구의 한계

소득분배문제는 그동안 KDI의 주학중 박사를 필두로 해서 여러 사람이 분석을 해 왔다. 그러나 이들의 분석은 지니계수나 10분위 분배율과 같은 전통적인 지표분석에 치중하였다. 그러나 이러한 지표분석은 소득분배가 대체로 좋아졌다 나빠졌다 하는 개괄적 상태만 제시할 뿐 그 이상의 다른 아무런 정보도 제공하지 못한다.

소득수준의 계층 간 상대적 변화를 나타내는 10분위분배율도 지니계수와 마찬가지로 개괄적인 지표의 성격을 벗어나지 못하기 때문에 분배의 실상을 이해하는 데는 한계가 있다. 뿐만 아니라 10분위분배율은 항상 인구의 일정비율(예컨대 40%)은 빈곤층에 속하기 때문에 아무리 소득수준이 올라가도 빈곤층이 생기는 모순이 있다.

따라서 우리가 소득불평등문제를 제대로 설명하기 위해서는 어떤 비율이나 계수만으로는 불충분하며 반듯이 어떤 절대적 소득수준의 개념이 들어가야 한다. 이런 의미에서 절대적 빈곤문제는 분배문제를 다루는데 있어 매우 중요한 의미를 갖는다고 할 수 있다.

우리나라의 절대빈곤인구는 그동안 고도성장의 덕택으로 급속히 감소한 것이 사실이다. KDI 연구에 의하면 1965년에는 절대빈곤율이 40%를 넘었으나 1984년에는 4.5%로 떨어졌다. 그러나 도시가계조사 자료에 의하면 절대빈곤율은 6.9%로 추정되고 있어 200만 명 이상의 인구가 아직도 절대빈곤선상에 있다고 할 수 있다. 문제는 이들은 대부분 도시에 집중하고 있어 빈곤문제는 아직도 사회적으로 중요한 문제라 하지 않을 수 없다.

다음으로 중요한 것은 계층 간의 소득격차문제를 둘 수 있다. 경제가 성장하게 되면 계층 간의 소득격차는 생기기 마련인데 특히 문제가 되는 것은 잘사는 계층과 못사는 계층 간의 소득격차가 커지는 소득의 양극화 문제라고 할 수 있다. 가난한 사람의 소득도 올라가지만 잘 사는 사람의 소득이 더 많이 올라가게 되면 위화감이 생기고 갈등이 심화되어 정치적 사회적 문제로 비화될 수 있기 때문이다.

(2) 소득의 양극화와 분배문제

따라서 소득분배문제가 가지는 정치적 사회적 측면을 제대로 파악하기 위해서는 경제성장의 과실이 가난한 계층과 그렇지 않은 계층, 다시 말하면 빈곤층과 비빈곤층 간에 어떻게 돌아갔는지를 분석할 필요가 있다.

나는 이러한 시각에서 1965년에서 1984년까지 20년간 도시근로자가구를 빈곤층과 비빈곤층으로 나누어 이들의 소득이 어떻게 변화하였는지를 비교분석하기로 하였다. 월평균가구소득이 월평균최저생계비 이하에 있는 계층을 빈곤층, 그 이상의 소득을 가진 가구를 비빈곤층으로 하였다(보다 자세한 내용은 부록 「빈곤층과 비빈곤층 간의 소득분배」 참조).

표 7-3 빈곤층과 비빈곤층 월평균가구소득 추이(1965-1984)(단위: 1970년 불변가격, 천 원)

| | 1965 | 1970 | 1976 | 1980 | 1984 | 연평균 증가율(%) | | | | |
						1965 ~70	1970 ~76	1976 ~80	1980 ~84	1965 ~84
빈곤층(A)	9.1	15.1	15.3	14.3	16.9	10.8	0.3	-1.8	4.3	3.3
비빈곤층(B)	22.8	34.1	44.3	55.2	68.5	8.4	4.5	5.7	5.5	6.0
B-A	13.7	19.0	29.0	41.0	51.6					
B/A	2.5	2.3	2.9	3.9	4.1					

자료: 경제기획원, 도시가계년보, 각 년도.

[표 7-3]에서 보는 바와 같이 1965~1984년간에 빈곤층의 실질소득은 연 3.3%가 증가한 반면, 비빈곤층의 소득은 6.0%가 증가함으로써 두 계층 간의 소득격차가 빠르게 확대되었음을 알 수 있다. 소득격차도 1970년 가격으로는 1965년의 13.7천원에서 1985년에는 51.6천원으로 증가하여 2.5배에서 4.1배로 늘어났다. 성장의 과실이 빈곤층보다는 비빈곤층으로 상대적으로 더 많이 돌아갔다고 할 수 있다.

이러한 현상은 경제발전의 초기에는 불가피한 현상이라 할 수 있다. 미국의 경제학자 필즈(G.S. Fields) 교수에 의하면 1960년대의 미국과 브라질에서도 같은 현상을 볼 수 있다고 한다. 왜냐하면 비빈곤층에 속하는 사람이 빈곤층에 속하는 사람보다는 소득을 획득할 수 있는 기회가 더 많을 뿐 아니라 경제가 발전함에 따라 임금이 높은 숙련공이나 정문직 등 고급인력에 대한 수요가 빠르게 증가하기 때문이다.

임금은 가계소득의 주 수입원이기 때문에 계층 간 소득격차문제를 임금자료를 가지고 분석할 필요가 있었다. 그래서 나는 노동부가 조사한 직종별임금자료를 이용하여 임금수준을 상·중·하의 계층으로 분류하여 이들 계층 간 임금격차가 1976~1985년간에 어떻게 변화하였는지를 분석하기로 하였다.

상위계층에는 고급승무원, 의사, 회계사, 대학교수, 총괄관리직과 같은 임금수준이 가장 높은 전문직 및 고급관리직이 포함된다. 중위계층에는 건축 및 공학기술자, 작가, 언론인, 사무원 및 감독자와 같은 전문직과 관리직을, 하위계층에는 광부, 부두노동자, 교통안내원, 청소부, 의복제조공 등과 같은 육체노동자와 단순 작업공을 포함시켰다.

[표 7-4]에서 보는 바와 같이 1976년과 1985년 사이에 전 계층에 걸쳐 약 4배 내외의 급격한 명목임금상승이 있었는데 이는 주로 1976년과 1982년 사이에 발생하였고 82년 이후에는 임금상승이 매우 완만하였다.

하위계층의 임금상승이 가장 높았고(연평균 18.5%), 상위계층의 임금상승이 다음으로 높았으며(17.3%) 중위계층의 상승이 상대적으로 낮았다(15.3%). 계층 간 임금상승률 차이는 크지 않았는데도 계층 간

표 7-4 계층별 직종별 월평균 명목임금 추이[1] (1976-1985)(단위: 천원, %)

	1976	1982	1985	연평균 증가율(%)		
				1976~82	1982~85	1976~85
상위계층(A)	247	803	1,036	21.7	8.9	17.3
중위계층(B)	148	436	534	19.7	7.0	15.3
하위계층(C)	38	139	175	24.1	8.0	18.5
A-B	99	367	502			
B-C	110	297	359			
A-C	209	664	861			

주: 1) 각 직종의 노동자수를 가중치로 한 가중평균 총월급여액(보너스포함)임.
자료: 노동부, 직종별 임금실태조사보고서, 각 년도.

임금격차는 전체적으로 확대되었다.

하위계층의 임금이 가장 빨리 올라갔음에도 불구하고 상·하위 간, 중·하위 간 임금격차는 계속 확대되었다. 상·하위 간 임금격차는 209,000원에서 861,000원으로 늘어나 10년 사이에 4배 이상으로 확대되었다. 이는 상·하위 간 임금격차가 워낙 크기 때문에 일어나는 현상으로 임금을 가지고 소득격차를 줄이는 것은 거의 불가능하다고 할 수 있다.

(3) 국민의식구조의 변화

이상에서 본바와 같이 계층 간의 소득격차는 임금추이를 보아도 알 수 있는데 특히 주목되는 것은 상·하위계층간의 엄청난 소득격차 즉 양극화문제다. 이는 생활수준의 현저한 차이로 나타나고 계층 간 마찰과 갈등으로 이어지면서 국민의 의식구조에도 적지 않은 영향을 주었다고 볼 수 있다.

국민의 대다수가 가난하고 어렵게 살 때는 계급 또는 계층의식이 생기기 어렵다. 특히 우리나라처럼 지주계급이 일찍이 몰락하고 또 공업화의 초기에는 부의 축적이나 편제현상이 적기 때문에 계층의식이 싹트기 어려웠다.

그러나 급속한 공업화가 진행됨에 따라 부유층과 빈곤층이 형성되면서 계층의식은 생기기 마련인데 이는 빈곤층에서 강하게 나타난다. 1981년 KDI가 행한 서울시 영세민 400가구 의식구조조사에 의하면 상당수의 가구가 우리 사회에는 잘사는 사람보다 못사는 사람이 더 많고, 앞으로의 생활수준도 지금과 비슷하거나 못할 것으로 보고 있고, 빈곤의 책임도 어느 정도 사회에 있다는 등 우리 사회를 비판적이며 부정적으로 보고 있는 것으로 나타나고 있다.

사람은 자기의 소득이 올라가도 다른 사람의 소득이 더 많이 올라가게 되면 상대적 박탈감을 느끼게 되는데 처음에는 불평을 하지 않고 기다린다는 것이다. 그러나 기다리는데도 한계가 있기 때문에 남들처럼 생활수준의 향상이 없으면 불평을 하게 되고 나아가 기존질서나 제도에 부정적인 생각을 하게 된다는 것이다.

80년대에 들어오면서 우리나라도 고도성장과정에서 상대적으로 소외된 계층의 목소리가 높아지고 기존질서나 제도에 대한 비판적이며 부정적으로 보는 세력이 형성되기 시작하였다. 이러한 움직임은 과격한 학생운동이나 노동운동으로 나타나고 민주화운동도 이와 결코 무관하다고 할 수 없다.

이러한 문제인식은 정부도 가지고 있었고 나름대로 정책적 노력이 없었던 것은 아니다. 1980년대 들어오면서 경제정책의 기조가 경제안정과 균형적 발전을 중시하는 방향으로 바뀌었고 복지정책을 개선코자 하는 노력이 있었으나 1980년대 중반까지는 긴축적인 재정운영으로 복지지출은 크게 늘어나지 못해 빈부격차의 해소에는 진전이 없었던 것이 사실이다.

계층 간의 소득격차를 줄이기 위해서는 경제정책의 지도이념을 효율성 위주에서 복지와 형평을 중시하는 방향으로 기본인식의 전환이 있어야 한다. 복지와 형평의 문제는 경제적 문제인 동시에 사회적 문제이기 때문에 사회정책적 측면에서의 접근도 동시에 이루어져야 하며, 이렇게 해야 분배문제와 계층 간 갈등문제를 해소할 수 있기 때문이다.

　이상에서 요약한 바와 같은 내용의 연구결과를 1987년 초에 정신문화연구원에 제출하였고 같은 해 11월에는 이를 요약하여 한양대학교의 학술지 "경제연구"에 게재하였다. 본 연구는 처음으로 계층 간 소득 및 임금격차를 가지고 국민들이 느끼는 체감분배는 지니계수나 십분위 분배율과 같은 분배지표로 보는 분배보다는 훨씬 심각하다는 것을 실증적으로 증명하였다는 면에서 나름대로 공헌을 하지 않았나 생각된다.

　소득불평등문제는 1987년 6·29선언 이후 중요한 정책적 현안 문제로 대두되면서 노태우 정부부터 분배개선과 복지증진을 위한 적극적인 정책적 노력이 전개되었다. 최저임금제도가 도입되고 주택, 보건, 사회복지 등 사회개발에 대한 재정지출이 확대되고 토지공개념이 도입되었다. 종합토지세와 토지초과이득세가 신설되는 등 부동산투기 억제를 위한 다각적인 노력이 경주되었다. 이러한 관계로 1997년 IMF외환위기 전까지는 우리나라의 소득분배문제는 비교적 안정적으로 유지되었다고 할 수 있다.

경제체제문제

1 자본주의적 시장경제

앞에서 지적한 바와 같이 80년대에 들어오면서 기존 정치 및 경제 질서에 대한 비판 내지 저항세력이 형성되면서 그 움직임이 여러 형태로 현재화하기 시작하였다. 정치적으로는 6·29 선언과 같은 민주화선언으로 나타났고 경제적으로도 헌법 제119조 2항에 "· · · 경제주체간의 조화를 통한 경제의 민주화를 위하여 경제에 관한 규제와 조정을 할 수 있다"라는 것을 명시함으로써 경제민주화가 경제정책의 중요한 화두로 등장하였다.

경제민주화가 경제정책의 중요한 화두로 등장한 배경에는 그동안 고도성장과정에서 노동자의 권익이 상대적으로 억압당하고 성장의 과실이 이들에게 충분히 돌아가지 못하였기 때문에 이들의 권익을 신장하고 형평을 증진시킬 필요가 있다는 취지에서 고안된 것이 아닌가 생각된다. 그러나 경제의 민주화라는 개념 자체가 불분명하고 매우 포괄적이고 추상적이어서 사람마다 해석을 달리 하고 있어 정치적으로는 자주 인용되었으나 정책적으로는 큰 의미가 있다고 보기 어렵다.

우리나라는 해방 이후 1980년대에 이르기까지 경제체제나 질서에 대해 자본주의경제체제라는 것 외에 구체적으로 어떤 자본주의경제체제를 지향하는가에 대한 통일된 개념이 없었다, 5·16군사혁명정부가 들어와 제1차5개년계획을 추진하면서 이에 대한 논의가 있었고 거기서 나온 것이 "지도받는 자본주의(guided capitalism)"였다. 처음으로 우리나라가 어떤 경제체제를 지향해야 하는가에 대한 정부의 입장이 나왔다고 할 수 있다.

이 개념도 그 당시 경제기획원 종합기획국이 제1차5개년계획을 국민들에게 알리기 위한 목적으로 해설서를 만들면서 세상에 알려졌다. 반공을 국시로 하여 세워진 나라이기 때문에 사유재산제도를 근간으로 하는 자본주의경제체제가 됨은 당연하나 그 당시 어려운 경제상황을 고려할 때 정부가 국민경제를 이끌어 갈 형태가 되지 않고는 5개년계획을 성공적으로 추진할 수 없었다고 보았든 것이며 이러한 관점에서 구상된 것이 지도받는 자본주의체제였다.

지도받는 자본주의체제란 민간의 자유와 창의를 존중하는 자유기업주의를 원칙으로 하되 기간산업과 그 밖의 중요부문에 대해서는 정부가 직접 개입하거나 간접적으로 유도하는 경제질서를 의미한다고 되어 있다(안종직, 우리나라 경제의 나아갈 방향, 동아출판사, 1962). 다시 말하면 사유재산제도와 시장경제를 원칙으로 하는 자본주의적 시장경제(capitalist market economy)를 지향하되 정부가 자원배분에 주도적 역할을 하는 개발국가(developmental state)관을 지도이념으로 한다고 할 수 있다. 이와 같은 개발계획의 지도이념은 제4차5개년계획까지 이어졌고 성장제일주의와 중화학공업육성으로 구체화되었다.

　　정부는 공업화를 통한 자립경제달성이란 중장기 목표를 설정하고 이에 필요한 자본, 기술 및 인력의 공급자로서의 역할을 충실히 하였다. 이를 수행함에 있어 정부는 정·경 분리 원칙을 세워 정책의 입안과 집행에 관한 한 행정부가 주도권을 갖도록 하였으며 이를 위해 엘리트 관료집단을 적극적으로 활용하였다. 정부의 요직은 엘리트관료가 독점하고 경제부처의 장은 거의 이들 관료출신으로 구성되었고 이들은 민간부문을 포함하여 자원배분에 깊숙이 관여 하였다. 자유와 창의를 존중하는 자유기업주의를 원칙으로 하는 시장경제를 지향한다고 하지만 실제로는 자원배분에 있어 관료의 영향이 절대적이었다.

　　1987년 7월 독일의 Duisburg 대학에서 "21세기 기술경쟁"(Technological Competition in the 21st Century)이라는 주제로 국제 심포지엄이 있었는데 나도 이 심포지엄에 초청을 받아 "한국에 있어서 정부정책과 산업혁신"(Government Policy and Industrial Innovation in Korea)이라는 글을 발표하였다. 나는 이 글에서 산업의 기술혁신을 위하여 정부가 취한 구체적인 정책을 설명하면서 정부 역할의 중요성을 강조하였다.

　　이 심포지엄에는 하버드대학의 퍼킨스(D. Perkins) 교수도 참석하였는데 그는 우리나라에 자주 왔고 중국 및 한국경제 전문가다. 그는 한국경제의 발전이야기를 하면서 한국경제를 관료지시자본주의(bureaucratic command capitalism)라고 하였다. 그의 눈에는 우리나라 경제는 시장경제질서와는 한참 멀다는 것이다.

그 심포지엄에는 미시간대학교의 색슨하우스(G.Saxnhouse) 교수
도 참석하였는데 내가 우리나라도 80년대 후반에 수입자유화를 적극
적으로 추진해 자유화율이 90%나 된다고 하니 색슨하우스 교수 말이
특별법으로 다 막아 놓고 자유화율이 90%라고 할 수 있느냐고 꼬집
었다. 색슨하우스교수는 일본전문가로 우리나라에도 온 적이 있으나
비교적 비판적인 견해를 가진 분이었다. 그 당시 외국 전문가들은 대
체적으로 우리나라 경제를 시장경제라 하기에는 아직도 갈 길이 멀다
고 보는 것 같았다.

정부주도 개발전략은 높은 성장을 통해 빈곤을 퇴치하고 산업구
조의 고도화를 기하는 등 많은 성과를 거두었으나 인플레와 경제력집
중 및 소득분배의 불평 등 적지 않은 문제를 가져왔다. 이러한 정부주
도의 개발전략은 1980년대 들어오면서 한계점에 왔다는 인식을 하게
되었고 경제정책도 정부의 개입은 줄이고 시장의 기능을 활용하는 방
향으로 전개되었다. 금융, 외환, 무역, 투자 등에 있어 자유화·개방화
조치가 이루어졌으나 매우 점진적이며 제한적으로 이루어졌다. 왜냐
하면 사장경제 질서를 정착시키기 위해서는 제도의 정비와 경제주체
의 행동양식의 변화 등 상당기간의 적응기간이 필요하기 때문이다.

수입자유화조치도 5년에 걸쳐 단계적으로 실시하였을 뿐 아니라
자유화로 인한 충격을 줄이기 위해 수입선다변화제도를 유지하였으
며, 금리자유화도 여신금리부터 단계적으로 자유화하였고 은행의 민
영화에도 불구하고 정부가 은행경영에 관여하는 등 자유화를 하면서
도 규제는 계속되었다.

복지정책은 전두환 정부에서는 소극적으로 대처하였고 노태우

정부 출범 후 복지에 대한 국민적 욕구가 분출하면서 적극적으로 추진하기 시작하였다. 1988년에 국민연금제도와 최저임금제도가 도입되었고 의료보험이 전 국민에 확대 실시되었다.

이처럼 1980년대에 들어오면서 부분적으로는 시장경제원리를 따르면서도 정부주도개발정책에서 오는 후유증을 최소화하기 위해 시장에 대한 국가의 개입은 계속되는 관리된 시장경제형태를 취하고 있다고 할 수 있다.

시장경제란 기본적으로 경제주체의 경제행위가 시장에 의하여 조정되는 경제질서를 말한다. 그러나 시장실패 때문에 모든 경제행위의 조정을 시장에만 맡길 수는 없다. 왜냐하면 경제질서의 형성을 시장에만 맡기게 되면 독과점과 같은 경제력의 형성, 분배의 불평등 등 여러 가지 부작용이 발생하기 때문에 이를 교정하기 위한 정부개입이 불가피한 것이 현실이다.

이러한 관계로 자본주의적 시장경제체제를 채택하고 있는 나라에서도 그 나라의 역사적, 정치적, 경제적 환경에 따라 국가개입의 형태나 내용이 다루기 때문에 어떤 형태의 시장경제질서가 바람직한가를 획일적으로 말하기는 어렵다. 예컨대 생산수단의 사유화 정도에 따라 국가개입의 차이가 있고 또 경제행위의 조정을 시장에 맡기느냐 정부에 맡기느냐에 따라 차이가 생길 수 있기 때문이다.

이러한 관계로 같은 자본주의적 시장경제체제를 가진 나라도 그 내용은 나라마다 조금씩 다르다. 예컨대 독일의 시장경제는 미국의 시장경제와 다루고 미국의 시장경제는 일본의 시장경제와 다르다. 또한 시장경제도 자본주의의 전유물도 아니다. 오늘날의 중국처럼 사유재산제도는 인정하지 않지만 경제행위의 조정을 상당부분 시장에 맡기는 경우와 같은 사회주의적 시장경제(socialist market economy)도 있다.

앞에서 지적한 바와 같이 1980년대에 들어오면서 점진적이고 제한적이지만 시장의 기능을 활용하고자 하는 노력이 광범위하게 전개되면서 우리나라도 시장경제체제의 모양을 갖추기 시작하였다고 할 수 있다. 그러나 어떠한 형태의 시장경제를 지향하는지 또 시장경제질서를 촉진시키기 위해서는 어떤 원칙과 정책이 필요한가에 대한 진지한 논의는 없었다. 정부도 보호를 줄이고 규제만 철폐하면 시장경제는 제대로 작동하는 것으로 이해하고 있었다. 이러한 생각은 그 당시 팽배하던 신자유주의 사상에 의하여 많은 영향을 받았다고 할 수 있다.

2 독일의 사회적 시장경제

1989년 초 한국경제신문사가 발행하는 격월간지 "서강 하버드비즈니스"로부터 우리나라가 지향해야 할 시장경제체제에 대한 원고청탁을 받았다. 대학에서 경제정책론 강의에서 독일의 사회적 시장경제(social market economy)를 학생들에게 가르쳐왔고 또 나의 오랜 독일생활의 경험에서 독일의 시장경제체제는 우리가 추구하여야 할 하나의 가능한 시장경제모델로 검토할 필요가 있지 않나 생각되었다.

그래서 독일의 사회적 시장경제의 이념과 정책을 토대로 하여 우리나라가 추구하여야 할 시장경제체제와 정책방향을 내용으로 하는 글 "우리가 지향해야 할 시장경제체제와 정책방향"을 한국경제신문의 "서강 하버드비즈니스"에 기고한 바 있다. 여기서는 그 글을 약간 보완하여 사회적 시장경제의 이념과 정책 및 역사적 전개과정을 중심으로 검토하고 이로부터 우리가 배울 교훈과 정책방향에 대하여 간단히 살펴보기로 한다.

(1) 질서자유주의

독일의 사회적 시장경제는 신자유주의사상에 의하여 크게 영향을 받았기 때문에 이를 논하기 전 오이켄(W.Eucken)으로 대표되는 독일의 신자유주의학자들의 사상을 간략히 소개하기로 한다. 이들은 경제정책에 있어서 질서정책을 중시하고 있기 때문에 이들의 자유주의사상을 질서자유주의(Ordo-liberalism)라고 한다.

1945년 종전과 함께 독일경제의 폐허는 독일의 자유주의학자들로 하여금 독일의 경제질서를 새로운 시각에서 재건하지 않으면 안 된다는 강한 신념을 가지게 하였다. 이들은 1920년대와 1930년대 경제정책실패의 경험을 근거로 하여 독일의 경제체제는 지나치게 낙관적인 고전적 자유방임주의도 안 되겠지만 그렇다고 해서 개인의 자유가 완전히 박탈된 전체주의적인 중앙계획경제체제가 되어서도 안 되겠다는 확신을 가지게 되었다.

이들은 무엇보다 개인의 자유가 보장되고 물질적 풍요를 가져올 수 있는 자유시장경제야 말로 독일이 추구할 경제정책의 방향이라고 생각하였다. 이들에 의하면 고전적 자유주의사상은 산업화를 가져오는 데 크게 기여하였으나 산업화는 동시에 자유를 위협하는 세력을 가져 왔기 때문에 자유가 살아남기 위해서는 질서를 통해 자유를 제한하는 것이 필요하다는 것이다. 왜냐하면 질서가 없는 자유는 자유 자체를 파괴시킬 가능성이 있기 때문이다.

질서자유주의자에 의하면 고전적 자유주의는 경제질서의 형성을 전적으로 민간에 맡기는 것이기 때문에 국가는 매우 약하고 자본가의 이해관계에 의존하는 기관으로 전락하기 쉽다는 것이다. 따라서 개인의 자유를 보장하면서 개인의 이익추구가 사회전체의 이익으로 이어지기 위해서는 국가가 개입해서 공정한 경쟁질서를 만들어 주어야 한다는 것이다. 경쟁이란 고전적 자유방임주의가 말하는 것처럼 정부가 재산권만 보호해 주고 간섭만 하지 않으면 제대로 작동되는 것은 아니기 때문이다.

그들에 의하면 경쟁이란 오로지 성과경쟁(Leistungswettbewerb)일 때만 공정한 경쟁이 되며 사적 이익과 사회적 이익은 일치하게 된다. 다시 말하면 고전적 자유주의가 갖는 부작용을 제거하기 위해서는 고전적 자유주의의 "보이지 않는 손" 대신에 국가의 "보이는 손"에 의해서 개인의 이익과 사회적 이익이 일치될 수 있으며 이는 독립적이고 강한 국가가 있을 때만 가능하다는 것이다. 이처럼 경쟁질서가 제대로 작동하는 시장경제야말로 개인의 자유를 최대한 보장하면서 개인의 이익이 사회전체의 이익과도 부합되도록 하는 유일한 경제체제라고 하였다.

오이켄에 의하면 자유시장경제가 제대로 작동하기 위해서는 자유시장경제의 기본원리라 할 수 있는 일곱 가지의 구성적 원칙, 즉 완전경쟁시장의 창출, 통화가치의 안정, 시장진입의 자유, 생산수단의 사유화, 계약의 자유, 소유의 무한책임, 경제정책의 일관성을 제시하고 있다. 이와 아울러 자유시장경제의 폐해를 교정할 수 있는 네 가지의 규제적 원칙, 즉 독과점규제, 소득분배개선, 최저임금제실시, 사적경제 계산의 수정을 제시하고 있으며 이를 실천에 옮기기 위해서는 이익단체의 압력에서 자유로운 중립적이고 강한 국가가 필요하다고 한다.

(2) 이념

제2차 세계대전 후 서독의 경제정책의 근간을 이룬 경제정책사상을 사회적 시장경제라고 칭하는데 서독은 이 정책을 통하여 전후의 폐허에서 일약 세계정상의 경제대국으로 발전하게 되었다. 사회적 시장경제란 용어는 쾰른(Köln)대학의 뮐러-알막(Müller-Armack) 교수에 의하여 처음 사용되었고 에어하르트(L. Erhard) 장관에 의하여 실천에 옮겨졌다.

사회적 시장경제는 1949년 기민당의 공식적 경제정책으로 채택되었고 그 이후 인기가 너무 좋아져 당시 야당인 사회민주당도 1950년대 말 스스로 이 개념을 받아들였다고 한다. 사회적 시장경제의 개념은 오이켄 등 질서자유주의자의 사상에 의하여 영향을 크게 받았으나 자유사회주의(liberal socialism)의 간섭주의적인 요소도 내포하고 있다는 점에서 하나의 독자적인 정책사상이라 할 수 있다. 한 마디로 요약한다면 사회적 시장경제란 경제적 자유원칙과 사회적 형평원칙을 접합시킨 정책사상으로서 자본주의와 사회주의 사이의 제3의 길이라 할 수 있다.

사회적 시장경제가 경쟁질서의 창출을 중시하는 면에서는 질서 자유주의의 영향을 받았으나 사회정책적 요인을 크게 강조하고 있다는 점에서는 간섭주의사상의 영향도 받았다. 다시 말하면 사회적 시장경제는 자유주의적 경제사상에 뿌리를 두되 경기나 분배문제 등 현실적 문제해결을 위해서는 정부의 개입이 불가피하다는 보다 현실적인 정책사상이라 할 수 있다.

이와 같이 사회적 시장경제는 경제적 자유와 사회적 형평을 결합한 시장경제의 개념으로 개인의 자유를 최대한 보장하면서 빈곤, 실업, 분배의 불공평 등과 같은 사회적 문제를 해결할 수 있다는 것이다. 이런 뜻에서 개인의 자유가 없는 사회주의식 문제해결방식과는 전혀 다르다고 하겠다. 뮐러—알막이 사회적이라는 용어를 쓴 데는 자본주의 경제체제에 대한 다양한 비판, 예컨대 자본주의경제는 비윤리적이다, 약자를 착취한다, 비사회적이다 등에 대항하기 위한 것으로 자본주의경제체제 아래서도 사회적 정의의 문제를 해결할 수 있다는 의미에서 '사회적'이라는 말을 붙였다는 것이다.

뮐러—알막에 의하면 사회적 문제의 해결은 기본적으로는 경쟁질서의 창출에 달려 있다고 한다. 시장에서 경쟁이 제대로 작동되면 능률의 극대화가 이루어지고, 이는 지속적인 성장을 가능케 함으로써 사회적 문제 해결을 위한 기반을 형성할 수 있기 때문이다. 그는 경제성장을 사회보장 등 사회적 문제해결의 조건으로 보고 있다. 따라서 개인의 자유, 경제적 능률과 사회적 정의는 사회적 시장경제의 기본적이며 불가분의 관계를 가진 구성요소라 할 수 있다. 경제적 능률의 향상 없이는 사회정의의 실현이 어렵고 사회정의의 실현 없이는 경제적 능률의 제고도 어렵다는 것이다.

경쟁이 경제적 능률을 극대화하기 위해서는 공정한 경쟁이 있어야 한다. 공정한 경쟁이란 성과경쟁 또는 능력경쟁으로 새로운 제품의 개발, 품질의 개선, 좋은 서비스의 제공 등을 의미하며, 이러한 성과를 바탕으로 하는 공정한 경쟁질서가 형성되기 위해서는 특혜나 독과점 등과 같은 불공정한 경쟁은 강력히 규제되어야 한다. 공정한 경쟁질서가 형성되기 위해서는 경쟁질서를 시장에만 맡겨서는 안 되며, 정부가 적극적인 경쟁정책을 통해 독과점을 규제하는 등 강한 국가가 필요하다고 한다.

뮐러-알막은 시장경제를 경제적 자유와 사회적 정의 및 사회보장이 결합된 통합개념으로 파악하므로 사회정책문제를 경쟁정책과 같은 무게로 다루고자 하였다. 이런 점에서 그는 국가의 역할은 작동이 잘되는 경쟁질서의 창출에만 있는 것이 아니라, 사회보장과 소득 및 재산분배상의 형평을 제고하여야 한다는 것이다. 왜냐하면 경제성장만으로 사회적 형평을 증진하는 데는 한계가 있기 때문이다. 시장경제에서 소득분배는 개인의 능력에 의하여 결정되는데, 신체상의 장애나 교육기회의 부족 등으로 능력이 제한될 경우 소득분배를 시장기구에만 맡기면 계층 간 마찰이나 갈등을 가져오며, 이는 사회정의의 입장에서도 바람직하지 않기 때문이다.

따라서 국가가 개입해서 성장과정에서 생기는 계층 간 사회적 격차를 축소해 주어야 한다는 것이다. 즉 저소득층, 노령자, 장애자, 실업자 등을 위한 재산형성, 주택보조, 각종 연금 및 공적 부조 등의 사회보장제도를 확충해 주어야 한다는 것이다. 뿐만 아니라 물가안정이나 완전고용과 같은 경기정책도 국가의 중요한 과제로 봄으로써 과정정책적 개입을 주장하는 것도 질서자유주의와는 다르다 하겠다.

(3) 목표와 정책원칙

이러한 사회적 시장경제의 이념을 고려할 때 사회적 시장경제가 추구하는 궁극적 목표, 즉 기본가치는 자유(Freiheit), 공평(Gerechtigkeit), 안전(Sicherheit) 및 풍요(Wohlstand)라 할 수 있다. 여기서 자유란 경제활동의 자유이며, 공평은 분배의 공평이며, 안전이란 각종 사회적 위험으로부터의 보호를 의미하는 것이며, 풍요란 성장을 의미한다. 이와 같이 독일은 독일사회가 추구하여야 할 기본적 가치를 세워 놓고 이를 실현하기 위한 실천수단으로 정책목표를 세웠다.

사회적 시장경제의 정책목표는 안정과 적정성장을 유지하면서 사회적정의와 사회보장을 실현하는 데 있다고 하겠다. 안정을 중시하는 것은 물가안정 없이는 시장경제질서가 제대로 작동될 수 없고 성장 없이는 사회정의와 사회보장도 실현될 수 없다고 보기 때문이다.

네 가지의 기본적 가치도 크게 보면 경제적 문제와 사회적 문제로 나눌 수 있다. 경제적 자유의 문제나 성장의 문제가 전자에 속하며 분배나 사회적 위험의 문제는 후자에 속하기 때문이다. 경제적 문제는 기본적으로 경쟁질서의 창출에 달려 있다고 보기 때문에 경제적 문제에 관한 한 경쟁원칙(Wettbewerbsprinzip)이 정책운영의 기본원칙이 되어야 한다. 그러나 경쟁질서의 창출만으로 실업, 질병, 재해, 노령 등의 사회적 문제를 해결하기는 부족하기 때문에 정부의 지원이 불가피한데 정부의 지원도 어디까지나 개인의 능력을 도와주는 보충적 역할, 즉 보충원리(Subsidiaritätsprinzip)에 충실하여야 한다는 것이다. 다시 말하면 시장의 질서는 경쟁원리에 의하여 형성되어야 하며, 사회적 질서는 보충원리에 의하여 형성되어야 한다는 것이다.

그런데 경쟁원칙과 보충원칙은 어디까지나 질서정책적 기본원리에 불과하다. 사회적 시장경제에서는 이러한 질서정책적 개입 외에도 과정정책적 개입이 필요한데, 이러한 경우에도 정부의 개입은 시장경제원리에 충실한 개입, 즉 시장 친화적 개입이 되어야 한다. 정부개입은 시장 대체적이 아니라 친시장적이 되어야 한다는 것이며, 이러한 원칙을 시장일치성(Marktkonformität)이라 한다. 이와 같이 사회적 시장경제에서는 경쟁원칙, 보충원칙 및 시장일치성의 원칙이 정책의 3대 기본원칙이라 할 수 있다.

(4) 역사적 전개과정

전후 서독은 이상에서 지적한 사회적 시장경제의 기본이념과 원칙하에서 경제정책을 추진하여 왔으며, 이를 바탕으로 해서 라인 강의 기적을 이루었다. 그러나 사회적 시장경제의 정책원칙은 에르하르트가 경제장관으로 재직하였던 1960년대 초반까지만 해도 충실하게 지켜져 왔으나 1960년대 후반부터 경제 환경의 변화와 정권교체에 따라 많이 변질되었다.

독일경제는 1960년대 들어오면서 성장이 둔화되고 중반에는 경기침체가 심화되었다. 이로 인해 1966년 에르하르트의 기민당이 선거에서 패배하고 기민당과 사민당의 대 연정에 의한 새로운 정부가 탄생하였다. 새 정부의 경제장관으로 임명된 칼 쉴러(Karl Schiller) 교수는 '가능한 한 많은 시장, 필요한 만큼의 계획'이라는 표현으로 정부의 거시경제정책적 개입이 불가피하다는 것을 주장하였다.

이와 같은 그의 주장은 1967년의 "경제안정 및 성장촉진법"의 제정으로 구체화되어 총수요관리정책이 실시되었다. 총수요관리정책은 일시적으로 효과가 없던 것은 아니었지만, 재정지출의 급증과 국가채무의 증대로 이어지는 많은 부작용을 가져왔다. 특히 1970년 사민당의 집권으로 사회정책이 대폭 강화되어 정부지출의 급팽창, 관료기구의 확대, 소득재분배정책의 확대 등을 가져왔다. 이러한 사회정책적 개입의 강화는 서독을 세계적인 복지국가로 발전시키는 데는 공헌을 하였으나, 사회적 시장경제의 기본원칙인 경쟁원칙과 보충원칙은 크게 후퇴하게 되었다.

1982년 기민당과 자민당의 연립정부가 정권을 잡게 되자 경제정책의 축은 총수요관리정책에서 질서정책의 부활 쪽으로 움직이게 되었다. 1970년대 독일경제의 문제는 기본적으로 구조적인 문제로서 총수요관리정책으로는 한계가 있기 때문에 공급측면에서의 접근이 필요하다는 인식이 확산되었다. 이에 따라 경제정책은 질서정책에 초점을 맞추어 경쟁촉진, 기업의 투자촉진, 재정적자의 축소, 재정부담 범위 내에서의 사회보장제도의 실시 등 경쟁원칙과 보충원칙에 충실하고자 하는 방향으로 전개되었다. 이러한 정책적 노력으로 독일은 1980년대 후반에 와서 물가의 안정, 민간투자의 활성화, 수출증대 등의 성과를 거두었다.

그러나 재정적자의 축소, 정부규제 및 보조금의 축소는 만족할 만한 수준은 되지 못하고 노동시장의 유연성도 크게 개선되지 않은 등의 많은 문제점이 있었다. 이로 인한 지속적인 정부 지출증대로 국가의 사회보장관련 지출비중은 국민경제의 부담능력을 초과하는 수준으로 확대되었다. 예컨대 1970년과 1990년 사이에 투자율은 25.5%에서 21.0%로 떨어진 반면, 사회보장관련총지출의 비중은 국민총생산대비 26.7%에서 29.5%로 증가하였다.

광범위하게 구축된 사회보장망은 사회적 위험을 제거하고 계층간의 마찰을 완화시키는 데는 기여하였으나 지나친 부담으로 기업의 국제경쟁력을 약화시켜 생산시설의 해외이전을 촉진하는 등 민간부문의 역동성은 활력을 잃게 되었다. 산업정책에 있어서도 경쟁력이 없는 석탄, 조선, 철강 산업과 농업에 대한 보조금의 지속으로 구조조정에 실패하였고 이는 경제성장의 둔화와 구조적 실업을 양산하는 원인을 제공하였다.

이와 같이 실제의 경제정책이 사회적 시장경제의 기본이념과는 상당히 다른 방향으로 전개된 데는 정치적 요인이 크게 작용하였다. 1970년대 들어오면서 국민의 욕구증대, 선거를 의식한 정치세력의 무원칙한 사회정책 프로그램의 실시 등이 복합적으로 작용하면서 사회적 시장경제의 기본원칙이 흔들리게 되었다. 이러한 문제에도 불구하고 1990년 독일이 통일되기 이전까지 서독경제는 낮은 실업률, 높은 무역수지 흑자, 비교적 건전한 재정수지, 통화가치의 안정 등 어느 서방선진국보다도 튼튼한 경제적 기반을 가졌었다.

그러나 1990년 통일이후 상황은 많이 달라졌다. 동독지역재건을 위한 인프라 투자와 사회보장관련 지출급증, 시장경제로의 전환 과정에서 발생한 대량 실업 등 막대한 통일비용으로 경기침체가 심화되면서 독일은 유럽의 강자에서 유럽의 병자로 조롱받는 신세가 되었다.

1998년 총리로 선출된 사민당의 슈뢰더(Gerhard Schröder) 수상은 노사협의체를 통한 노동시장 개혁을 추진했지만 노사의 현격한 입장 차이로 합의 도출에 실패했다. 이로 인해 2003년에는 마이너스 성장과 438만 명의 대량실업을 양산하는 등 경제상황은 더욱 악화되었다. 이에 슈뢰더 수상은 기존의 노동시장제도와 사회보장제도로는 통일의 후유증 외에도 세계화와 EU 통합의 진행, 산업구조의 변화 및 고령화 등 새로운 환경변화에 대응하기에는 한계가 있다고 판단, 노동시장과 사회보장제도의 개혁을 핵심으로 하는 이른바 하르츠개혁(Hartzreform)을 단행하였다.

하르츠개혁은 노동시장 유연화, 규제 완화, 사회보장제도 개혁 및 사회보험료 축소와 같은 기업 친화적 성격을 강화하는 것을 주요내용으로 하고 있다. 예를 들면 저임금 취업을 활성화하고, 실업수당 지급 기간을 대폭 단축하고, 실업자의 취업 노력을 강화하고, 연금 재정 안정화를 위해 인구구조와 노동시장 상황을 반영하여 연금을 삭감토록 했다. 슈뢰더 수상은 야당, 노동조합 및 사민당 내의 강력한 반대에도 불구하고 정치적 생명을 걸고 국가 대수술 차원에서 개혁을 추진하였다(김상호, 독일의 사회보장제도와 노동시장개혁: 하르츠개혁, 2017).

이 개혁을 통해 기업의 국제경쟁력이 회복될 수 있었고 수출 증대와 일자리 창출로 이어지면서 독일경제는 재도약할 수 있게 되었다. 그러나 슈뢰더 수상은 노동조합 등 전통적 지지 세력의 외면으로 2005년 조기총선에서 참패하고 사민당이 분당되는 고통을 겪었다. 이 개혁 기조를 보수당인 기민당의 메르켈 정부가 계승·발전시킴으로써 독일경제는 계속 활력을 유지하게 되었고, 이 덕택으로 메르켈은 16년이란 최장수 총리의 영광을 누릴 수 있었다.

독일은 국가 이익을 정파 이익보다 우선시하여 정권이 교체되어도 좋은 정책은 계승하는 정책의 일관성을 실천함으로써 독일경제의 재도약이 가능하였는데 이는 전정부의 정책은 무조건 부정하는 우리 사회에 시사하는 바가 크다고 하겠다.

(5) 교훈과 시사점

위에서 우리는 우리가 추구해야 할 하나의 가능한 시장경제 모델로서 서독의 사회적 시장경제의 이념과 정책에 대하여 간단히 살펴보았다. 물론 서독의 사회적 시장경제는 독일사회의 역사적 산물이기 때문에 이를 역사적, 정치적, 문화적 환경이 다른 나라에 그대로 적용하는 데는 맞지 않을 수도 있다.

그러나 사회적 시장경제가 가지고 있는 이념이나 정책은 시장경제를 발달시키고자 하는 나라에는 시사하는 바가 크다. 특히 분단국가로서 이념적 대결을 하고 있는 우리나라의 경우 독일의 경험에서 배울 점이 적지 않다고 하겠다. 독일의 사회적 시장경제의 발전에서 얻을 수 있는 교훈과 이를 바탕으로 우리가 취할 정책방향으로는 다음과 같은 것을 지적할 수 있다.

첫째, 사회적 시장경제는 이념면에서 우리에게 시사하는 바가 크다. 우리나라는 그동안 고도성장을 통해 많은 발전을 이룩하였으나 분배의 불평등 등 사회정책 측면에서는 적지 않은 취약점을 노출하고 있다. 따라서 우리가 추구하여야 할 기본적인 목표는 경제성장의 과실이 사회적 형평으로 이어지도록 하는 데 있다고 할 수 있는데 이런 문제의 해결은 시장기구의 작동만으로는 해결이 어렵고 정부의 개입이 불가결하다. 그런 의미에서 시장에서의 자유원칙과 사회적 형평의 원칙을 결합한 사회적 시장경제의 이념이야말로 우리가 추구해야 할 이념이 되어야 하지 않을까 생각된다.

둘째, 독일은 경제정책을 시행함에 있어 비교적 원칙에 충실하였다는 점이다. 독일은 경제정책의 3대 원칙, 즉 경쟁원칙, 보충원칙, 시장일치성의 원칙에 충실하였다는 점을 지적할 수 있다. 경쟁원칙은 경제정책의 기본원칙으로서 공정경쟁질서의 창달에 최대의 정책적 역점을 두는데 이를 통해 독일은 안정적 성장을 지속할 수 있었고 복지정책을 위한 토대를 마련할 수 있었다. 보충원칙은 사회정책의 기본원칙으로 경쟁의 원리로 해결할 수 없거나 만족스럽지 못할 경우 시장의 기능을 보완하기 위해 정부가 개입하는 정책으로 소득분배정책과 공적연금제도가 이의 대표적인 예라 할 수 있다. 시장일치성의 원칙이란 과정정책적 개입원칙으로서 정부가 경제에 개입하되 시장경제원리에 충실한 개입, 즉 시장 친화적 개입을 하여야 한다는 것이다.

이와 같은 3대 정책원칙은 독일의 정치적, 경제적 환경변화에 따라 다소 흔들리게 되고 이에 따라 실제의 사회적 시장경제는 당초의 의도와는 다른 방향으로 전개된 점도 없지 않으나 전체적으로 볼 때 독일은 이들 원칙에 충실하였다고 할 수 있다.

위에서 지적한 바와 같이 사회정책에서 보충원칙이 훼손되는 등 부분적으로 문제가 없는 것은 아니나 서독정부는 분명한 원칙을 가지고 정책을 수행하였기 때문에 사회적 시장경제가 성공을 할 수 있었다는 것이다. 오늘날 우리 경제가 안고 있는 여러 가지 문제도 따지고 보면 우리 정부가 원칙 없이 대증요법적으로 정책을 운영한 결과로 보아도 무방할 것이며, 이런 점에서 독일의 정책원칙은 우리가 배워야 할 중요한 교훈이 아닌가 생각된다.

셋째, 독일의 안정우선 성장정책을 들 수 있다. 독일이 경제안정을 우선시하는 데는 독일의 쓰라린 인플레션경험에도 그 원인이 있겠으나 시장경제질서가 제대로 작동되기 위해서는 기본적으로 통화가치의 안정, 즉 물가안정이 절대적이기 때문이다. 물가안정이 있을 때 공정한 경쟁과 자원의 효율적 활용이 가능하며, 기술혁신이 촉진되고 국제경쟁력이 강화될 수 있고 지속적 성장도 가능하기 때문이다.

우리나라는 지금까지 성장제일주의를 취해온 결과 물가를 잡지 못함으로써 부동산투기, 분배의 불공평, 국제경쟁력약화 등 많은 부작용을 가져왔다. 따라서 이러한 문제해결을 위해서 우리나라도 정책기조를 성장우선에서 안정 우선으로 전환할 필요가 있다.

넷째, 경제력집중에 대한 규제가 강화되어야 한다. 우리나라는 그 동안 대기업중심의 고도성장을 하여온 결과 경제력 집중현상은 심각한 수준이었다. 특히 문제가 심각한 것은 소유의 집중과 문어발식 기업 확장이다. 이러한 경제력의 집중현상은 독과점 등 각종 경쟁제한행위를 유발할 뿐 아니라 분배상의 역기능도 있어 큰 사회적 문제로 대두되고 있다. 독일은 1957년에 경제력집중규제를 위하여 반경쟁제한법을 제정하여 카르텔을 금지토록 하고 독과점 및 기업집중규제를 강화함으로써 경쟁질서의 창달에 크게 기여하였다.

우리 정부도 1980년 독과점규제 및 공정거래에 관한 법률을 제정하였으나 실제운용은 불공정거래행위규제에 그쳐 시장지배의 구조적 문제에 대한 규제는 많지 않았다. 정부는 1986년부터 경제력집중에 대한 규제가 본격적으로 시작되어 대규모기업집단제도와 출자총액제한제도의 도입, 대기업의 부동산소유제한 등의 규제가 있었으나 정책의 일관성 결여, 경기상황, 정경유착 등의 문제로 큰 진전은 없었다. 재벌에 의한 경제력집중현상은 1997년 외환위기 이후 크게 완화되었으나 공정한 경쟁질서의 창달을 위해서는 불공정거래행위 등 각종 경쟁제한행위에 대한 규제는 더욱 실효성 있게 추진되어야 하겠다.

다섯째, 독일의 사회정책에서 배울 수 있는 교훈은 보충원칙에 보다 충실할 필요가 있다는 것이다. 독일은 앞에서 지적한 바와 같이 1970년 사민당의 집권 이후 재원조달능력을 도외시한 사회복지정책의 강화로 자조정신을 바탕으로 하는 보충원칙이 후퇴하고 국가지원이 중심이 되는 연대원칙(Solidaritätsprinzip)이 지배원칙이 되고 말았는데 이는 통일이후 독일경제의 침체를 가져온 주요한 요인으로 작용하였다.

우리나라는 아직도 사회보장관련지출이 국민총생산 대비 매우 낮은 수준이다. OECD자료에 의하면 우리나라의 GDP대비 사회복지지출은 2014년 현재 10.4%로 OECD 평균 21.6%에 비하면 크게 떨어지고 있다. 따라서 앞으로 복지관련 재정지출의 확대가 불가피할 것으로 판단된다.

그러나 이러한 지출이 인기 영합적이거나 원칙 없이 결정되어서는 안 된다는 것이다. 각종 사회적 문제를 재분배정책으로 해결하고자 하는 것은 근본적 해결책이 될 수 없기 때문이다. 시장경제에서의 사회정책이란 기본적으로 개인의 능력을 향상시켜 각종 사회적 위험에 대해 개인이 일차적으로 책임을 지게 하되 개인의 능력만으로는 부족한 경우 국가가 책임을 지는 것이 원칙이기 때문이다. 개인의 책임과 국가의 책임은 적절한 균형을 유지하여야 하며 그렇지 않을 경우 심각한 재정적 부담을 가져오고 시장경제는 활력을 잃게 된다.

다시 말하면 보충원칙이 사회정책의 기본이 되어야 한다는 것이며 그렇게 해야만 시장경제질서의 활력이 유지되면서 사회적 문제해결도 가능하게 된다. 따라서 앞으로 정부가 사회정책을 발전시킴에 있어 보충원칙과 연대원칙의 적절한 균형을 유지하도록 하여야 할 것이다.

여섯째, 우리가 독일로부터 배워야 할 아마도 가장 중요한 것은 협력적인 노사관계일 것이다. 독일에서의 노사관계가 대립적 투쟁적인 관계에서 협력적관계로 발전한 데는 두 가지 요인이 크게 작용하였다. 하나는 노사 간의 자율적 단체교섭이며 다른 하나는 근로자의 경영참여를 허용하는 공동결정제도다.

노사 간의 자율적 단체교섭이 가능한 것은 단체교섭에 있어 정부를 포함하여 제3자의 교섭을 허용하지 않을 뿐 아니라 분쟁 시에는 조정위원회나 노동법원이 개입하여 중립적으로 해결함으로써 노사 간 신뢰가 형성되었다는 것이다. 협조적 노사관계를 가능케 한 보다 큰 요인은 노동자의 경영참여를 허용하는 공동결정제도다. 이 제도로 노사는 공동운명체의 성격을 가지게 됨에 따라 단체교섭에 있어 협조적 관계를 형성하는 데 크게 기여하였다.

독일은 1976년부터 이제도를 도입하여 사업장수준과 기업수준에서 근로자의 경영참여가 부분적으로 이루어지고 있다. 예컨대 근로자

대표가 감사회의 감사와 이사회의 노동이사로 경영참여를 허용하고 있다. 그러나 설비투자와 같은 핵심적인 영역에서는 경영자의 의사결정권을 인정함으로써 안정적인 경영권을 확보해주고 있다.

우리나라처럼 노동운동의 역사가 비교적 짧고 노사의 의식구조가 선진화되지 못한 상태에서 독일과 같은 공동결정제도를 도입하는 것은 시기상조라고 할 수 있다. 그러나 노사 간에 대등한 협력관계의 발전 없이는 노사 간의 갈등을 해소하기는 어렵기 때문에 어떤 형태든 앞으로 근로자의 경영참여기회는 주어져야 할 것이다.

끝으로 독일의 사회적 시장경제가 성공할 수 있는 요인으로 독일 국민의 준법정신과 질서의식, 근검절약과 독일경제를 재건코자 하는 강한 의지를 과소평가해서는 안 된다. 시장경제가 제대로 작동하기 위해서는 일반적 행동규칙, 즉 법과 제도가 잘 마련되어야 한다. 그러나 아무리 좋은 법과 제도가 만들어졌다 해도 사람들이 이를 지키지 않으면 시장경제는 제대로 작동할 수 없다.

행동규칙이 잘 지켜지기 위해서는 정직, 성실, 책임의식, 준법정신과 같은 일련의 윤리적 가치가 시장참여자에 의하여 생활화, 관행화가 되지 않으면 안 된다. 독일에 있어서의 준법정신과 질서의식은 모든 국민이 지켜야 할 기본 덕목으로 오랜 세월 동안 모든 계층의 사람들에 의하여 생활화, 습관화되어 왔으며 이는 독일에서 시장경제 질서가 제대로 작동될 수 있는 정신적 토대를 구축하는 데 큰 기여를 하였다고 할 수 있다(시장경제와 윤리와의 관계에 대해서는 부록 「시장경제의 윤리적 기초」 참조).

대외경제정책연구원 시절

1 초대원장에 취임

1989년 7월 말경 어느 주말에 나는 조순 당시 부총리 댁을 방문하였다. 독일 Duisburg대학의 교수와 공동연구를 위하여 독일로 출발하기 전 잠깐 인사차 들렀던 것이다. 여러 이야기를 나누는 중 부총리는 곧 새로 연구소가 하나 생기니 김 박사가 맡아주었으면 좋겠다는 것이다. "나는 다음주에 연구차 독일로 떠날 예정입니다"라고 하니 부총리 말씀이 "떠나지 않고 지금 서울에 있지 않느냐"라고 하였다.

조부총리는 그해 초 나를 KDI원장으로 데려가고자 하였으나 여의치 않게 되어 이번 인사에는 꼭 그의 뜻을 관철시키고자 하였으며 나는 그의 뜻을 받아들이기로 했다. 새로 생기는 연구소가 대외경제정책연구원(Korea Institute for International Economic Policy: KIEP)이었다.

나는 조순 부총리와 특별히 가까운 사이도 아니었다. 같은 대학에 있었던 것도 아니고 내가 국제경제연구원 부원장으로 있을 때 가끔 찾아오셨고 한양대학교에서 세미나 때 초청한 적이 있을 뿐 특별한 개인적 관계는 없었다.

이런 일은 있었다. 조부총리가 서울대학교 교수로 계셨을 때 앞에서 이야기한 나의 소득분배에 관한 글을 보고 이를 좋게 보았는지 이를 영문으로 번역하면 서울대학교에서 발간하는 영문저널 "Seoul Journal of Economics"에 게재해 주겠다는 이야기는 있었다. 영어로 다시 쓰려고 하니 귀찮아서 그분의 요구에 응하지는 못하였다.

나의 발탁에는 아마도 정부와 KDI 등에서의 활동과 오랜 연구경험을 평가한 것이 아닌가 생각된다. 나는 1971년 KDI에서부터 1981년 국제경제연구원이 해체될 때까지 10년을 연구원 생활을 하였고 대학에 와서도 연구소장으로 있으면서 연구생활을 계속하였다. 1989년 8월 5일 조순 부총리로부터 원장 임명장을 받으면서 또 다른 하나의 새로운 연구소생활이 시작되었다.

1980년대 후반에 들어오면서 우리나라는 미국으로부터 지속적으로 개방 압력을 받아 왔고 우루과이라운드(UR) 협상이 진행되면서 광범위한 분야에 걸친 대외개방은 불가피하게 되었다. 이에 효과적으로 대처하기 위해 정부는 대외경제정책연구원을 설립하였던 것이다.

새로 생기는 기관이라 할 일이 너무나 많았다. 사당동 조그마한 빌딩에 사무실을 구하여 유장희 부원장과 함께 소수의 인원을 데리고 우선 업무를 시작하였다. 이와 함께 당면한 문제는 대외경제연구원특별법을 제정하는 것이었다. 이를 위해서는 대외경제연구원법이 국회를 통과해야 되는데 국회서 이를 반대하는 의원님들이 적지 않았다.

그 이유는 산업연구원과 기능이 중복된다는 것이다.

특히 재무부장관을 지냈든 자민련의 김용환 의원님의 반대가 심했다. 김 의원은 산업연구원은 국제경제연구원의 발전적 해체로 생겨서 국제경제문제를 충분히 다룰 수 있고 현제도 동향분석 등 국제경제관련 문제를 연구하고 있으니 새로운 연구소의 설립이 필요 없다는 것이다. 그는 개인적으로는 나를 잘 알고 있어 도와주고 싶지만 안 된다는 것이다.

나는 지금 세계경제는 국경 없는 단일시장경제체제로 급격하게 변화하고 있어 우리나라도 전면적 개방체제로 갈 수밖에 없고 특히 우루과이라운드협상이 급진전되고 있어 이에 효과적으로 대처하기 위해서는 이 문제를 전문적으로 다루는 연구소의 설립이 불가피하다는 점을 역설하는 등 김 의원을 설득하는 데 총력을 기울였다. 같은 논리로 야당인 민주당 의원님들을 설득하였다. 민주당에서는 이해찬 의원이 초선의원으로 맹활약을 하고 있었다.

이러한 노력의 결과로 12월 말에 대외경제정책연구원법이 국회서 통과됨으로써 대외경제정책연구원은 국책 출연연구 기관으로 정식 출발하게 되었다. 이와 함께 사무실도 삼성동의 보다 큰 빌딩으로 옮기고 박사급 전문 인력도 채용하기 시작하였다.

2 전문성과 능력중심의 인재채용

KIEP가 국책출연연구소로 세상에 알려지면서 많은 사람들이 관심을 보였고 여러 사람으로부터 추천과 청탁이 있었으나 나는 인사원칙으로 전공분야와 능력을 기초로 하여 채용하였다.

나의 가까운 친구와 교수, 전직 장관, 현직 국회의원 등으로부터 추천이 있었으나 전공분야가 다르고 내가 판단하기에 부적격하다고 생각되면 채용하지 않았다. 이로 인해 적지 않은 오해를 받은 적도 있었으나 이렇게 함으로써 좋은 인재를 모을 수 있었다.

KDI의 박태호 박사, KIET의 김박수 박사와 조종하 박사, 서장원 박사와 김학수 박사 같은 국제적 유경험자를 우선 채용하고 국제경제와 국제금융, 공산권 연구, 지역연구를 전공한 분들을 중심으로 많은 우수한 연구 인력을 확보하였다.

초창기에 KIEP에 참여한 박사급 연구원으로는 손찬현 박사, 민충기 박사, 유재원 박사, 김종만 박사, 이창재 박사, 박제훈 박사, 김시중 박사, 김남두 박사, 이상학 박사, 김정수 박사, 정영록 박사, 유진수 박사, 강인수 박사, 채욱 박사, 김준동 박사, 김태준 박사, 김익수 박사, 배진영 박사, 한홍열 박사 등 미국과 유럽에서 수학한 박사들을 고르게 채용하였다.

박사급 연구원과 연구조원의 충원이 어느 정도 이루어지면서 연구업무도 본격적으로 추진되었다. 나는 우선 급변하는 국제경제동향을 분석하여 중요하다고 판단되는 문제에 대해서는 수시로 이를 요약 정리하여 "오늘의 세계경제"라는 이름으로 정부관계기관에 보내 참고토록 하였다. 이 제도는 좋은 반응을 받아 지금까지 이어지고 있어 KIEP의 대표적인 정보지역할을 하고 있다.

국제정치 및 경제질서의 급변으로 국제경제 환경도 크게 변화할 것으로 예상됨에 따라 이런 환경변화와 시사점을 고위정책당국에 보고할 필요가 있다고 판단하여 "1980년대 국제경제 환경변화와 대응전략"이란 보고서를 작성토록 하였다. 이와 아울러 공산권의 변화도 심상치 않음을 고려하여 "소련, 중국 및 동구권의 변화와 대응"이란 보고서도 작성하여 고위정책당국과 청와대에 보고토록 하였다.

　이와 같이 국제경제 환경의 급변으로 할 일은 많은데 20여 명 정도의 박사급인력으로는 부족하여 외부의 교수 등 전문 인력을 활용하지 않을 수 없었다. 경북대학교의 손병해 교수, 서강대학교의 오용석 교수, 경희대학교의 장의태 교수와 강정모 교수, 동국대학교의 박강식 교수, 동아대학교의 김창남 교수 등 많은 전문가들이 초빙연구위원으로 수고를 하였다.

　나는 연구원들에게 연구원은 보고서로 평가받기 때문에 좋은 연구보고서를 내도록 노력해야 하고 그렇게 하는 것이 나의 경험에 비추어 보아 여러분 자신을 위해서도 좋다고 하였다. 또한 KIEP는 빠른 시일에 KDI를 따라잡는 데 목적을 두고 박사급 연구원 중심으로 운영되어야 한다는 것을 강조하였다. 이러한 나의 운영방침에 연구원들도 적극적으로 호응함으로써 KIEP는 밤에 불이 꺼지지 않는 연구소로 알려졌다. UR협상이 급진전되고 이와 관련 KIEP연구가 널리 알려지면서 KIEP는 신생연구기관으로는 비교적 빨리 세인의 주목을 받기 시작하였다.

　이 무렵 정치적 민주화운동이 전사회적으로 확산되면서 노동조합의 결성이 국책연구원에까지 확대되고 있었다. 나는 국책연구원은 100% 정부지원으로 유지되고 있어 사실상 공무원과 다름이 없기 때문에 노조의 결성은 있을 수 없다는 원칙을 세워 전 연구원에 주지토록 하였다. 내가 KIEP를 떠날 때 경제기획원의 고위당국자는 노조결성을 막은 데 대하여 고맙게 생각한다는 뜻을 표하였다.

3 우루과이라운드 집중연구

우선 우루과이라운드협상 관련 연구를 집중적으로 수행하도록 하였다. 우루과이라운드는 그 중요성에 비하여 국민은 말할 것도 없고 정부도 이에 대한 이해가 부족하였다. 나는 박태호 박사를 중심으로 여러 사람을 투입하여 우루과이라운드의 배경과 의의, 주요 이슈별 협상진행과 전망, 이에 따른 우리의 대응전략 등을 집중 연구토록 하였다.

이리하여 1990년에는 "우루과이라운드: 의제별 협상진행상황과 전망", 1992년에는 "UR 총점검: 분야별 평가와 우리의 대응"의 보고서가 나왔고 이 외도 지적재산권과 서비스산업 협상관련 연구 등 다수의 보고서가 속속 출간되었다.

또한 세미나를 개최하고 UR협상에 박사들을 직접 참여시키고 외국전문가를 초청하여 국제 심포지엄을 개최하는 등 UR협상의 중요성과 세계무역질서가 어떻게 변하고 있는가를 알리는 데 노력하였다. 조선일보와 함께 "UR－바로 알기" 전국 순회강연을 실시하여 우루과이라운드 협상의 중요성과 이의 올바른 이해를 위한 대국민 홍보사업도 적극 추진하였다.

이와 같이 KIEP는 UR협상관련 보고서의 작성, 협상의 참여 및 대국민 홍보활동을 통해 정부의 협상전략 수립과 진행에 크게 기여하였으며 이를 통해 정부출연 전문연구기관으로서의 입지를 확고히 하게 되었다.

4 대미 홍보 차 미국방문

1990년 3월 조순 씨가 물러가고 그 후임으로 이승윤 씨가 부총리로 들어오면서 정부는 4월 초에 설비금융 확대, 수출금융 강화, 연구개발지원 등 일련의 경기활성화조치를 취하였다. 이러한 성장지향 정책은 대내외적으로 우리나라가 다시 성장제일주의로 회귀하는 것이 아니냐는 우려를 가지게 하였다.

이러한 우려를 불식시키기 위해 정부는 대미홍보를 강화하기로 하였다. 미국은 한국이 과거처럼 수출주도형 성장정책으로 되돌아가 한미무역의 역조현상이 심화되지 않을까 하는 우려를 보였기 때문이다. 이러한 미국의 우려를 불식시키기 위해 전국경제인연합회는 1990년 4월에 미국의 아세아협회와 공동으로 뉴욕에서 한미경제관계를 주제로 회의를 개최하였는데 나는 박태호 박사와 함께 한국 측 주제발표자로 이 회의에 참석했다.

나는 이번에 발표한 한국정부의 조치는 우리나라가 성장제일주의로 회귀하는 것은 아니고 1989년 세계경제의 둔화로 경기가 좋지 않아 경기를 진작시키고자 한 것이며 과거와 같이 고도성장을 하고자 하는 것은 아니라는 것을 강조하였다. 또한 최근에 와서 한미 간 무역역조현상은 점점 줄어들고 있고 한국정부는 농산물을 포함해 수입자유화정책을 적극적으로 추진하고 있기 때문에 한미 간 무역불균형이 심화되는 현상은 결코 없을 것이라고 하였다. 이 와 같은 내용의 글 "(Prospects/Problems for the Korean Economy and Implications for the Korea－US Trade)"을 발표하였고 참석자들로부터 좋은 반응을 받았다.

　뉴욕에서는 주로 기업인을 상대로 하였으나 미 정부 관계관들과의 대화도 중요하기 때문에 나는 워싱턴으로 갔다. 워싱턴에는 1982년 정부가 미국의 여론동향수집과 대미홍보를 위해 Korea Economic Institute(KEI) of America를 설립하여 그동안 KDI가 운영해오다가 KIEP가 설립되면서 그 업무가 KIEP로 이관되었다. KEI에서는 내가 오는 것에 대비하여 외신기자클럽에서 국무성 아세아 담당관과 기자들을 초청하고 이들을 상대로 설명회를 하도록 준비를 하여 놓았다.

　워싱턴에서도 미국 측 인사들은 한국이 1980년대 들어오면서 적극적으로 추진하여 오던 수입자유화정책이 후퇴하고 다시 고도성장정책을 지향하는 것은 아닌지에 대한 우려가 적지 않았다. 나는 한국은 그동안 고도성장으로 인한 인플레로 많은 어려움을 겪었기 때문에 안정 기조를 헤치지 않는 범위 내에서 성장을 추구하고 있고 소득분배 등 사회적 형평증진에 정책의 중점을 두고 있다는 점을 강조하였다. 또한 수입자유화정책은 계속 적극적으로 추진해 나가기 때문에 한미 간 무역불균형 현상은 개선될 것으로 기대한다고 하였다. 이러한 나의 설명에 그 자리에 참석한 국무부 관계관과 기자들은 대체로 수긍하는 듯하였으나 반신반의하는 기자들의 질문도 있었다.

사실 앞장에서 지적한 바와 같이 노태우 정부는 이 조치로 성장 정책으로 회귀하게 되었고 이 정책은 물가와 국제수지의 불안을 가져오고 김영삼 정부에 의하여 이어짐으로써 1997년 외환위기의 불씨가 되었던 것이다.

5 북방정책연구

90년대 들어오면서 중요한 현상중의 하나는 소련연방체제의 붕괴와 이로 인한 공산권의 몰락과 독일의 통일 등 국제정치질서의 변화다. 이러한 국제정치질서의 변화에 적극적으로 대응하기 위해 1988년 노태우 정부가 출범하면서 정부는 북방정책이란 이름으로 공산권 국가들과의 관계개선을 추진하기 시작하였다. 1989년에는 헝가리, 1990년에는 소련과 수교를 맺고 1991년에는 남북한의 동시 UN가입이 이루어졌다. 중국과의 수교도 물밑에서 급속도로 진행되고 있었다.

이와 같이 사회주의권 국가와의 관계가 개선되고 경제교류가 급진전되면서 이들 국가와 지역에 대한 연구수요도 급증하게 되었다. 이를 위해 KIEP는 설립과 더불어 북방경제연구실을 설치하고 관련연구를 시작하였다. 또한 1991년에는 북방지역 민간부문과의 관계개선을 위하여 설립되었던 국제민간경제협의회(IPECK)를 흡수하여 북방지역센터를 세움으로써 사회주의 국가권의 연구가 본격적으로 추진되었다. 소련, 중국, 동구권 국가의 주요 인사들을 초청 세미나를 개최하는 등 이들 국가와의 경제협력 및 지역연구를 위한 노력에 박차를 가하기 시작하였다.

6 동·서독통합조사단장으로 독일방문

　　1990년 독일의 통일은 우리 정부에 지대한 관심과 충격을 주었다. 한반도에도 통일의 봄이 오지 않나 하는 기대감을 갖게 하는 등 정부는 동서독의 통합과정을 예의 주시하지 않을 수 없었다.

　　그래서 정부는 1990년 7월 25일 독일의 경제·사회통합과정을 분석하기 위해 조사단을 독일현지에 파견하기로 하였다. 단장은 대외경제정책연구원장으로 하고 단원은 경제기획원, 외무부, 재무부, 상공부, 건설부, 한국은행과 3대 국책연구원의 중견급직원 10명으로 구성되었다. 조사단의 구성 명단은 다음과 같다.

표 9-1 조사단 구성

구 분	소 속	직 위	성 명
단 장	대외경제정책연구원	원 장	김 적 교
총괄반	경제기획원	본부 과장	허 　 선
	대외경제정책연구원	초청 연구원	박 광 작
	대외경제정책연구원	책임 연구원	배 진 영
금융/세재 반	재무부	행정관리담당관	남 상 덕
	한국은행	해외조서과 조사역	김 시 환
교역/산업 반	산업연구원	연구위원	유 학 상
	상공부	구주통상과 사무관	고 학 근
사회/복지 반	한국개발연구원	전문연구원	고 일 동
대외정책반	외무부	정보1과 사무관	김 희 택

우리 조사단은 8월 31일에서 9월23일까지 4주간 독일에 머물면서 동·서독의 정부부처, 금융기관, 연구기관, 학계 및 기타통일과 관련된 민간단체도 방문하여 면담과 함께 자료를 수집하였다. 조사단은 통독의 배경, 통독진행과정, 동·서독 간 교역 및 경제협력과정, 동·서독의 재정 및 사회복지제도, 생활수준비교, 통화·경제·사회통합의 주요내용 등 광범위한 분야에 대한 조사를 하였다.

이를 통해 통독과정이 남·북한 간 경제교류와 한반도통일에 주는 시사점을 주요 내용으로 하는 보고서를 작성하였고 보고서는 1990년 12월 "독일경제사회통합에 관한 연구"라는 이름으로 발간되었다.

7 노태우 대통령에 보고

통독의 배경과 통독과정의 교훈 등 주요내용은 귀국 후 조사단 단장인 나는 노태우 당시 대통령에게 직접 보고하였는데 이를 요약하면 다음과 같다.

통독의 배경

- 동서독은 오랫동안 인적·물적·문화적 교류의 증진으로 민족 동질성을 유지하여 왔음.
- 서독체제의 우월성은 인적·물적 교류는 물론 통신의 교류를 통해 동독국민은 간접적이지만 이를 체감할 수 있었음.
- 동독내의 서베를린이란 교류의 접점은 서독체제의 우월성을

확인시키는 가교역할을 함.

- 페레스트로이카의 동구확산과 이에 따른 동독국민의 무혈시민
  혁명이 동독정부를 붕괴시킴으로써 통독이 급진적으로 이루어
  질 수 있었음.

통독과정의 교훈

- 동방정책의 선 평화, 후 통일정책

  브란트는 독일통일이 가까운 장래에는 불가능하다고 보고 분
  단으로 인한 고통을 덜어주는 데 초점을 맞추고 선평화 후통
  일 정책을 추구하였음. 간접적이고 우회적으로 통일을 추진하
  였음.

- 사회적시장경제체제의 성공적 추진

  전후 서독은 사회적 시장경제체제를 성공적으로 추진하여 높
  은 생활수준과 함께 사회적 형평의 증진을 통해 계층 간 마찰
  과 갈등을 해소함으로써 체제경쟁에서 승리할 수 있었음.

- 접촉을 통한 변화추구

  선평화 후통일 정책은 꾸준한 접촉을 통해 추진되었으며 이러
  한 접촉은 인적·물적 접촉은 물론 문화·예술·언론의 교류
  등 모든 분야에서 이루어졌고 이는 상호 간의 신뢰구축과 이
  해 증진에 크게 기여하였음.

- 서방과의 공고한 유대 속에서 통일정책 추구

  서독은 종전 직후부터 유럽제국과의 선린우호관계를 유지하는
  데 역점을 두었으며 동방정책도 이러한 기초 위에서 출발하였

고 통일정책도 유럽의 평화와 안보질서 속에서 추진되었음.

▬ 동서독과 남북한 간 관계의 차이

- 남북한 간의 관계는 분단국가라는 점 외는 동서독간의 관계와 유사한 점이 거의 없음.
- 남북한은 민족상잔의 전쟁과 인적 물적 교류의 결여로 상호 간 불신 팽배
- 북한의 전체주의적 일인정치체제에서 밑으로부터의 혁명을 기대하기 어려움.
- 남북한 간 체제경쟁에서 남한의 일방적 승리로 보기에는 우리 사회에 아직도 취약점이 적지 않음.
- 남북한 간에는 동독 내 베를린과 같은 교류의 접점이 없음.
- 북한은 무력면의 우세를 가지고 적화통일을 포기하지 않고 있음.

▬ 통일정책의 기본전략과 방향

이상에서 지적한 바와 같은 우리와 독일과의 차이점을 고려할 때 우리의 통일정책은 장기적 관점에서 추진되어야 하며 기본전략과 정책방향으로는 다음과 같은 것을 지적할 수 있음.

- 기본전략
- 상호 간 대결보다는 평화공존 추구
- 민족의 동질성 회복과 분단고통의 최소화
- 북한의 개방과 화해유도

- 미국 등 우방국가와의 우호관계와 신뢰구축 속에서 북방정책 추구
- 정책방향
- 남북한 간의 기본협정을 통해 인적·물적·문화적 교류의 제도화.
- 지속적 성장과 분배구조의 개선, 사회보장제도확충 등을 통해 통일의 기반조성.
- 북한에 대한 광범위하고 집중적인 연구와 함께 급격한 정세변화에 대한 대비책수립.
- 계획경제체제의 시장경제체제로의 전환과정연구를 위한 독일 상주 연구관의 파견.

나의 보고 요지는 한반도에서 서독에 있었든 것과 같은 기적은 일어날 수는 없기 때문에 가까운 미래에 통일을 기대하는 것은 어렵고 따라서 통일정책도 장기적 관점에서 추진되어야 함을 강조하는 데 두었다. 이와 같은 보고가 있은 후 국내외에서 한반도통일 가능성에 대한 기대와 논의는 진정되기 시작하였다. 이는 정부의 북방정책에도 적지 않은 영향을 미쳤다고 할 수 있다. 이 무렵 영국의 BBC에서 한반도통일관련 인터뷰요청이 있어 나는 독일과 한국의 상황은 너무나 다르기 때문에 한반도의 통일은 시기상조라는 점을 강조하였다.

8 중국 방문

나는 1991년 3월 중국 사회과학원의 초청으로 정영록 박사와 함께 중국을 방문하였다. 그때까지 우리나라는 중국과의 수교는 없었으나 민간차원에서 빈번한 왕래는 있었다. 중국은 한국의 발전과정에 대한 지대한 관심을 가졌으며 우리의 경험으로부터 배우고자 하는 열의가 대단하였다. 중국 사회과학원 경제연구소에서 한국의 개방화정책에 대해서 강의를 해주었으면 하는 요청이 있었다.

나는 "한국경제의 개방화정책과 전망"이란 주제로 지난 30년간 우리나라의 산업화와 개방화를 시대별로 구분하여 정부의 정책과 이의 효과 및 문제점을 비교적 자세히 이야기해 주었다(원문은 부록 참조). 나의 발표는 사회과학원의 중국교포인 이 선생의 통역으로 진행되었는데 나의 발표내용을 얼마나 이해하였는지는 의문이 들었다. 왜냐하면 별로 질문이 없었기 때문이다. 그들에게는 생소한 자본주의의 시장경제관련 정책개념이 너무 많았던 모양이다.

중국은 1978년 등소평의 개혁개방화정책 이후 1980년대 후반까지는 국민들이 피부로 느낄 정도의 발전은 없었다. 개방화정책의 대표적 사업인 푸동지역 개발도 이제 막 시작한 단계였다. 그 당시 상해만 해도 현대식 호텔은 한두 개가 있을 정도였다. 우리가 묵었던 호텔도 외국자본으로 세워졌는데 아침에 문을 열고 바깥을 보니 판자촌 같은 집들만 보이고 현대식 건물은 볼 수 없었다. 우리나라의 1960년대 초, 중반 정도의 수준이라고 할까.

중국은 자본주의적인 개혁개방정책을 추진하면서도 한편으로는 불안감을 가지지 않을 수 없었다. 왜냐하면 그 정책은 그들이 그동안 알고 있든 이념과 정책과는 상치되기 때문이다. 그래서 중국의 정책당국은 우리나라의 1970년대와 1980년대의 경제정책에 지대한 관심을 가졌고 그 당시 정책에 관여한 전문가들을 초청하여 이들의 이야기를 듣고 자문을 구하는 것을 자연스럽게 생각하고 있었다. 이러한 관계로 나는 중국의 체제개혁위원회, 중앙계획위원회, 산업 및 기술정책연구, 국제무역정책연구 등을 담당하는 기관의 책임자를 만날 수 있었고 이들과 관련정책에 대하여 많은 대화를 나누었다. 내가 만난 주요 인사로는 체제개혁위원회 부주임 高尙全, 사회과학원 부원장 汝信, 계획위원회연구소 주임 黃范章, 국제무역경제협력연구소장 全自勤, 산업 및 기술경제연구소장 程女士를 들 수 있다.

나는 KIEP를 떠난 뒤에도 중국을 여러 차례 방문하였다. 1994년 여름 아세아 개발은행의 자문위원 자격으로 한 달 이상을 북경 근처에서 중국정부의 중앙계획위원회(Central Planning Commission)와 지역계획위원회(Regional Planning Commission)의 중견간부 40여 명을 상대로 한국과 대만의 공업화와 과학기술정책의 발전과정에 대한 강의를 했다. 원래는 한국의 공업화와 과학기술정책에 대한 요청만 있었는데 그 뒤 중국정부로부터 요청이 있었는지 대만의 과학기술정책에 대한 paper도 요구해서 한국과 대만의 공업화정책과 과학기술정책의 전개과정을 주요내용으로 하는 영문 자료를 별도로 만들어 주었다. 나는 대만의 산업정책에 대한 연구를 한 경험이 있기 때문에 과학기술정책에 대한 간단한 자료를 만드는 데는 별문제가 없었다. 나의 강의는 영어로 진행되고 청화대학을 나온 젊은 청년이 통역을 했다.

중국정부는 등소평의 개혁개방정책 이후 사유재산제도는 인정하지 않고 있으나 자원배분은 시장경제원리를 원용하는 방향으로 정책을 추진하였고 이의 성공을 위해서는 실무를 담당하는 관리들의 훈련이 필요하였던 것이다. 그러기 위해서는 한국과 대만의 사례연구가 가장 좋다고 판단하였던 모양이다. 경제발전의 핵심은 공업화에 있고 공업화의 성공요체는 인력 및 기술개발에 있기 때문에 이에 대한 경험과 진흥정책을 배우고 훈련시키고자 하였다고 볼 수 있다.

또한 1990년대 후반으로 기억되는데 중국정부에서 자동차산업육성정책에 대한 독일, 일본, 한국의 산업정책전문가를 초청하여 이들 3개국의 자동차산업육성에 대한 강연회를 가졌다. 독일에서는 경제성의 현직 국장이 오고 일본에서는 산업성의 전 차관이 오고 한국에서는 내가 참석했다. 나는 그 당시 주 중국 한국대사관의 경제공사로 가 있던 정영록 박사를 통해 연락을 받았다. 회의장에는 수백 명의 엄청난 사람들이 참석하였는데 아마도 중국 전역에서 자동차산업관련 담당자가 온 것으로 보였다. 이는 중국정부가 자동차산업육성에 얼마나 큰 관심이 있는가를 여실히 보여주고 있다.

세 사람의 강연이 차례로 진행되었는데 내가 보기에는 한국의 자동차산업육성정책에 가장 관심이 많았든 것으로 보였다. 왜냐하면 독일과 일본은 1920년대, 1930년대에 있었던 이야기가 대부분으로 현재의 중국사정과는 맞지 않기 때문이다. 한국은 후발공업국가로 외국 거대자동차회사에 의존하지 않고 자동차산업을 성공적으로 발전시킨 유일한 국가이기 때문에 중국으로서는 한국의 자동차산업육성책에 관심을 가질 수밖에 없었다.

나는 부품산업의 중요성, 국산화율정책, 자체모델개발 등 자동차산업육성정책의 특징을 설명하여 주었다. 질의응답 중 기억에 남는 것은 그 당시 중국에는 100여 개의 자동차회사가 난립하고 있는데 이를 어떻게 생각하느냐는 질문이 있었다. 나는 숫자의 많고 적은 것이 문제가 아니고 경제성이 문제이기 때문에 그 많은 자동차회사가 경제성을 가지고 있느냐를 보고 판단해야 하며 그렇지 않을 경우에는 수를 줄여나가는 것이 좋다는 의견을 말한 바 있다. 지금은 중국에 300여 개의 완성차회사가 있다하는데 그 많은 회사가 경제성을 가지고 있는지 의문이 들지 않을 수 없다.

나는 여러 차례의 중국방문을 통해 중국의 정책당국이 이념과 정치체제의 차이에 관계없이 자기들보다 앞선 나라들의 경험으로부터 배우고자 하는 노력과 열정이 대단하다는 것을 알 수 있었고 이것이 중국을 오늘의 세계 제2경제대국을 만든 원동력이 되지 않았나 생각되었다. 오늘의 중국은 브르제진스키(Z.Brzezinski)가 말한 대로 교조적인 공산주의국가는 아니며 공산주의를 자기들의 전통과 국익에 맞게 변질시킨 상업적인 공산주의국가 되었다. 검은 고양이든 흰 고양이든 쥐만 잡으면 되기 때문에 중국은 이념에 관계없이 실용적인 정책을 추구하였다고 할 수 있다.

9 소련 방문

1991년 6월 나는 이창재 박사와 함께 소련의 연구기관과의 공동연구 및 현지사정을 알아보기 위해 소련을 방문하는 기회를 가졌다. 극동문제연구소를 비롯해서 4~5개의 연구소를 방문하였는데 거의 모든 연구소가 1,400 내지 1,500명의 연구원을 가지고 있었다는데 놀라지 않을 수 없었다. 나는 연구소 규모에 놀라 한 연구소장에게 이 많은 사람들이 무슨 일을 하느냐고 물었더니 소장의 말이 걸작이다. "1/3은 집에서 아이를 보고, 1/3은 책상에 앉아서 앞으로 무엇을 연구할지를 생각하고 있고, 1/3만 연구하고 있다"는 것이다. 나는 이를 듣고 사회주의국가는 망할 수밖에 없었다는 것을 직감하였다.

소련은 국토가 워낙 넓고 인구도 많아서 연구할 것이 많겠지만 자연과학분야도 아니고 인문사회과학분야에서 한 연구소가 1,500명의 직원을 가진다는 것은 자유진영국가에서는 상상할 수가 없다. 사회주의국가에서는 사람이 필요해서 쓰는 것이 아니고 모든 사람에게 일자리를 주어야 하기 때문에 국가가 계획에 따라 사람을 배치하는 것이다. 고용에서 시장이란 존재하지 않는다.

마찬가지로 상품시장에서도 시장은 존재하지 않는다. 소련은 중앙계획당국에서 품목별 생산계획을 만들어서 지역별 기관별로 조정하여 배분하는데 미국 카터정부의 안보보좌관으로 있든 부루제진스키 박사에 의하면 소련은 2,400만 개의 생산품목을 중앙계획당국에서 조정한다는 것이다(Z.Brzezinski, The Grand Failure, 1990). 시장의 수요와 사람의 기호를 무시한 채 생산을 하니 물건이 잘 팔릴 수 없고 경쟁력을 가질 수 없다. 또 필요에 따라 분배를 하니 열심히 일할 유인이 없어 생산성이 올라갈 수 없고 혁신이 일어날 수가 없다.

물론 경제발전의 초기에는 성장이 높을 수 있으나 시간이 지날수록 침체의 과정을 피할 수 없게 된다. 소련은 1970년까지만 해도 세계 GNP의 15.3%를 차지하였으나 1985년에는 14.7%로 떨어진 반면 미국은 세계 GNP의 27.7%에서 28.9%로 올라감으로써 격차는 더 벌어졌다. 뿐만 아니라 세계경제의 2위 자리도 일본에 넘겨주고 말았다는 것이다. 호텔에서는 손님을 유혹하는 호객의 전화벨 소리로 잠을 자기 어려웠고 비행기에는 파리가 날아다니는 등 나는 짧은 기간이지만 대제국이 무너지는 참상을 곳곳에서 볼 수 있었다.

사회주의국가의 비참한 현실은 동베를린에 갔을 때도 목도할 수 있었다. 동독은 동구공산권국가 중에서도 가장 잘 사는 나라로 알려졌으나 동베를린에 들어가니 10여 층 규모의 아파트들이 즐비하게 서 있었으나 보수를 하지 않아 벽이 헐어서 무너지고 있었다. 경제계획을 담당한다는 정부청사를 방문했는데 엘리베이터에 문이 없어 마치 무슨 공사장에 온 기분이 들었다. 경제가 부실하니 정부가 돈이 없어 시설보수를 할 수가 없는 것이다.

동독은 낮은 생산성과 경쟁력 상실로 성장둔화가 지속되면서 동서독 간 소득격차는 크게 벌어졌다. 1989년 현재 동독의 1인당 소득은 공정환율 기준으로 2,655달러로 서독의 19,283달러에 비하면 1/7 정도에 지나지 않는다. 이러한 소득격차는 동독국민에게 생활의 궁핍, 열악한 주거환경, 사회간접시설의 낙후, 환경오염 등을 초래하고 이는 동독국민으로 하여금 베를린 장벽을 무너뜨리고 서독으로의 탈출을 일으킨 근본적인 계기가 되었다고 할 수 있다.

한양대학으로 돌아가다

1992년 초가 되면서 국책연구기관의 기관장 이동문제가 논의되기 시작하였다. 정부는 나에게 산업연구원장을 제안하였으나 나는 KDI를 원했고 그 뜻이 받아들여지지 않아 학교로 돌아가기로 결정하였다. 3년 가까이 정부를 위해 봉사를 했으면 그것으로 충분하고 이제는 나를 위해 시간을 보낼 때가 되지 않았나 생각되었다. KIEP도 이제 제대로 자리를 잡았고 국제경제 및 지역연구기관으로서 위상도 어느 정도 확립되어 초대원장으로서 할 일은 다하지 않았나 생각되었다.

1 이공계 연구를 활성화시키다

나는 1992년 3월 한양대학교로 돌아왔다. 나는 전처럼 그전에 가르치던 경제발전론과 경제정책론 강의를 하면서 경제정책론 책이나 쓸 생각을 하고 있었다. 그런데 내가 돌아온 지 얼마 되지 않아 학교는 나를 새로 생긴 학술연구처장으로 발령을 냈다. 나는 학교보직을 맡을 생각이 없었으나 몇 년간 휴직처리를 해준 학교를 위한 봉사로 생각해 이를 수락하였다.

1990년대 들어오면서 정치적으로나 경제적으로 우리나라는 큰 변화가 있었다. 정치적으로는 김영삼 정부의 이른바 문민정부가 탄생하고 경제적으로는 세계화가 급진전되면서 우리나라는 전면적 개방체제로 들어가게 되었고 이는 우리나라 경제정책에도 중요한 영향을 미쳤다.

우리나라는 1980년대까지만 해도 선진국의 기술을 도입해서 제품을 만들어 수출하는 공업화전략을 취하여 왔다. 이를 통해 우리나라는 1980년대 후반부터 전자제품, 자동차, 컴퓨터, 반도체 등 첨단제품을 수출하게 되면서 선진국의 견제를 받기 시작하였다. 미국을 중심으로 개방화압력이 가속화되고 기술보호주의 강화로 기술도입이 점점 어렵게 되었다. 다시 말하면 선진국기술에 의존하는 개발전략은 이제 한계에 오게 되었다. 따라서 우리나라의 기술개발전략도 기존의 추격(catch-up)형 전략을 벗어나 새로운 기술을 창조하는 탈추격형 전략으로 전환하지 않고는 계속적인 발전이 어렵게 되었다.

이러한 정책전환의 일환으로 정부는 이공계대학의 대학원정원을 확대하고 우수연구센터 사업을 추진하는 등 대학의 기초연구능력을 대폭 강화하기로 하였다. 이러한 정부정책에 적극 부응하기 위해 한양대학교는 1993년에 학술연구처를 신설하였다.

나는 학술연구처장으로 부임하면서 공과대학의 노인규 박사를 부처장으로 모시고 우선 공과대학의 연구능력을 강화토록 하였다. 한양대학교는 원래 공과대학으로 시작하였기 때문에 공과대학은 역사와 전통이 있고 오랫동안 서울대학교공과대학 다음 가는 공과대학으로 평가를 받아 왔었으나 최근에 와서 그 위상이 점점 떨어지고 있었다. 나는 사회과학계 교수지만 한양대학교의 발전을 위해서는 공과대학의 발전이 선행되어야 한다고 생각하였다.

그런데 놀랍게도 그 당시 공과대학의 연구 활동은 빈약하였다. 그렇게 큰 공과대학에 연구소라고는 산업과학연구소 하나밖에 없었고 그나마도 직접 연구 활동을 하는 것은 없고 교수들이 외부에서 수탁한 연구비의 일부를 떼어서 기금으로 적립하여 연구논문집 발간에 사용하는 정도에 그치고 있었다.

나는 공과대학에 전문분야별 연구소를 설립하여 교수님들이 독자적으로 연구를 할 수 있는 기회와 환경을 제공하는 것이 시급하다고 판단하였다. 그래서 공과대학 교수님들에게 전문연구소 설립이 필요하면 신청하라는 공지를 하였고 의외로 호응이 좋아 많은 교수님들의 연구소설립 신청이 있었으며 나는 이를 적극 지원하였다. 이리하여 생산공학연구소, 생명과학연구소, 기계기술연구소, 세라믹소재연구소, 에너지환경기술연구소, 첨단반도체연구소 등 14개의 연구소가 공과대학에 새로 설립되었다.

이처럼 공과대학에 연구소설립 붐이 일어나면서 의과대학과 인문사회분야까지 확산되었다. 의과대학에는 류마티스연구소, 의과학연구소, 방사선연구소가 설립되고 인문사회분야에서도 한국미래연구소가 설립되는 등 연구 분위가 전교적으로 확산되어 1994년에만 모두

19개의 연구소가 신설되었다.

2 초대형구조센터설립

정부는 1990년에 우수연구센터사업으로 과학연구센터(science research center: SRC)와 공학연구센터(engineering research center: ERC)를 소수의 대학에 설립하여 장기간에 걸쳐 연구비를 지원하기로 하였다. 대학들은 이 사업을 따기 위해 경쟁이 치열하였다. 한양대학교 공과대학은 공학연구센터설립을 신청하고 이를 따기 위해 학교차원에서 전력투구를 하였다. 나도 한국과학재단의 사무총장과 청와대 경제수석에게 연락하여 한양대학교에 왜 공학연구센터가 필요한가를 설명하고 지원을 부탁하였다. 이러한 노력이 주효하였는지 한양대학교는 "초대형구조연구센터"설립을 획득하는 쾌거를 이룩하였다.

1995년에는 경영대학원장으로 자리를 옮겨 최고경영자과정을 활성화시키고 건설업경영자과정을 신설하는 등 경영대학원의 프로그램을 다양화하면서 2년간의 봉사를 하였다. 그 후에는 저술활동에 집중하였는데 1996년에는 그동안 촘촘히 준비하던 책 「경제정책론」 초판을, 1998년에는 개정판을 출판하였다. 그 뒤에도 「경제정책론」은 계속 수요가 있어 2020년에는 개정 5판까지 나왔다. 1999년에는 김상호 교수와 함께 "독일의 사회적 시장경제"를 출판하였고 2000년 초에 정년퇴직하였다.

11

정년퇴직 이후

1 대학강의와 저술활동

나는 정년퇴직 후에도 10여 년 가까이 비교적 활발한 활동을 하였다. 2000년 여름학기에는 DAAD의 객원교수로 독일의 Duisburg대학에서 한국경제 강의를 하였고 그 후에는 5~6년간 경희대학교 국제대학원에서 객원교수로 산업정책관련 강의를 하였으나 점점 체력의 한계를 느껴 대학 강의는 그만두고 책을 쓰는 데 집중하였다.

2008년에는 외국 자문관으로 활동하면서 작성한 보고서와 한국경제발전관련 영문 paper를 모아서 『Korea's Development Policy Experience and Implications for Developing Countries』란 책을 대외경제정책원에서 출판하였다. 또한 2012년에는 지난 반세기 동안 우리 경제의 발전상을 종합적으로 다룬 책「한국의 경제발전」을 박영사에 의하여 출판하였고 2016년에는 제2판이 나왔다.

이 책이 나오면서 중동, 동남아, 중앙아세아 등 해외로부터 번역을 했으면 하는 문의가 있는 등 내 책에 대한 많은 관심을 보이기 시작하였다. 왜냐하면 우리나라의 경제발전에 관한 책은 그때까지만 해도 많지 않았고 특히 정책중심의 종합적이고 역사적인 발전과정을 체계적으로 분석한 책은 거의 없었기 때문이다. 이러한 해외수요를 고려하여 책을 좀 더 보완하여 영문판을 내기로 하였다.

우리나라 경제발전에 대한 영어로 된 책은 많으나 대부분이 너무 방대하거나 전문적이어서 일반인이나 학생이 접근하거나 이해하기가 쉽지 않고 특히 역사적 정책중심으로 다른 책은 많지가 않았다. 그래서 한국판을 보완·발전시킨 것이 「Economic Development of Korea」이며 이 책은 2019년 싱가포르에 있는 출판사 World Scientific Publishing Co. Ltd. 의하여 출판되었다.

2 대개도국 자문활동

(1) 자문기관과 자문분야

한국의 눈부신 발전이 세계적으로 알려지면서 많은 개발도상국이 한국의 발전경험에 관심을 가지게 되자 UN 등 국제기관도 이를 지원하기 시작하였다. 우리 정부도 KOICA를 중심으로 다양한 분야에 걸쳐 개발도상국을 지원하기 시작하였다.

이와 같이 한국의 개발경험에 대한 국내외적인 관심이 높아지면서 자문관(consultant)으로 활동할 기회도 늘어나게 되었다. 나는 학교 재직 중에도 이런 기회가 자주 있었고 정년퇴직 이후에도 상당기간

동안 그 활동은 계속되었다.

나의 자문활동은 주로 경제개발계획, 산업정책과 중소기업정책, 과학기술정책과 관련된 분야에 집중되었는데 우리나라의 경험을 바탕으로 해서 그 나라에 적합한 정책대안을 제시하는 것이 주된 업무였다. 자문활동은 국제기관과 한국정부의 지원으로 이루어졌고 대상 국가는 중국, 베트남, 말레이시아, 인도네시아, 스리랑카, 파라과이, 코스타리카, 우즈베키스탄이며 연도별 자문기관과 자문분야를 간단히 정리하면 다음과 같다.

연도	자문기관	자문분야
1988.8-88.9	아세아개발은행(ADB)	말레이시아의 중소기업과 기술개발
1993.10-93.11	UN공업개발기구(UNIDO)	한국 중소기업의 발전과 정책
1994.7-94.8	아세아개발은행(ADB)	한국과 대만의 공업화와 과학기술정책
1995,5-95.8	UN공업개발기구(UNIDO)	한국 하청제도의 발전과 정책
1997.6.16-6.28	Colombo Plan사무국	대기업과 중소기업간 연계촉진
1997.9-97.10	베트남개발전략연구소	중장기산업개발전략
1998.5.11-5.20	Colombo Plan 사무국	중소기업 수출역량증진
1998.6-98.8	파라과이정부 대통령실	5개년계획수립(1999-2003)
2001.4-01.6	스리랑카 산업개발부	산업정책과 생산성측정
2001.10-01.11	타슈켄트 국립동양대학교	한국의 개방화정책
2002.10-02.11	우즈베키스탄 국가사회건설연구원	한국의 5개년계획
2003.6-03.7	코스타리카 경제산업부	중소기업정책
2003.8-03.11	UN인도네시아재건기획단	인도네시아 산업개발전략과 정책
2004.5-04.07	UN인도네시아재건기획단	인도네시아 중소기업정책

(2) 자문활동사례-인도네시아

나는 위에서 언급한 바와 같이 중국, 동남아와 중남미를 중심으로 여러 나라정부를 상대로 정책 자문활동을 하였다. 중국에 대해서는 위에서 간단히 언급하였기 때문에 여기서는 인도네시아의 자문활동을 하면서 보고 느꼈던 점을 중심으로 왜 경제발전이란 쉽지 않은 것인지, 왜 이들은 실패하고 우리는 성공하였는지에 대한 나의 생각을 간단히 정리해보기로 한다. 인도네시아는 신생독립국으로 중화학공업 육성정책을 시도하였다가 실패한 대표적인 국가로 정책적으로 시사하는 바가 크다. 따라서 여기서는 인도네시아관련 자문활동에만 국한하기로 한다.

1999년 UNDP와 인도네시아 정부는 1997년 외환위기 이후 인도네시아의 재건을 위해 United Nations Support Facility for Indonesian Recovery(UNSFIR), 즉 UN인도네시아재건기획단을 설립하여 인도네시아의 정치, 경제 및 사회 등 전 분야에 대한 종합적인 개혁정책을 수립하기로 하였다. 이 사업의 일환으로 UN인도네시아재건기획단은 산업정책백서를 작성하기로 하였으며 이를 위해 한국정부에 산업정책전문가의 파견을 요청하였다. 나는 KDI의 지원으로 2003년과 2004년 두 차례에 걸쳐 각각 3개월간 UN인도네시아재건기획단의 senior consultant로 일을 하게 되었다. 2003년에는 산업정책관련 자문이며 2004년은 중소기업정책관련 자문이었다.

이 사업과는 별도로 나는 2005년 인도네시아 중앙은행의 초청으로 인도네시아를 방문한 적이 있다. 인도네시아 중앙은행은 창립 일을 기념하기 위해 외국인 인도네시아전문가의 특별 초청 강연회를 가졌다. 다른 나라 전문가는 인도네시아경제를 어떻게 보고 있는지를 듣고 싶어 했던 모양이다. 나와 세계은행 인도네시아주제 책임자, 태국의 교수 한분 모두 세 사람이 초청되었다. 나의 초청은 아마도 내가 2003년과 2004년 UN인도네시아재건기획단의 자문관으로 활동한 경험을 평가하여 초청한 것이 아닌가 생각된다. 나는 인도네시아 공업화정책의 문제와 정책방향에 대한 발표를 하였고 다른 두 분은 거시경제전망과 금융문제에 대한 발표를 하였고 토론이 있었다. 여기서는 산업정책과 중소기업정책 자문활동에 대해서만 간단히 소개하기로 한다.

▬ 산업정책자문

나는 2003년 8월부터 3개월간 UN인도네시아재건기획단에 머물면서 인도네시아의 산업개발전략수립을 위한 자문을 하였다. UN인도네시아재건기획단의 책임자인 Satish 박사와 인도네시아 국가기획위원회(BAPPENAS)의 산업정책국장인 Luky 박사와 상의한 결과 우리나라 공업화정책의 전략과 성공요인을 분석하고 이를 바탕으로 인도네시아 산업정책의 방향을 제시하는 것을 주요 내용으로 하는 보고서를 작성하여 제출하기로 하였다. 나는 우선 인도네시아정부의 산업 및 무역정책을 검토하고 왜 인도네시아는 공업화에 실패하였는지를 분석하기로 하였다.

인도네시아는 1, 2차 석유파동으로 재정수입이 급증하면서 철강, 정유, 가스, 알루미늄 등 에너지 집약적 중화학공업을 육성하기 시작하였다. 1980년대 후반 국제경제 환경이 다시 우호적으로 바뀌면서 수출이 급증하고 7%의 고도성장이 지속되자 중화학공업육성정책이 본격적으로 추진되었다. 항공, 해양, 조선, 수송, 통신, 엔지니어링, 에너지, 기계, 방위산업 등 10개 산업을 전략산업으로 지정하고 관세 및 비관세장벽을 통해 보호하는 한편 오일 수입으로 들어오는 돈을 이들 산업에 집중 투입하였다.

문제는 이들 전략산업이 국가소유의 국영기업에 의하여 운영 및 보호되고 있어 경쟁력이 없는데다가 노동집약적인 수출산업마저 경쟁력을 잃게 되면서 외환위기를 맞이하게 되었다. 인도네시아정부는 최근에 와서 자유화정책과 국영기업의 민영화 등 구조조정정책을 추진하고 있으나 이익집단의 저항으로 큰 진전을 보이지 못하고 있는 실정이었다.

나는 이러한 문제의 근원은 정부의 정책실패(policy failure)에 있다고 판단, 정책실패원인을 규명한 후 한국의 경험을 바탕으로 인도네시아의 산업개발전략을 제시하기로 하였다. 정책실패로는 다음과 같은 것을 지적할 수 있다.

첫 번째 정책실패는 산업정책이 일관성이 없는데다 인력개발정책과 과학기술정책 등 다른 관련정책과 유기적 협력관계를 이루지 못하였다는 것이다. 공업화는 장기적인 발전과정으로서 재정금융상의 지원만으로는 불충분하며 무역정책, 인력 및 과학기술정책과 같은 연관정책의 뒷받침이 없으면 절대 성공할 수 없기 때문이다. 한국은 공업화의 발전단계에 따라 이에 상응하는 관련정책을 적절히 실시하였기 때문에 성공할 수 있었다. 따라서 공업화정책을 성공적으로 추진하기 위해서는 정책의 일관성은 물론 관련정책과 유기적인 협력이 이루어져야 하는데 이에 실패했다는 것이다.

두 번째 이유는 이들 전략산업이 모두 국가소유의 국영기업에 의하여 운영되고 있다는 점이다. 인도네시아는 수카르노 초대 대통령의 사회주의국가정책으로 주요산업은 거의 다 국영기업이 운영하고 있었다. 이러한 관계로 국영기업은 인도네시아경제에서 절대적인 위치를 차지하고 있다. 1980년대 초만 해도 GNP의 70%가 국영기업(state-owned enterprise)에서 나왔고 2000년에도 40%가 국영기업에서 나온다는 것이다. 심지어 아직도 정부소유의 백화점이 있다는 것이다. 문제는 이들 국영기업은 비능률로 경영실적이 매우 저조할 뿐 아니라 기술력의 부족으로 경쟁력이 없다는 것이다.

세 번째는 시장경제가 발전하기 위해서는 민간부문의 발달이 필수적인데 이에 실패하였다는 것이다. 정부의 산업정책이 10개의 전략 산업지원에 집중하다 보니 민간 기업에 대한 지원은 거의 없는데다 기술개발을 위한 인센티브도 없어 민간기업의 연구개발 활동이 매우 저조하였다. 1992년 현재 인도네시아의 연구개발투자는 GDP의 0.16%로 매우 낮은 데 그중 80%가 정부부문에서 이루어지고 20%만이 민간부문에서 이루어졌다. 한국에서는 그와 반대로 80%가 민간부문에서, 20%가 정부부문에서 이루어졌다.

더욱 놀라운 것은 인도네시아에는 1995년 현재 과학자와 엔지니어의 78%가 정부부문에서 일하고 있는 반면, 기업 14%, 대학 8%로 되어 있다. 이와는 반대로 한국에서는 1990년 현재 기업 55%, 대학 31%, 정부 15%로 되어 있다.

이와 같이 인도네시아에서는 연구개발과 고급인력이 정부부문에 집중되고 있으니 경쟁력 있는 민간기업이 발달될 수가 없고 산업도 발달할 수가 없었다. 민간기업도 규모가 큰 기업은 외국인 투자기업이 거의 전부고 내국인 기업은 대부분이 고급인력을 요하지 않는 소규모의 영세기업이다. 이러한 관계로 고급인력은 정부부문에 집중될 수밖에 없다. 내가 만난 인도네시아 정부의 고위직 간부는 대부분이 외국에서 수학한 박사학위 소유자라는 데서도 알 수 있었다. 인도네시아는 근대적인 공공부문과 전통적인 민간부문이 공존하는 이중사회(dual society)라고 할 수 있으며 이러한 사회구조 아래서는 민간부문의 발달을 기대하기는 어렵다 하겠다.

끝으로 중소기업육성의 실패를 지적할 수 있다. 인도네시아는 국영대기업중심의 공업화정책을 추진한 결과 대기업은 빨리 성장한 반면 중소기업의 성장은 매우 저조하였다. 제조업의 경우를 보면 100인 이상의 대기업은 1986~1996년 기간에 부가가치와 고용의 비중이 72.9%와 27.5%에서 각각 82.2%와 33,0%로 올라간 반면, 100인 이하의 중소기업 비중은 27.1%와 72.5%에서 17.8%와 67%로 떨어졌다.

이는 100인 이상의 대기업이 제조업생산의 4/5 이상을 차지하고 있다는 것인데 산업구조의 건전한 발전을 위해 결코 바람직한 현상은 아니다. 또한 100인 이하의 중소기업도 5인 이하의 생계형기업이 99%나 되는 등 구조가 매우 취약하다. 이와 같이 중소기업은 규모가 영세하고 생산성이 낮고 경쟁력이 없는 생계형 기업이 주류를 형성하고 있으니 성장이 저조할 밖에 없었다.

나는 우리나라의 공업화과정과 산업정책을 발전단계별 자세히 설명하고 이를 바탕으로 인도네시아가 추진해야 할 산업개발전략(An Industrial Development Strategy for Indonesia: Lessons from the Korean Experience)을 작성하여 제출하였다. 이 글은 2005년 Journal of the Asia Pacific Economy에 게재되었는데 주요내용을 간단히 요약 정리하면 다음과 같다.

첫째, 산업발전을 위해서는 우선 기업의 투자를 회복시키는 것이 가장 중요하다. 30%가 넘던 투자율이 외환위기 이후 급속히 하락 최근에는 14%까지 하락하고 있다. 이는 주로 외국인 투자가 급감한 데 기인하나 국내투자도 좀처럼 회복되지 않고 있기 때문이다. 외국인투자는 아직도 46개 업종에 대해서는 투자를 제한하고 있고 부실기업정리도 진전을 보이지 않고 있는 등 내외국인을 막론하고 투자환경이 개선되지 않고 있다. 나는 외환위기 이후 우리나라정부가 과감한 대외개방과 구조조정정책을 통하여 투자활동이 회복되었음을 설명하고 보다 과감한 정책전환이 필요하다는 것을 지적하였다. 또한 민간투자 활성화를 위해서는 투자세액공제제도와 특별상각제도 등 조세정책을 적극 활용할 것을 건의하였다.

둘째, 무역자유화를 좀 더 적극적으로 추진할 것을 제안하였다. 외환위기 이후 관세율은 떨어졌으나 비관세장벽은 오히려 강화되는 등 무역자유화가 후퇴하고 있는데 이는 결코 바람직하지 않다. 비관세정책보다는 보호를 많이 받는 산업에는 관세율을 줄이고 민감한 산업에는 관세율을 올리는 정책이 자원의 효율적 활용이나 산업의 경쟁력강화를 위해서도 더 효과적이다. 수입자유화의 경우에도 예시제를 통해 기업이 이에 대비토록 하는 한편 인력 및 기술개발을 위한 인센티브를 제공하도록 해야 한다. 한국은 이러한 채찍과 당근정책을 써서 산업의 경쟁력향상에 큰 효과를 보았다.

셋째, 인력개발과 민간부문의 기술개발 활동을 강화하여야 한다. 산업의 국제경쟁력은 궁극적으로는 기능과 기술력에 의하여 결정되기 때문이다. 인도네시아산업의 가장 큰 취약점은 낮은 노동생산성과 민간부문의 빈약한 연구개발 활동이다. 이를 위해서는 직업교육을 강화하고 사내 직업훈련제도를 도입해야 한다. 기술자격제도를 도입하여 기능별 자격시험을 거쳐 통과한 자에는 국가가 공인하는 자격증을 수여하는 등 기능인력의 질을 제고토록 해야 한다. 또한 민간기업의 기술개발을 촉진하기 위해서는 연구개발 활동에 대한 다양한 세제금융상의 지원이 대폭 강화되어야 한다는 것을 강조하였다. 이를 위해 우리나라의 인력 및 기술개발정책을 비교적 구체적으로 설명하여 이를 참고하게 하였다.

끝으로 공업화의 성공을 위해서는 무역정책, 인력 및 과학기술정책이 산업정책을 지원하는 통합적 접근이 필요하다는 것을 재삼 강조하였다. 이를 위해서는 관련부처 간 정책조정이 원활히 이루어져야 한다. 한국에서는 경제기획원장관이 부총리로서 정책조정을 잘 할 수 있었다. 인도네시아에서는 국가기획위원회가 지도력을 발휘하여 부처 간 정책조정을 잘 이끌어야 하는데 이를 위해서는 국가기획위원회의 기능을 좀 더 강화할 필요가 있다.

나는 이 보고서의 내용을 국가기회위원회직원과 외부 전문가를 상대로 설명회를 가졌었는데 인도네시아의 대표적 경제학자인 Thee Kian Wie 박사는 한국에서는 당근과 채찍정책을 쓴 반면 자기들은 당근만 주고 채찍질은 안 한 것이 실패의 원인이 아닌가 생각된다고 하였다.

물론 Wie 박사의 말도 맞는 이야기지만 정책실패의 근본적 원인은 사회주의식 경제운영에 있지 않나 생각된다. 공공부문의 비대와 국영기업의 비능률, 민간부문의 위축 등이 복합적으로 작용한 결과라고 보는 것이 맞지 않나 생각된다.

내가 인도네시아에 처음 와서 UN인도네시아재건단의 책임자인 Satish 박사와 함께 국가기획위원회 차관을 예방하러 갔을 때 Luky 산업정책국장실에 잠간 들렀다. 사무실에 들어가는데 책상은 많은데 책상에 앉아 일하는 사람은 몇 사람 되지 않아 이상한 느낌이 들었다. 한국에서는 도저히 생각도 할 수 없는 현상이다.

후에 안 일이지만 인도네시아에서는 공무원의 월급이 적어 대부분의 하위직급 공무원은 이중 직업을 가지고 있다는 것이다. 나는 이를 보고 부패와 비능률로 대표되는 사회주의국가의 단면상을 보는 느낌이 들었다. 인도네시아는 아직도 사회주의식 국가운영체제에서 완전히 벗어나지 못한 듯 보였으며 이러한 사회구조와 체제에서 시장경제의 활기를 찾기에는 상당한 시간이 요하지 않나 생각되었다.

▬ 중소기업정책자문

위의 내 보고서가 고려되었는지 2004년 5월 나는 다시 UN인도네시아재건기획단에서 중소기업정책관련 자문활동을 하게 되었다. 나의 산업정책보고서에도 중소기업정책에 대한 간략한 언급은 있었으나 인도네시아 정부는 보다 구체적인 정책안이 필요했던 것이다. 나는 국가기획위원회의 산업정책국장인 Luky 박사를 만나 작업방향에 논의를 한 결과 우리나라 중소기업정책의 구체적인 정책내용을 설명해주고 실제정책수립에 도움이 되는 안을 제시해줄 것을 요청하였다. 그동안 여러 국제기관에서 많은 보고서가 나왔으나 실제정책수립에는 큰 도움이 되지 못했다고 하였다.

　나는 우선 중소기업정책을 담당하는 기관과 전문가를 만나 이들의 의견을 들어보기로 하였다. 먼저 협동조합 및 중소기업부(Ministry of Cooperative and Small and Medium Enterprise) 차관인 Noer 박사를 방문하여 중소기업의 정의문제, 중소기업부의 업무문제와 현재 정부가 시행하고 있는 정책 등 중소기업정책전반에 관한 의견교환을 하였다.

　또한 인도네시아과학원(Indonesian Institute of Science)의 Carunia 박사를 방문하여 의견교환을 하였는데 그는 중소기업육성을 위한 수많은 정책을 써왔으나 별로 성공을 하지 못했다며 이는 과거의 정책이 보조금형태의 자금지원중심으로 이루어졌고 그것도 경쟁력이 없는 농업부문이나 서비스부문에 집중되다 보니 제조업의 낙후현상을 가져오게 되었다고 하였다.

　나는 우리나라의 중소기업정책이 60년대부터 90년대까지 시대별, 발전단계별로 어떻게 전개되었고 변화하였는지를 구체적으로 설명하고 한국의 경험을 기초로 하여 인도네시아가 취할 정책방향을 내용으로 하는 보고서 "SMEs Development Policy in Korea and Its Implications for Indonesia"를 작성하였다. 이 보고서는 6월 9일 인도네시아 외무부와 UNDP－UNCTAD 및 UNSFIR가 공동주최한 국제심포지엄인 "Indonesia: Tackling the Challenges to SMEs of global Integration and Regional Autonomy"에서 발표하였다. 이 심포지엄에는 인도네시아정부의 고위관리가 참석하는 등 많은 관심을 보였다.

또한 6월 26일에는 반둥(Bandung)의 Padjadjaran대학의 경영연구소 초청으로 동 연구소가 주최한 "Escalating Indonesian Small and Medium−sized Enterprises Competitiveness Through Entrepreneurial Skill Development"이란 주제의 seminar에서 "한국의 중소기업정책과 이의 시사점"이란 주제로 발표를 하였다.

6월 30일에는 UN인도네시아재건기획단(UNSFIR)에서 "SMES Development Policy in Korea and Its Implications for Indonesia"의 최종안을 가지고 국가기획위원회, 중소기업부, 상공부, 중앙은행 등에서 온 참석자들(약 30여 명)을 대상으로 발표를 하고 토론을 가졌다.

UNSFIR의 책임자인 Satish박사는 본 보고서가 매우 현실감이 있을 뿐 아니라 다른 전문가들이 지적하지 못한 점을 지적하여 준 데 대하여 높이 평가하였으며 앞으로의 중소기업정책수립에 큰 도움이 될 것이라고 하였다. 보고서 내용을 간단히 요약하면 다음과 같다.

첫째, 중소기업의 정의를 통일시키는 것이 시급하다는 것을 지적하였다. 현재 인도네시아에서는 중소기업의 개념이 통일되지 않고 있어 각 기관마다 상이한 기준을 사용하고 있어 정책집행에 혼선을 가져오고 있다. 또한 그 기준마저 비현실적이어서 중소기업의 육성에 전혀 도움이 되지 못하고 있어 새로운 기준의 도입과 함께 기준의 통일화가 시급하다는 점을 지적하였으며 구체적 대안도 제시하였다.

둘째, 인도네시아는 선택적이며 전략적인 중소기업정책을 수립할 것을 건의하였다. 인도네시아에는 현재 약 4,000만 개의 중소기업이 존재하는 것으로 추정되고 있어 지원대상이 엄청난 수에 달하고 있다. 따라서 중소기업을 효과적으로 지원하기 위해서는 선택적인 정책이 필요하며, 또한 제조업의 기반이 매우 취약함을 고려할 때 수출지향적이고 기술집약적이거나 수입대체적인 제조업 중소기업을 육성하는 전략적 접근이 필요하다는 것을 강조하였다. 지금까지는 주로 정치적 이유에서 농업부문의 중소기업에 지원이 집중되었었다.

셋째, 중소기업을 효과적으로 육성하기 위해서는 제도적인 지원체제를 개선 할 필요가 있다. 중소기업을 지원하는 기관이 너무 많아 효율적인 지원이 불가능하다. 10여 개 이상의 정부부처가 중소기업지원관련업무를 맡고 있어 정책조정이 어렵다. 따라서 중소기업지원업무를 지원하는 일을 한 부처에 일원화하는 것이 바람직하며 또한 중소기업에 대한 기술 및 경영 지도를 효과적으로 지원하기 위해서는 우리나라의 중소기업진흥공단과 같은 공공기관의 설립이 필요하다는 것을 건의하였다.

넷째, 중소기업지원을 위한 금융지원체제를 강화할 필요가 있다. 현재 인도네시아에서는 중소기업을 전담하는 금융기관이 전무한 상태다. 신용보증업무를 담당하는 금융기관이 2~3개 있으나 그 규모가 매우 작아 중소기업의 신용보증수요를 감당하기에는 너무 부족하다. 따라서 이들 기관을 대형화할 필요가 있으며 이를 위해서는 금융기관의 출자가 불가피하다. 하나의 대안으로서는 우리나라와 같이 신용보증기금을 신설하는 방법을 고려할 수 있다. 이 밖에도 금융지원을 강화하기 위해서는 금융기관의 중소기업대출비율제도를 재검토 할 필요가 있음을 지적하였다. 인도네시아에서도 이러한 제도가 있으나 유명무실화가 되었는데 이는 유인제도가 없기 때문이며 대출한도의 조정과 같은 유인제도를 도입할 필요가 있다.

다섯째, 대기업과 중소기업 간의 연계를 강화할 필요가 있다. 인도네시아에서는 부품산업이 발달되지 않아 부품의 수입의존도가 매우 높으며 이는 결과적으로 중소기업발전을 저해하고 있다. 인도네시아에서도 1973년에 "Foster Parent Program"이란 이름 아래 대기업이윤의 일정비율을 중소기업에 지원하는 제도가 있었으나 대기업이나 중소기업의 협력부족으로 실패하고 말았다. 부품산업의 효과적인 육성을 위해서는 하청산업육성법(Sub-contacting Promotion Act)을 제정하여 하청대상 부품의 지정 및 지원내용 등을 명시하여 주는 것이 바람직하다.

여섯째, 장기적으로는 중소기업의 기술개발능력을 강화해주는 것이 경쟁력 강화를 위한 최선의 방법이기 때문에 중소기업의 연구개발과 인력개발을 위한 지원체재를 강화하여야 한다. 현재 인도네시아에서는 중소기업의 연구개발이나 기술혁신에 대한 재정 금융상의 유인제도가 전무한 실정이다. 따라서 세제나 금융상의 지원제도를 도입하고 외국기업과의 협력을 강화 하고 기술도입을 적극적으로 추진할 필요가 있다.

끝으로, 창업지원 및 venture 기업의 지원을 통해 자국국민소유의 기업을 적극 육성하여야 한다는 것을 강조하였다. 현재 인도네시아에서는 중국계가 산업계를 장악하고 있어 인종 간의 대립이 첨예한

상태에 있다. 20대 재벌 중 하나 정도가 순수 인도네시아계 재벌이라
고 한다. 따라서 인도네시아계 기업을 육성하는 것은 경제적으로 뿐
만 아니라 정치적으로도 매우 중요하다. 이를 위해서는 한국의 창업
및 venture사업지원제도를 간단히 설명하고 이를 참고할 필요가 있음
을 권고하였다.

부록

개발연대의 경제정책과 개발계획*

1 개발연대의 정의

개발연대란 정부주도 경제개발이 추진되었든 시기로서 개발국가 (developmental state)관이 지배하였던 시기를 의미하며, 1960~1980년 대가 이에 속한다고 할 수 있다. 전두환 대통령이 통치하였던 1980년 대도 경제개발5개년계획을 세워 정부가 자원배분에 있어 주도적 역할 을 하였다는 면에서는 개발연대라고 할 수 있으나 개발전략이나 정책 에 있어서 1960~1970년대와는 상당한 차이가 있다. 1980년대는 개 방화와 자유화가 추진되었던 시기로서 경제개발이 정부주도에서 민간 주도로 이행하는 과도기적 성격을 가졌었다.

오늘날 우리가 누리고 있는 경제적 번영도 그 기반은 박정희 대 통령이 통치하였던 기간에 형성되었다 해도 지나친 말은 아니다. 그

---

* 이 글은 2013년 11월 5일 KDI 신입 Fellow 오리엔테이션에서 발표한 내 용임.

런 의미에서 1960~1970년대는 역사적으로도 매우 중요한 의미를 갖는다고 할 수 있다. 따라서 여기서는 1960~1970년대를 중심으로 하여 경제정책과 개발계획의 성격 및 내용에 대하여 간략히 소개하기로 한다.

2 개발계획의 목표

정부가 1962년부터 1981년까지 4차에 걸쳐 5개년계획을 세워 추진하였는데 개발계획의 중점이나 구체적 정책에는 1960년대와 1970년대는 다소의 차이가 있으나 개발계획의 일관된 목표는 공업화를 통해 고도성장을 달성하고 이를 통해 자립경제의 기반을 구축하는 데 있었다고 할 수 있다. 빈곤과 원조의존경제구조를 탈피하기 위해서는 고도성장이 불가피하였고 이를 위해서는 공업화정책을 추진하는 것이 최상의 전략이라고 판단하였던 것이다.

3 지도이념

제1차5개년계획이 수립될 당시 정부에서는 우리경제가 나아갈 경제의 기본질서가 자본주의 경제체제가 되어야 함은 분명하나 어떤 형태의 자본주의체제를 지향하여야 하는가에 대한 논의가 있었으며 여기서 나온 것이 "지도받는 자본주의(guided capitalism)"였다. 그 당시의 어려운 경제상황을 고려할 때 정부가 국민경제를 이끌어갈 형태가 되지 않고서는 5개년계획을 성공적으로 추진할 수 없었다고 보았던 것이며, 이러한 취지에서 구상된 것이 지도받는 자본주의체제였다.

지도받는 자본주의체제란 민간의 자유와 창의를 존중하는 자유기업주의를 원칙으로 하되 기간산업과 그 밖의 중요부문에 대해서는 정부가 직접 개입하거나 또는 간접적으로 유도하는 경제 질서를 의미한다. 다시 말하면 사유재산제도와 시장경제를 원칙으로 하되 정부가 자원배분에 주도적 역할을 한다는 것으로서 존슨(C. Johnson)이 말하는 자본주의적 개발국가(capitalist developmental state)와 같은 개념이라고 할 수 있다. 이와 같은 개발계획의 지도이념은 제4차5개년계획까지 이어졌고 성장제일주의와 중화학공업의 육성으로 구체화되었던 것이다.

4 개발계획과 정책방향

앞에서 지적한 바와 같이 박정희 정부의 정책목표는 공업화를 통한 자립경제의 달성에 있었으며 이를 위하여 대외지향적 공업화전략을 추진하였다. 제1차5개년계획(1962~1966)에서는 수출증진에 총력을 기울이는 한편 석탄, 전력, 정유, 비료 등의 기간산업의 육성에 역점을 두었다. 제2차5개년계획에서는 중화학공업육성을 위한 제도정비에 착수하였고 제3차5개년계획부터는 이를 본격적으로 추진하였다. 경제개발5개년계획은 총자원예산(overall resource budget: ORB)이란 연차

계획을 통하여 추진하였는데 ORB는 자원계획(resource planning)의 성격이 강하여 민간부문의 자원배분에까지 깊이 관여하였다.

공업화를 추진함에 있어 정부는 특정산업을 지정하여 지원하는 이른바 industrial targeting policy를 채택하여 섬유, 전자, 기계, 철강, 조선, 석유화학 및 비철금속을 전략산업으로 지정하였고 국민경제의 발전에 필요한 기간산업인 철강, 비료, 정유, 전력, 통신 등은 정부가 직접 소유하는 공기업형태를 취하였다. 여기서 주목할 점은 정부는 수출을 지원하면서도 수입대체산업도 육성하는 이중적 공업화전략을 취하였다는 점이다. 1960년대는 수출지원에 집중되었고 1970년대는 중화학공업지원에 중점을 두었다.

경제개발에 필요한 자본동원을 위하여 세제개혁과 함께 국세청을 신설하여 징세행정을 강화하고 고금리정책을 통해 내자동원을 극대화하도록 하였다. 한일국교를 정상화하여 외자유치의 길을 터놓았으며 민간의 외자도입은 정부가 보증하여 주는 등 정부는 자본의 동원과 배분에 깊이 관여하였다.

정부는 공업화에 필요한 기술 및 인력개발도 적극 추진하였다. 1966년에 한국과학기술연구소를 설립하고 제외한국인 과학자를 초청하여 도입기술의 흡수·개량과 민간의 기술개발을 지원하였다. 인력개발도 정부가 적극 추진하였다. 1960년대는 기능 인력의 양성에 중점을 두어 실업계 교육과 직업훈련을 대폭 강화하였다. 1970년대는 고급 기술인력의 양성을 위하여 한국과학원을 설립하고 이공계 대학과 학과를 획기적으로 증설하였다.

이와 같이 정부는 공업화를 통한 자립경제의 달성이란 중장기 목표를 설정하고 이에 필요한 자본, 기술, 인력의 공급자로서의 역할을 충실히 하였다. 이러한 역할을 수행함에 있어 정부는 정·경 분리원칙을 철저히 시행토록 하였다.

박대통령은 정치가 행정에 개입하는 것을 방지하기 위하여 입법부나 정당이 정책에 개입하는 것을 억제토록 하였다. 정책의 입안과 집행에 관한 한 행정부가 주도권을 갖도록 하였으며 이를 위하여 엘리트 관료집단을 적극적으로 활용하였다. 정부의 요직은 엘리트 관료가 독점하였고 경제부처의 장은 거의 이들 관료출신으로 구성되었다. 이와 같이 행정부와 관료의 힘이 절대적이었다는 점에서 하버드대학의 퍼킨스(D. Perkins) 교수는 1960~1970년대의 한국경제를 관료지시자본주의(bureaucratic command capitalism)체제라고 하였다.

이러한 정책을 수행함에 있어 정부는 부분적이지만 시장의 기능을 활용하고자 하는 노력을 하지 않은 것은 아니다. 특히 1960년대에는 환율을 현실화하고 수입을 자유화하고 금리를 현실화하는 조치를 취한 적이 있으나 환율을 제외하고는 단기에 그쳤다. 수입자유화는 국제수지적자가 심화되자 오래가지 못하였고 고금리정책도 1960년대 말 경기후퇴에 따른 기업의 이자부담이 과중하게 되자 자취를 감추었다. 환율의 현실화정책도 1970년대 중화학공업육성이 본격화되자 후퇴하고 말았다. 이와 같이 1960~1970년대는 자유화의 노력이 있었으나 부분적이며 단기에 그쳤기 때문에 이 시기를 신고전학파적 견해나 친시장적 정책으로 설명하기는 어렵다.

1970년대에 들어오면서 우리 경제는 국내외적으로 많은 도전을 받게 되었다. 대외적으로는 미국경제가 월남전의 장기화에 따른 후유증으로 국제수지가 악화되어 달러에 대한 국제적 신뢰가 추락하면서 1971년 8월에 이른바 닉슨의 긴급경제조치가 있었고 이를 계기로 보호무역주의가 대두되기 시작하였다.

대내적으로는 1, 2차 경제개발계획의 성공적인 수행으로 우리 경제는 고도성장을 하였으나 1960년대 말부터 시작된 세계경제의 경기후퇴로 수출이 감소되자 타인자본에 의존하여오든 기업의 재무구조가 급속히 악화되는 등 우리경제도 심각한 위기국면을 맞이하게 되었다. 이를 타개하기 위하여 정부는 1972년 8월에 이른바 8·3긴급조치를 취하여 물가를 안정시키고 기업의 재무구조를 개선하여 경쟁력을 제고하고자 하였다.

이러한 8·3긴급조치는 어디까지나 단기처방에 지나지 않기 때문에 지속적인 고도성장을 위해서는 수출구조를 기술 및 자본집약적인 산업으로 개편하는 산업구조의 고도화작업이 불가피하다고 판단하였다. 이러한 취지에서 정부는 본격적인 중화학공업 육성정책이 추진되었던 것이며, 구체적으로는 위에서 지적한 전략산업을 중심으로 재정금융, 무역외환, 과학기술정책 등에서 집중적인 지원이 이루어졌다.

정부는 국민투자기금을 설치하여 중화학공업에 저리의 정책금융을 집중 지원하였고 조세제도를 개편하여 중화학공업에 대한 지원을 강화하는 한편 관세 및 비관세장벽을 통하여 중화학공업을 보호하여 주었다. 또한 한국과학기술연구소만으로는 늘어나는 기술개발수요를 충족할 수 없어 기계, 금속, 화학, 전자, 통신, 에너지 등의 전문출연연구소를 설립하고 연구개발투자도 대폭 확대하였다.

중화학공업육성정책의 궁극적 목표는 중화학공업을 수출산업으로 육성하여 우리나라를 상위중진공업국으로 발전시키고자 하는 데 두었던 것이다. 이러한 경제적 요인외도 중화학공업육성은 1960년대 말에 있었던 북한의 무장간첩침투사건과 이로 인한 남북 간의 긴장고 도 및 미군의 한반도철수 논의 등에 따른 방위산업육성 측면에서도 필요하였다.

이와 같이 1970년대 초에 들어오면서 국내외 경제 환경이 급변 하게 되자 제3차5개년계획은 수정이 불가피하게 되었고 경제개발계획 도 5년이란 시계를 넘어 보다 중장기적인 관점에서 세울 필요성이 제 기되었다. 이리하여 정부는 1972년에 1981년까지 1인당 국민소득 1,000달러, 수출 100억 달러라는 목표를 설정하고 1973년 경제기획 원에 장기전망심의위원회를 설치하여 내각차원에서 작업이 시작되었 다. 그러나 이러한 장기전망 작업을 정부가 주도하기보다는 민간의 참여의식을 고취시키기 위해 그 작업을 한국개발연구원에 위임하고 기간도 1977년에서 1991년까지 15개년으로 확대하기로 하였다.

5 15개년장기경제사회발전(1977-1991)

장기전망 작업은 여러 가지 측면에서 5개년개발계획과는 차이가 있었다.

첫째는 종전의 목표 지향적 개발계획이 아니라 장기비전을 제시 하는 정책개발에 중점을 두었다는 것이다. 둘째는 계획의 범위도 교 육, 보건, 주택, 소득분배 등 사회개발을 포함하는 매우 포괄적이었다.

셋째는 계획의 효율적인 추진을 위해서 민간과 전문가를 대폭적으로 참여시켰다는 것이다.

이리하여 장기전망의 명칭도 장기경제사회발전으로 정하여 학계, 산업계, 연구기관 등에서 우리나라의 대표적인 전문가들로 20개의 작업반을 구성하고 KDI의 박사가 각 작업반의 간사를 맡도록 하였다. 특히 주목할 것은 세계은행 등 외국기관에서 28명의 전문가를 컨설턴트로 활용하였다는 것이다.

이 전망작업은 KDI가 중심이 되어 진행되었고 그 내용은 제5차 및 6차5개년계획의 작성으로 구체화되었다. 5개년계획의 이름도 5차5개년계획부터 경제개발5개년계획에서 경제사회개발5개년계획으로 바뀌게 되었다. 계획의 성격도 목표 지향적 계획(target-oriented plan)에서 장기비전과 정책방향을 제시하는 유도계획(indicative plan)으로 변하였는데 계획의 중심이 자원배분에 초점을 두는 자원계획(resource planning)에서 정책개발을 중시하는 정책계획(policy planning)으로 바뀌었다는 것이다. 15개년 장기경제사회전망의 주요특징으로는 다음과 같은 것을 지적할 수 있다.

첫째, 한국경제는 1977년부터 1991년까지 10%의 지속적인 고도 성장이 가능하다고 보았다. 그 이유는 노동공급이 1980년대 와서도 3% 이상의 지속적인 증가가 가능할 뿐 아니라 교육수준의 향상과 기술개발의 촉진으로 노동생산성이 6% 이상의 높은 증가율을 보일 것으로 보았기 때문이다.

둘째, 교육, 주택, 사회복지, 국토개발, 보건, 소득분배개선 등에 상당한 역점을 두었다. 소득이 급속히 증가함에 따라 생활환경의 개선과 복지에 대한 국민적 욕구가 크게 증가할 것이기 때문이다.

셋째, 산업구조의 고도화와 과학기술의 획기적인 진흥에 역점을 두었다. 수출산업의 구조를 개선하고 지속적인 고도성장을 위해서는 기술집약적인 중화학공업육성이 불가피하며 이는 과학기술의 뒷받침 없이는 불가능하기 때문이다.

넷째, 1990년대 초까지 경상수지의 균형을 달성하는 것을 주요 목표로 하였다. 우리나라는 오랫동안 만성적인 국제수지적자를 경험 하였기 때문에 1991년에는 국제수지의 균형을 이루어 재원조달에 있 어 외자의존에서 탈피하고자 하였다.

다섯째, 국내산업의 국제경쟁력제고와 경제안정기반의 구축을 위 해 수입규제의 단계적 철폐로 수입을 자유화하고 금융의 국제화를 추 진할 것을 중요한 정책과제로 제시하였다.

이상에서 지적한 바와 같이 15개년 장기전망은 매우 야심적인 것으로서 당시의 상황으로 볼 때 한국경제를 너무 낙관적으로 보는 것이 아니냐의 비판도 없지 않았다. 그러나 오늘날 1990년대 초의 실 제상황과 비교하여 보면 결코 허황된 장밋빛 전망이 아니라는 것을 알 수 있다.

경제성장률만 해도 1977년에서 1991년까지의 GNP 성장률은 1981년의 −3.9%를 제외하면 연평균 9.2%로서 거의 10%에 가깝고 1인당 경상 GNP도 1992년에는 7,007달러로서 15개년 전망상의 7,731달러와도 큰 차이가 없다. 경상수지도 1992년에 일시적이나마 흑자를 기록하였음을 생각한다면 장기전망에서 국제수지균형을 목표 로 세운 것은 결코 무리한 목표라고 보기는 어렵다.

보다 중요한 것은 이러한 수치상의 일치여부가 아니라 정책방향인데 경제안정기반의 구축과 무역자유화의 필요성, 중화학공업의 육성, 사회개발의 필요성 강조, 과학기술의 진흥 등 우리 경제가 나아가야할 방향을 제대로 제시하였던 것이며, 이러한 정책방향은 1970년대 후반과 1980년대의 개발계획과 정책에 크게 영향을 미쳤던 것이다.

6 성과

앞에서 지적한 바와 같이 박정희 정부의 일관된 정책목표는 공업화를 통한 자립경제의 기반구축에 있었으며 이는 중화학공업의 육성으로 구체화되었다. 중화학공업육성정책에 대해서는 국내외학자 간에 이견이 없었던 것은 아니다. 자유무역을 신봉하는 학자는 중화학공업에 대한 지나친 지원과 보호는 자원배분의 왜곡을 가져오고 인플레를 유발하는 등 한국경제에 큰 부담을 주었다는 것이다.

중화학공업육성정책은 인플레와 경제력집중 등 적지 않은 부작용을 가져온 것은 사실이나 이러한 부작용은 1980년대의 안정화정책, 개방화정책, 산업합리화정책 및 기술개발의 촉진 등을 통해 극복할 수 있었고 중화학공업을 경쟁력 있는 산업으로 발전시킬 수 있었던 것이다. 이런 보완정책을 통해서 수입대체산업이던 중화학공업을 수출산업으로 발전시킬 수 있었고 지속적인 수출증대와 고도성장이 가능하였든 것이다. 이런 점에서 80년대의 안정화정책과 개방화정책은 높이 평가되어야 한다.

박정희 정부는 공업화를 통한 성장제일주의를 추구함으로써 분배문제는 원칙적으로 시장에 맡겼다. 다시 말하면 박정희 정부는 선성장, 후 분배가 일관된 정책기조였다고 할 수 있다. 그렇다고 하여 정부가 복지문제를 도외시하지는 않았으며 제한적이지만 복지관련 제도를 도입하기 시작하였다.

1961년에는 공공부조를 목적으로 하는 생활보호법이 제정되었고 1960년과 1963년에는 공무원연금과 군인연금제도가 도입되고 1964년에는 산재보험이 도입됨으로써 공적연금제도의 틀을 갖추기 시작하였다. 1963년에는 의료보험법이 제정되었으나 강제가입을 규정하지 않음으로써 실효를 거두지는 못하였다. 1975년에는 사학연금제도가 도입되었고 1976년에는 의료보험법을 전면 개편하여 500인 이상 사업장의 근로자들은 강제로 가입하도록 하였다.

이와 같이 박정희 정부에서는 사회보험의 기반구축에 주력하였으며 공공부조나 사회복지서비스와 같은 재정 부담이 많은 복지지출은 매우 제한적으로 이루어졌기 때문에 정부의 사회보장관련지출은 GDP의 1% 수준을 넘지 못하였다.

박정희 정부의 성장제일주의는 제조업중심의 공업화전략으로 고도성장과 산업구조의 고도화를 이루는 데 성공을 하였다. [표 1]에서 보는 바와 같이 제조업은 경제성장을 주도하였다. 1960년대와 1970년대의 제조업 성장률은 연평균 16~17%에 달하였고 1954~1997년 기간에도 연평균 13.2%에 달해 GDP성장률 8.0%를 크게 앞질렀으며 2000년대 와서도 GDP성장률을 크게 앞지르고 있다.

표 1 **산업부문별 성장률(1954-2007)(단위:%)**

	1954-60	61-70	71-80	81-90	91-97	54-97	98-07
국내총생산	3.9	8.5	9.1	8.7	7.5	8.0	4.7
농림어업	2.4	4.6	1.6	3.7	1.1	3.2	0.8
광공업	12.1	15.9	14.2	11.8	7.5	12.5	8.0
(제조업)	(12.8)	(17.0)	(16.2)	(12.3)	(7.7)	(13.2)	(8.1)
서비스	3.8	8.7	8.6	9.2	8.0	7.8	4.0
전기가스수도 및 건설	9.8	19.7	10.8	10.6	6.2	8.3	1.3
(건설업)	-	-	(10.6)	(8.9)	(5.4)	-	(0.2)

자료: 국민계정 2009. 한국은행

제조업의 지속적인 고도성장은 산업구조의 변화에도 큰 영향을 미쳤다. 제조업이 경제성장을 주도함으로써 제조업이 GDP에 차지하는 비율, 즉 공업화율은 빠르게 올라갔고 이는 우리나라를 공업대국으로 만들어 선진국으로 가는 길을 닦아 놓았다고 할 수 있다. 우리나라의 공업화율은 〈그림 1〉에서 보는 바와 같이 어느 선진국보다도 높은 수준이다. 2007년 현재 우리나라의 공업화율은 24.5%로 제조업 강국인 독일의 21.3%와 일본의 21.2%보다도 높다. 이는 우리나라 제조업의 경쟁력이 그만큼 강하다는 것을 의미한다고 하겠다.

이는 중화학공업이 제조업에서 차지하는 비율, 즉 중공업화율을 보면 더욱 분명하다. 70년대의 중화학공업 육성정책과 이로 인해 중화학공업이 제조업성장을 주도함으로써 우리나라의 중공업화율은 1980년대부터 급속하게 올라가 2007년 현재 88.5%로서 독일과 일본보다도 높다(그림 2). 이는 우리나라 제조업의 구조가 고부가가치산업,

그림 1 **공업화율의 국제비교**

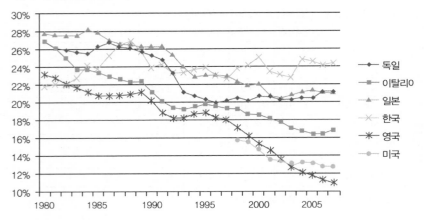

자료: OECD Statistical Analysis(STAN) data,

고기술산업으로 이행되고 있음을 반영한다고 하겠다.

　〈그림 1〉에서 보는 바와 같이 선진국에서는 공업화율이 떨어지고 있는데 이는 소득수준의 향상으로 서비스산업에 대한 수요가 증가하고 이로 인한 서비스산업의 발달에서 오는 일반적인 현상이라고 할 수 있다. 하지만 영국이나 이탈리아에서 보는 것처럼 공업화율의 급속한 하락은 제조업의 경쟁력약화와 무관하지 않은 것으로 보인다. 이들 나라에서 보듯이 제조업의 몰락은 한 나라경제의 쇠퇴에 결정적인 영향을 미칠 수 있으므로 제조업의 경쟁력향상은 지속적 성장을 위해서도 꼭 필요하다고 하겠다. 우리나라도 서비스산업화가 빠르게 진행되고 있고 또 선진국의 경험에서 비추어 볼 때 우리나라의 공업화율도 이제 한계에 오지 않았나 생각된다.

그림 2 **중공업화율의 국제비교**

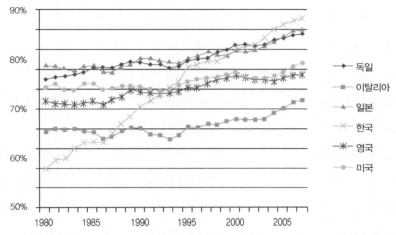

주: 1) 중화학공업 비중은 ISIC Rev.3 기준으로 C21T22(제지·펄프 등), C23T25
　　　(화학, 고무·플라스틱 제품 등), C26(비금속광물 제품), C27T28(기초금속
　　　및 조립금속 제품), C29T33(기계·설비), C34T35(운송 기기)를 합한 것으로
　　　작성함.
　　2) 1980~1990년 기간의 독일의 중화학공업 비중은 구서독 데이터를 기준으로
　　　작성함.
자료: OECD Statistical Analysis(STAN) dat

7 공업화의 성공요인

　　우리나라 성공신화의 핵심은 성공적인 공업화에 있으며 성공적인
공업화는 수입대체산업을 수출산업으로 발전시킨 데 있다. 물론 성공
적인 공업화를 가져온 정책적인 요인으로는 여러 가지를 지적할 수 있
으나 그의 핵심은 중화학공업을 중심으로 한 수입대체산업을 수출산
업으로 발전시킨 데 있기 때문에 여기서는 이에 국한하기로 한다.

우리경제의 성공요인으로 국내외를 막론하고 모든 전문가는 대외 지향적 개발전략을 들고 있다. 대외 지향적 개발전략이란 수출 지향적 개발전략으로 수출촉진정책을 의미한다. 다시 말하면 우리나라의 공업화는 수출이 주도하였다는 것이며 이런 맥락에서 우리나라의 공업화과정을 설명할 때 흔히 수출정책만 강조하고 수입대체정책은 과소평가하거나 비판적으로 보는 경향이 없지 않다.

　　우리나라와 같이 자원이 없는 나라가 수출을 위해서는 새로운 산업의 육성이 필요하며 이를 위해서 처음에는 국내시장을 상대로 하는 산업보호정책, 즉 수입대체정책을 쓰지 않을 수 없다. 문제는 보호를 받는 산업이 경쟁력을 가짐으로써 수출산업으로 성장하느냐 하지 못하느냐에 수입대체전략의 성패가 달려있는데 우리나라는 이를 성공적으로 수행하였다. 우리나라가 수출을 통해 고도성장을 하였으나 수출산업의 내용을 보면 대부분의 경우 처음에는 내수시장을 상대로 하는 수입대체산업으로 성장을 하다가 수출산업으로 발전하였다는 것이다.

　　우리나라는 1950년대부터 생필품을 중심으로 수입대체산업을 육성하기 시작하였으며 이를 위해 각종 관세 및 비관세수단을 사용하였다. 1950년대는 소위 삼백산업(제분, 제당, 면방산업)을 중심으로 한 수입대체가 있었고 그 중 면방산업은 1960년대에 와서 주력 수출산업으로 발전하였다. 1960년대 와서는 수출을 촉진하면서도 수입대체산업을 육성하는 양면정책을 추진하였다. 수출을 지속적으로 증대하기 위해서는 기초소재와 중간재의 수입대체가 필요하였기 때문이다. 이리하여 1960년대는 정유, 합성섬유, 합성수지, 시멘트, 비료 등 기초원자재와 중간재의 수입대체에 주력하였다. 이들은 국내수요를 충족시키는 데 주로 사용되었지만 수출용 원자재로 사용됨으로써 70년대 와서는 수출증대에 크게 기여하였다.

1970년대 들어오면서 철강, 조선, 기계, 전자, 석유화학 등 중화학공업을 본격적으로 육성하기 시작하였으며 이를 위하여 세제금융상의 지원을 강화하였다. 이들은 내수시장을 기반으로 한 성장과정을 거치면서 기술력을 축적하여 1980년대부터 우리나라의 주력 수출산업으로 발전하기 시작하였다.

중화학공업의 육성으로 기계류수입이 급증하자 정부는 1980년대에 와서 기계류의 국산화계획을 적극적으로 추진하기 시작하였으며 금융 및 기술지원을 집중적으로 제공하였다. 이러한 정부의 기계류국산화계획은 1990년대에 와서도 계속되었고 기업의 연구개발투자가 급증하고 국산기계류의 품질이 획기적으로 개선되면서 자본재산업도 1990년대 와서 수출산업으로 발전하기 시작하였다.

이와 같이 우리나라는 공업화의 발전단계에 따라 처음에는 비내구소비재의 수입대체에서 중간재와 내구소비재의 수입대체로 이어지고 이는 다시 생산재와 자본재의 수입대체로 이어지는 정책을 단계적으로 추진하였고 이들이 수출산업으로 발전할 수 있었다. 이 과정에서 정부는 다양한 세제금융상의 유인책을 통해 기업의 투자활동을 적극 지원함으로써 투자율이 크게 올라갔었다. 10%대 수준에 머물렀던 투자율은 60년대 와서 20%대 수준으로 올라갔고 70년대부터는 30% 이상으로 올라감으로써 자본축적이 지속적으로 이어졌으며 또한 인력양성과 기술개발을 적극 지원함으로써 국제경쟁력을 제고할 수 있었다.

물론 이 과정에서 많은 부작용과 논란이 없지 않았다. 자유무역을 신봉하는 학자들은 중화학공업육성은 자원배분의 왜곡을 가져왔기 때문에 득보다 실이 크며 반대로 수정주의 학자들은 실보다는 득이 크다고 하였는데 중화학공업이 주력수출산업으로 발전함으로써 역사는 후자의 판정승으로 끝났다. 그러면 어떻게 하여 중화학공업을 중심으로 한 수입대체산업이 수출산업으로 발전할 수 있었는가? 중요한 정책 요인으로는 다음과 같은 것을 지적할 수 있다.

첫째, 정부의 보호와 지원이 1950년대와 1960년대는 관세 및 비관세장벽 중심으로 이루어졌으나 1970년대는 세제 및 금융상의 투자지원중심으로 바뀌었고 1980년대부터는 기술개발지원에 역점을 둠으로써 산업의 발전단계에 따라 지원체계를 달리하였다. 처음에는 시장을 보호하는 데 초점을 두었으나 투자지원으로 성장을 촉진하는 방향으로 바뀌었고 성장기를 거치면서 기술개발을 지원함으로써 경쟁력을 제고하는 데 주력하였다.

둘째, 산업의 보호기간이 길지 않았기 때문에 비능률과 지대추구행위가 적었다. 정부는 1970년대까지 중화학공업을 적극 보호하였으나 1980년대 들어오면서 지원을 줄이고 수입자유화를 통하여 경쟁을 촉진시키는 등 시장기능을 적극 활용함으로써 비능률과 지대추구행위를 줄이도록 하였다.

셋째, 정부가 80년대 들어와서 중화학공업의 투자조정을 통해 과잉시설과 중복투자를 줄이는 한편 산업합리화정책을 추진하고 산업정책을 산업별 지원정책에서 기능별 지원정책으로 전환함으로써 경쟁력 배양을 위한 여건을 조성하여 주었다.

넷째, 과학기술정책이 공업화정책을 잘 지원하여 줌으로써 산업의 경쟁력 향상에 결정적으로 기여를 하였다. 1960년대는 기능 인력을 집중 양성함으로써 노동집약적인 산업의 경쟁력을 향상토록 하였으며, 1970년대는 기술 인력의 양성과 해외고급과학기술인력의 유치 및 전문출연 연구기관의 설립을 통하여 도입기술의 소화·흡수 능력을 제고하였고, 80년대부터는 민간의 기술개발지원을 집중 지원함으로써 산업의 경쟁력을 증대시키는 등 공업화의 발전단계에 따라 필요한 인력과 기술개발을 지원하였다.

다섯째, 중화학공업 육성정책이 성공을 한데는 정부가 기업에 지원을 하되 이를 성과에 연계시킴으로써 정책의 실효성을 기할 수 있었다는 것이다. 다시 말하면 정부가 지원을 하는 데 성과를 전제로 지원하는 이른바 상호주의(reciprocity)를 철저히 지켰다는 것이다. 가령 1960년대는 수출을 지원하는데 실적을 기준으로 지원을 하였고 1970년대의 중화학공업지원도 생산설비나 투자를 근거로 하여 지원하였다. 1980년대 초의 중화학공업 투자조정이나 산업합리화정책의 경우도 시장진입의 금지, 생산설비의 감축 및 노후시설의 폐기 등을 전제로 하여 세제금융상의 지원을 하였으며, 기술개발자금지원에 있어서도 기업에게 일정률의 참여를 전제로 하는 매칭펀드(matching fund) 형태를 취하였다.

일반적으로 개도국에서는 정부의 보조금정책이 일종의 선심용 (giveaway)으로 인식됨으로써 실효를 거두지 못하는 경우가 많으나 한국에서는 지원을 성과와 연계시킴으로써 정책의 실효성을 기할 수 있었다는 것이며 여기에는 관리의 공정한 정책집행도 일조를 하였다고 할 수 있다.

여섯째, 정책적인 요인은 아니나 지속적인 고도성장에 따른 내수시장의 확대가 중화학공업의 경쟁력 향상에 크게 기여하였음을 지적하지 않을 수 없다. 중화학공업은 투자규모가 크고 일정규모의 생산시설을 요구하기 때문에 내수시장이 상당 기간 동안 이를 뒷받침하여 주지 않고는 규모의 경제를 누리고 기술축적을 할 수 없기 때문이다.

우리나라는 5개년계획의 성공적인 집행으로 지속적인 고도성장이 유지되었으며 이로 인하여 내수시장은 상당 기간 동안 폭발적으로 성장하였다. 이를 바탕으로 해서 자동차, 철강, 전자, 석유화학 등이 높은 성장을 할 수 있었고 이 과정에서 기술력을 축적함으로써 수출산업으로 발전할 수 있었다는 것이다.

📖 참고문헌

김적교, 한국의 경제발전, 박영사, 2012

김적교, 개발연대의 경제정책과 개발계획(1), KDI 정책연구사례, 한국개발연구원, 2003

안종직, 우리나라경제의 나아갈 방향, 동아출판사, 1962

한국개발연구원, 장기경제사회발전 1977－91년, 1977

박정희 경제정책의 정신적 배경*

　오늘날 우리가 선진국수준에 준할 정도로 높은 생활수준을 향유하고 있는 것도 따지고 보면 박정희 대통령 덕택이라 해도 결코 지나친 말은 아니다. 물론 우리 경제가 세계 10위권의 경제대국으로 발전한 데는 이승만 대통령을 비롯하여 다른 대통령의 나름대로의 공헌이 있는 것은 사실이나 그 토대를 구축한 것은 박정희 대통령이기 때문에 그를 높게 평가하는 것이다.

　여기서는 박대통령이 산업화를 어떻게 성공적으로 추진했고 그 정신적 배경은 어디에 있는가를 간단히 살펴보기로 한다.

　1961년 박대통령이 군사혁명으로 집권했을 때만 해도 우리나라는 인구의 거의 절반이 절대빈곤선상에 있는 세계 최빈국의 하나였다. 뿐만 아니라 우리나라는 외국원조가 없이는 경제를 지탱할 수 없는 상태였다. 수출은 3,000만 달러인데 수입은 3억 달러나 되고 재정

---

*　이 글은 '박정희정신이란 무엇인가'의 단행본 책 「박정희, 그리고 사람」에 기고한 내용임. 박정희대통령기념재단, 2018.12.

수입의 거의 절반을 대충자금(원조수입)에 의존했기 때문이다.

　　이에 박대통령은 어떻게 하면 원조에 의존하지 않고 빈곤문제를 해결할 수 있을까를 고심하게 되었고, 여기서 나온 것이 수출주도형 공업화전략이었다. 공업화를 통해서만 고도성장이 가능하고 빈곤의 악순환을 단절하고 원조의존경제를 탈피할 수 있기 때문이다. 다시 말하면 박대통령의 기본목표는 자립경제의 달성에 있었다. 초기에는 야심찬 공업화계획을 세워 철강, 기계, 석유화학 등 수입대체산업 육성에 역점을 두었다. 하지만 군사정부에 대한 미국의 비우호적인 태도와 이에 따른 원조삭감으로 외환위기를 겪으면서 공업화 정책은 수입대체 정책에서 수출촉진 정책으로 전환하게 되었다.

1　자립경제 달성을 위하여

　　막대한 투자재원이 필요한 자본집약적인 수입대체산업 육성을 무리하게 추진할 것이 아니라, 경공업제품 수출을 촉진시켜 외환문제를 풀고 목표성장률을 달성하는 것이 현실적이라는 판단을 하게 되었다. 이러한 전략은 제2차5개년계획 기간까지 계속되었다. 제2차 세계대전 후 많은 후진국이 중화학공업 우선의 수입대체정책을 추진하다 실패한 경우와는 매우 대조적이다.

　　이리하여 정부정책은 수출촉진에 총력을 기울이게 되었다. 정부의 과감한 수출지원 정책으로 수출이 급증하고 고도성장이 지속되면서 박대통령은 중화학공업 육성의 필요성을 다시 인식하게 되었다.

왜냐하면 공업화는 중화학공업의 육성 없이는 완결될 수 없기 때문이다. 1960년대 후반부터 중화학공업 육성을 위한 입법이 시작되었고 이에 필요한 외자도입을 위해 대일국교를 정상화하여 무상 3억, 유상 2억, 민간상업차관 3억 달러 등 총 8억 달러를 일본으로 받아냈으며, 이 돈으로 포항종합제철과 같은 공장을 세우고 댐과 발전소를 짓고, 경북고속도로를 건설하였다.

박대통령은 지속적인 고도성장과 산업구조 고도화를 통해 우리나라를 공업국가로 발전시키고자 하였다. 그 당시 고위 정책담당자와 전문가들은 우리나라의 공업화가 대략 20~30년 정도 일본에 뒤떨어졌다고 보았으며, 우리의 노력 여하에 따라 충분히 따라잡을 수 있다고 생각했다.

이리하여 1973년 초 연두교서를 통해 박대통령은 중화학공업 육성을 선언하고 1981년까지 1인당 소득 1,000달러와 100억 달러 수출의 달성을 정책목표로 설정했다. 이 목표는 그 당시 1인당 소득 300달러와 20억 달러도 되지 못하는 수출규모를 생각할 때 너무 야심적이라는 비판이 정치권은 물론 경제전문가 사이에도 적지 않았다. 그러나 박대통령은 장기적으로 볼 때 우리의 비교우위는 자본 및 기술집약적인 산업에 있다고 보아 중화학공업 육성을 밀고 나가기로 했다.

중화학공업에 대한 정부의 집중적인 지원으로 경제가 급성장하면서 1인당 소득은 1977년에 1,000달러에 달하였고 수출도 100억 달러를 초과하는 등 당초 목표를 조기에 달성하였다. 이는 우리 국민에게 잘 살 수 있다는 희망과 자신감을 주는 데 결정적 역할을 했다. 중화학공업정책은 인플레와 중복투자, 경제력집중 등 부작용이 없지 않

앞으나 우리경제가 지속적인 고도성장을 할 수 있는 산업기반을 구축하는 데 결정적 기여를 하였다. 그러면 어떻게 하여 공업화를 성공적으로 수행할 수 있었던가?

2 인력양성과 과학기술의 진흥

이와 관련해서는 첫째, 박대통령의 앞을 내다보는 깊은 통찰력과 지도력을 지적하지 않을 수 없다. 공업화를 위해서는 자본도 중요하지만 보다 중요한 것은 필요한 인력과 기술이기 때문에 박대통령은 제1차경제개발5개년계획(1962~1966)부터 인력과 기술개발에 각별한 관심을 가졌다.

기술진흥5개년계획을 작성하도록 하여 기술인력 양성, 해외과학기술인력 유치, 선진기술의 과감한 도입을 강력히 추진했다. 1인당 소득이 100달러도 되지 못하고 노동력이 넘치는 가난한 나라에서 과학기술인력 양성을 중심으로 한 기술진흥계획을 세웠다는 것은 매우 이례적이고 놀라운 일이라 하지 않을 수 없다. 이에는 박 대통령의 인력 및 기술개발에 대한 강한 집념이 크게 작용했다.

1960년대의 기술개발정책은 기능인력 양성에 집중되었다. 공업고등학교를 대폭 확충하고, 직업훈련법을 제정하여 일정규모 이상의 기업에 대해서는 사내직업훈련을 의무화했다. 또 공공 직업훈련기관을 크게 확충하였다. 뿐만 아니라 1966년에는 한국과학기술연구소(KIST)를 설립하고 해외두뇌를 유치하여 기술자립의 초석을 놓았다.

1970년대의 과학기술정책은 중화학공업 지원에 집중되었다. 우선 대학의 이공계 교육을 강화하고 특히 전기전자, 기계부문의 입학정원을 대폭 확대했다. 급증하는 기업의 기술개발 수요와 도입기술의 소화개량 촉진을 위해 KIST 외 12개의 중화학공업 관련 전문출연연구기관을 설립하여 중화학공업 기술개발을 지원했다. 1968~1980년에는 553명의 재외 한국인 과학자를 유치하여 우리나라의 자체기술개발능력을 제고하도록 했다.

　　1971년에는 한국과학원을 설립하여 고급과학기술인력을 국내에서 양성토록 하고 같은 해 한국개발연구원(KDI)을 설립하여 해외 한국인 경제학자를 유치, 경제개발계획의 작성과 정책개발을 지원토록 했다. 이들에게는 파격적인 대우를 하고 마음껏 연구를 하도록 했다.

3　실적에 기초한 기업과 산업지원

　　둘째로는 정부가 민간기업과 산업을 지원하되 실적과 성과를 기초로 함으로써 정책의 실효성을 극대화할 수 있었다. 수출의 경우 시중금리의 절반 밖에 되지 않는 저금리로 수출을 지원하되 실적에 따라 지원했다. 매월 수출진흥 확대회의를 열어 수출기업들의 애로사항을 청취하고 실적에 따라 차등 포상함으로써 기업으로 하여금 수출전선에 전력투구토록 했다. 중화학공업 지원에 있어서도 철저한 현장시찰과 관리 감독을 통해 투자의 효율성을 기하도록 했다. 대중 영합적이거나 선심성 정책은 결코 하지 않았으며, 오로지 국가의 장래와 국익을 위하여 정책을 추진했다.

이처럼 정부가 실적과 성과에 따라 기업을 지원함으로써 더 많이 수출하고 더 많이 투자하는 기업에게 더 많은 혜택이 돌아가게 함으로써 기업도 성장하고 국민경제도 빠르게 발전하게 되었다. 이는 정부에 대한 기업의 신뢰감을 쌓게 하여 기업의 성장은 물론, 사업의 효율성을 제고하는 데도 크게 기여했다. 경부고속도로의 조기 완성과 세계에서 가장 단가가 낮은 철강을 생산한 포항제철의 경우가 이의 대표적인 예다.

4 도농(都農) 간 소득격차의 축소

셋째로는 농촌근대화사업과 주곡의 자급달성을 들 수 있다. 공업화 우선정책은 농업의 상대적 낙후를 가져옴으로써 1960년대 후반에는 이농현상이 심화되고 농업생산이 저조하여 식량자급문제가 심각한 현안문제로 제기되었다. 박대통령은 농촌을 근대화하지 않고서는 지속적인 성장은 물론, 균형 있는 국가발전이 불가능하다고 판단하여 새마을운동을 전개하여 도농 간 소득격차를 줄이도록 했다.

정부가 새마을운동을 지원하되 농민의 참여정도, 예컨대 농민의 출자, 노동력의 제공, 생산성향상 등을 다각도로 평가하여 차등 지원함으로써 농민의 참여를 적극 유도했다. 처음에는 환경개선사업으로 시작하여 소득증대사업으로 발전시킴으로써 농가소득은 급속도로 증대되었다.

1970년대 후반에는 농가의 가구당 소득이 도시근로자의 가구당 소득을 능가하게 되는 등 농가의 생활수준이 크게 향상되었다. 특히 1977년에는 수십 년간 해결하지 못한 주곡의 자급을 이룩함으로써 식량문제 해결에도 큰 진전을 보았다.

이와 같이 1970년대는 중화학공업 육성과 새마을 운동을 통해 한국경제가 근대적 산업국가로 발전할 수 있는 기반을 조성하고, 도농 간의 소득격차를 줄임으로써 국민경제의 균형 있는 발전을 위한 토대를 구축했다고 할 수 있다.

5 정치세력의 정책개입 차단

네 번째로는 정치가 경제에 개입하는 것을 적극 차단하고 경제논리에 따라 정책을 수행했다는 점을 지적할 수 있다. 정책의 큰 그림이나 방향은 정치지도자가 할 수 있으나, 정책의 입안이나 집행은 관료조직에 의하여 구체화되고 수행되기 때문에 이들을 어떻게 활용하느냐가 매우 중요하다.

이 점에서 박대통령은 탁월한 지도력을 발휘했다. 학연(學緣), 지연(地緣)에 관계없이 엘리트 관료를 적재적소에 배치하고, 능력 있는 관료에 대해서는 승진과 격려, 해외훈련, 표창 등을 통해 이들의 능력을 최대한 활용했다. 정치세력이 경제정책에 개입하는 것을 배제함으로써 합리적인 정책수행이 가능했다. 박대통령 집권기간 장관들은 대부분 엘리트관료 출신이라는 데서 이를 알 수 있다.

6 전문가 의견경청

끝으로, 박대통령은 정책결정에 있어 전문가의 의견을 경청하고 이를 정책에 많이 반영했다. 예컨대 경제정책을 결정함에 있어 KDI 원장의 자문을 수시로 받았고 정책결정에 적지 않은 영향을 미쳤다. 정소영 경제수석에 의하면 중요한 경제정책문제에 대해서는 항상 자기와 김정렴 비서실장의 두 전문가를 불러 의견을 듣고 결정했다고 한다. 이는 박대통령이 특정 정치세력이나 계층의 이익보다는 국가와 국민 전체의 이익을 얼마나 중시하였는가를 보여주는 것으로서 오늘날 정부의 경제정책 결정과정에 대해 시사하는 바가 크다고 하겠다.

위에서 박정희 대통령의 주요 경제정책과 성공의 정신적 배경에 대하여 간단히 살펴보았다. 박대통령의 경제정책사상을 한마디로 요약한다면 부국부민(富國富民), 즉 나라가 부유하고 국민이 잘사는 세상을 만드는 데 있었다고 할 수 있다. 우리나라는 오랫동안 외세의 지배 하에 있었고 빈곤의 굴레를 벗어나지 못했기 때문에 그는 자주적이고 부강한 나라를 만들어 국민이 잘사는 것을 보고 싶어 했던 것이며 이러한 꿈을 실현하기 위한 그의 노력은 결코 헛되지 않았다. 오늘날 우리가 누리고 있는 생활수준과 번영이 이를 말해 주고 있다.

한국경제의 개방화정책과 전망*

    한국은 지금으로부터 30년 전인 1960년대 초만 해도 1인당 소득이 $100 미만이던 가난한 나라였습니다만 30년 후인 오늘은 1인당 GNP가 $5,000나 되고 총 무역액이 1989년에는 1,240억 달러나 되는 세계 12대 무역대국으로 성장했습니다. 한국이 이처럼 빠른 시일 안에 중진공업국으로 성장할 수 있었던 것은 여러 가지 문화적, 정치적, 경제적 이유가 있겠습니다만, 제가 오늘 여기서 말씀드리고자 하는 것은 주로 경제정책적인 측면에서 한국의 경험을 말씀드림으로써 한국경제 발전을 올바르게 이해하고 그럼으로써 여러분에게도 조금이나마 참고가 되었으면 합니다.

---

* 이 글은 1991년 3월 16일 중국사회과학원 경제연구소에서 행한 강의내용임

1 개방화정책의 주요내용

지난 30년 동안의 한국의 경제정책 내지 공업화 정책을 시대적으로 구분한다면 세 단계로 나눌 수 있습니다. 1단계인 1960년대의 수출드라이브 정책, 1970년대의 중화학공업 육성정책 및 1980년대의 무역자유화 내지 개방화 정책으로 나눌 수 있습니다.

제가 오늘 여러분에게 말씀하고자 하는 것은 주로 80년대와 그 이후의 정책이 되겠습니다. 이를 말씀드리기 전에 제가 여러분에게 강조하고자 하는 것은 경제정책이란 그 나라의 경제발전 단계나 시대적 환경에 따라 달라져야 하는데 이런 의미에서 한국정부는 경제 환경변화에 비교적 잘 대응해 왔다고 하겠습니다.

1960년대 초와 같이 유휴노동력이 풍부하고 임금이 저렴한 환경에서는 노동집약적인 수출산업의 육성이 가장 효과적이었습니다. 그러나 1970년대에 들어오면서 미국에서 보호무역주의가 싹트고 임금이 상승함에 따라 단순한 노동집약적인 산업에 의존하는 수출에는 한계가 있었습니다. 그래서 한국정부는 중화학공업을 육성하기 시작했습니다.

그러나 중화학공업의 육성은 정부의 지나친 보호와 지원으로 과잉투자가 생기고 물가와 임금이 오르고 비효율성이 증대되는 등 산업의 전반적인 경쟁력이 약화되기 시작했습니다. 여기에 2차 오일쇼크까지 가세됨으로써 한국경제는 국제수지악화와 외채증가, 부실기업의 속출, 물가상승 등 어려운 상황을 맞이하게 되었습니다.

그래서 어떻게 하면 한국경제의 국제경쟁력을 회복시키느냐가 시급한 정책문제로 대두되었으며 이를 위해 한국정부는 지금까지의 경제정책에 대해서 근본적으로 생각을 바꾸게 되었던 것입니다.

첫째, 정부가 재정, 금융상의 직접적인 지원이나 보호를 통해서만 산업을 육성해서는 안 되겠다는 것입니다(가령 정부가 저리금융 지원을 한다든가 재정보조를 하는 것). 이것은 비능률만 가져오고 산업의 경쟁력을 약화시켰기 때문입니다.

둘째, 수입을 개방해서 경쟁을 촉진시켜야 된다는 것이었습니다. 시장경제가 제대로 기능을 발휘하기 위해서는 경쟁이 활성화되어야 하는데 수입을 막아 놓으면 국내에서 독과점만 형성되어 경쟁이 일어나지 않고 따라서 상품의 질이 떨어지고 가격만 비싸지는 결과를 가져오기 때문입니다.

셋째, 물가를 안정시키고 환율을 신축적으로 운용함으로써 산업의 경쟁력을 회복시켜야겠다는 것입니다. 이러한 정책을 실천하기 위해 한국정부는 일련의 과감한 정책개혁을 단행했던 것입니다.

첫째로, 정부의 각종 특혜금융 등 직접적 정부지원은 줄이고 정부지원을 연구개발이나 인력양성 등 간접적 지원으로 대체하였습니다.

둘째로, 수입뿐만 아니라 외국인 투자, 기술도입 등에 대해서 자유화하는 조치를 취하기 시작했습니다. 수입자유화를 예시하고(1988년까지 95% 자유화), 관세율도 낮추는 동시에(1979년의 24.9%에서 1989년에는 12.7%까지 떨어졌습니다), 외국인 투자도 positive system에서 negative system으로 바꾸었으며 기술도입은 인가제에서 신고제로 바꾸었습니다.

셋째로, 물가안정을 위해서는 강력한 재정, 금융 면에서 긴축정책을 쓰고 임금인상도 통제를 했습니다. 또한 원화를 평가절하하여 환율을 현실화하였고 변동환율제를 실시했던 것입니다.

이러한 자유화, 개방화 정책과 관련해서 제가 강조하고자 하는 것은 1980년대 초의 한국경제는 매우 어려운 상황이었다는 것입니다. 외채가 GNP의 50%나 되고 물가가 오르고 성장은 매우 부진한 가운데서도 자유화, 개방화 계획을 추진하였습니다. 그 당시만 해도 대부분의 경제학자는 개방화를 반대하고 수입자유화만 되면 우리나라 경제가 곧 무너지지 않을까 하는 우려와 걱정이 굉장히 컸습니다.

그럼에도 불구하고 한국정부는 이를 강력히 밀고 나갔습니다. 그 이유는 시장경제체제가 제대로 기능을 발휘하기 위해서는 정부의 직접적인 지원을 줄이고 시장의 기능(환율현실화 등)을 작동시키는 것이 무엇보다 중요하기 때문입니다. 또한 물가를 안정시키고 수입자유화를 통해 경쟁을 촉진시키지 않고는 한국경제가 계속 세계시장에서 살아남을 수 없고 지속적인 성장도 할 수 없다는 확신이 있었기 때문입니다. 이것은 그 당시로서는 매우 위험이 따르는 조치였습니다.

한국정부의 강력한 안정화 정책에 따르는 물가안정과 환율현실로 수출도 회복되기 시작하였습니다. 특히 1985년 이후 국제금리의 하락, 달러화의 가격하락 및 저렴한 국제유가에 힘입어 한국경제는 급속히 회복하여 경상수지 흑자와 고도성장을 실현하였던 것입니다. 1986년 이후 경상수지 흑자가 급증하면서 원화를 평가 절상하는 등 수입자유화를 더욱 가속화시켰던 것입니다. 일부 농산물을 제외하고는 모든 상품의 수입이 자유화됨으로써 1991년 현재 수입자유화율은 97%에 이르렀고, 관세율도 11.4%로 떨어졌고, 외국인 투자도 일부 서비스업을 제외하고는 거의 다 허용되는 등 한국경제의 개방화는 지난 몇 년 동안 급속히 진행되었던 것입니다.

그러나 한국경제에 전혀 문제가 없는 것은 아닙니다. 그것은 경제적인 이유라기보다는 정치적인 요인과 관련이 있다고 하겠습니다. 아시다시피 한국정부는 정치적 민주화를 추진하고 있고 이의 여파로서 임금이 급상승되고 또 최근에 와서는 물가상승 압력이 재현되는 등 부작용이 없지 않습니다. 그래서 지난해는 20억 달러의 경상수지 적자를 보였고 금년에는 유가상승 때문에 20~30억 달러의 적자를 보일 것으로 보입니다. 그러나 이것은 우리나라 GNP의 1%에 불과하기 때문에 큰 문제가 되지 않는다고 생각합니다.

2 앞으로의 정책방향

그러면 이제부터는 앞으로의 정책방향에 대해서 말씀드리겠습니다. 지금 한국경제는 여러 면에서 전환기에 있다고 하겠습니다.

첫째, 한국은 이제 노동집약적 산업에 대해서는 거의 경쟁력을 잃어가고 있습니다. 우리나라 제조업의 평균 월임금은 현재 약 800달러에 달하고 있으며, 이는 대만과 거의 비슷한 수준입니다. 따라서 앞으로 계속 수출을 신장하기 위해서는 산업구조를 기술집약적 산업으로 개편을 해야 합니다. 그러나 이것은 용이치 않습니다. 우리나라의 R&D/GNP 비율은 1.5%로서 선진국의 2.5~3%에 비하면 아직도 매우 낮습니다. 또 첨단산업에 대해서는 선진국들이 기술이전을 해 주기를 기피하고 있습니다.

둘째, 선진국의 개방 압력이 갈수록 심화되고 있습니다. 미국 등 선진국은 한국을 개발도상국으로 보지 않고 준선진국으로 보고 모든 면에서 상호주의를 들고 나와 시장개방 압력을 가하고 있습니다. 자기들이 시장개방을 해 준 만큼 한국도 시장개방을 하라는 것입니다.

앞에서 제가 말씀드렸지만 우리나라는 농업을 제외하고는 상품 시장을 다 개방했습니다. 그래서 선진국에서는 농업도 개방하고 서비스산업, 예컨대 자본시장, 보험시장, 증권시장 등에서도 개방할 것을 강력히 요구하고 있습니다.

셋째는 소득분배 및 사회적 형평의 증진문제입니다. 한국은 대기업 위주로 성장을 하여 왔고 또 1960년대와 1970년대는 인플레가 심했습니다. 그 관계로 경제력이 집중되고 물론 다른 개도국에 비해서는 좋은 편입니다만 소득분배 개선의 여지가 많습니다. 따라서 정치적 민주화가 제대로 뿌리가 내리고 모든 계층이 골고루 잘 살기 위해서는 소득분배면에서 많은 개선이 있어야 할 것 같습니다.

세 번째 문제는 너무나 광범하고 복잡하기 때문에 첫 번째 문제와 두 번째 문제에 대해서만 말씀드리겠습니다. 첫 번째의 산업구조 조정과 두 번째의 개방화 문제는 결국 같은 문제로 볼 수 있겠습니다. 다시 말씀드리면 한국경제는 앞으로도 계속 개방화를 추진해 가면서 산업구조 조정을 해나가야 한다는 것입니다.

인구의 18%가 아직도 농업에 종사하고 있고 또 각종 서비스산업의 경쟁력이 취약한 상태 아래서는 농업과 서비스산업을 개방화한다는 것은 단기적으로 문제가 적지 않습니다. 그러나 우리는 지난 10년 동안의 경험에서 국제적으로 경쟁력이 있는 산업을 키우기 위해서는 그 산업의 개방화가 필요불가결하다는 것을 체험하였기 때문에 여러 가지 어려움이 있더라도 앞으로도 농업과 서비스산업도 개방을 해야 한다고 보고 있습니다.

우리가 개방을 해야 하는 보다 중요한 사실은 세계경제는 상호의 존도가 심화되는 가운데 자유화와 국제화, 즉 globalization으로 나아가고 있다는 것입니다. 물론 지역주의(regionalism)가 심화되고 있고 보호주의적인 요소가 없는 것은 아닙니다만 지역주의도 개방화된 지역주의(open regionalism)로 나가고 있기 때문에 대세는 자유화와 국제화라 해도 지나치지 않습니다.

더구나 한국과 같이 무역국가로서는 이러한 대세에 적극적으로 대응하고 나가는 것이 필요하다고 생각됩니다. 따라서 한국은 90년대 중에는 거의 모든 산업에 있어서 선진국과 같은 수준으로 개방화가 이루어질 것으로 봅니다. 관세율만 해도 90년대 중반까지 7~8%수준으로 인하함으로써 OECD수준에 이를 것으로 보이며 농산물에 있어서도 수입자유화율이 91년 현재 84.7%에 이르고 97년까지 거의 모든 품목이 수입자유화가 될 것으로 보입니다(GATT 18조 B항 졸업에 따라 GATT에 약속).

서비스분야도 농업 못지않게 취약한 부문이 많은 산업입니다만 경쟁력을 키우기 위해서는 단계적인 개방이 불가피하다고 보고 있으며 은행, 증권, 보험, 통신, 유통 등 광범위한 분야에 걸쳐 개방화가 추진될 것으로 보입니다.

산업구조 조정문제도 이와 같은 국민경제 전체의 개방화와 국제화의 측면에서 추진되어야 한다고 생각됩니다. 과거에는 정부가 중요 산업을 지정하여 정부가 집중적으로 지원하는 형태로 산업정책을 써 왔습니다만 개방화 시대에서는 그러한 정책은 수용되지도 않을 뿐 아니라 비능률적이 되기 때문에 세계시장에서 경쟁을 할 수가 없습니다.

따라서 정부가 할 수 있는 일은 연구개발을 지원해 주고, 고급인력을 양성함으로써 기업의 기술혁신을 도와주는 일입니다. 또 각종 경쟁제한 행위가 있을 때는 이를 규제하고 반대로 정부의 규제가 많은 경우에는 이를 완화해 준다든지 또는 외국으로부터의 수입을 통해 경쟁을 촉진시켜주는 데 있는 것입니다. 그렇게 되면 경쟁력이 없는 산업은 자연적으로 도태가 되고 경쟁력이 있는 산업은 얼마든지 세계로 뻗어 나갈 수 있습니다. 이것은 제조업이든 서비스업이든 그 원리는 마찬가지입니다.

다시 말하면 개방화 시대의 정부의 역할이란 연구개발과 기술개발에 대한 incentive를 강화하고 교육과 훈련을 통해 전문 고급인력을 양성하고 경쟁이 촉진될 수 있는 여건과 환경을 조성하여 줌으로써 산업구조를 경쟁력이 있고 기술집약적이며 지식집약적인 구조로 개편을 유도하는 데 있다고 하겠습니다.

한국의 개방화 정책도 이러한 기본방향 아래서 추진될 것으로 봅니다. 그러나 개방화란 개방에 반대하는 국내세력이 있는가 하면 무역상대국의 개방 압력이 있는 등 현실적으로 어려움이 적지 않습니다. 그러나 분명한 것은 개방을 하지 않고는 경쟁력이 있는 산업을 육성시킬 수 없고 지속적인 성장이 불가능하다는 것입니다. 그러면 한국경제의 전망에 대하여 저의 소견을 간단히 이야기하겠습니다.

3 한국경제의 전망

앞에서 이야기한 것처럼 한국경제는 현재 큰 전환기에 있고 어려움이 적지 않습니다. 특히 정치적 민주화의 부작용 때문에 임금의 상승, 물가불안, 국제수지의 불안이 한국경제를 괴롭히고 있습니다. 그러나 저는 금년과 내년만 지나면 한국경제는 정상적인 성장궤도에 진입할 것으로 봅니다.

오늘날 한국경제가 겪고 있는 문제인 물가와 국제수지 불안은 정치적인 요인도 없지 않습니다만 지난 3~4년 동안 너무 높은 경제성장을 하였기 때문에 그것이 주는 후유증이라 해도 과언은 아닙니다. 경제성장률이 너무 높고 경기가 좋으면 물가가 오르고 국제수지가 나빠지는 것은 당연한 것입니다. 다만 한국의 경우 정치적 민주화로 인한 노사분쟁 때문에 임금이 더 많이 오르고 이에 따라 경쟁력이 약화되어 수출부진이 예상 외로 더 컸다는 차이밖에 없습니다.

그러나 최근에 와서는 노사분쟁도 줄어들고 있고 근로자의 임금인상도 자제하고 있고 정부가 강력한 안정화 정책을 쓰고 있기 때문에 1~2년 사이에 다시 물가안정이 정착되고 국제경쟁력도 회복될 것으로 보입니다.

다만 문제는 산업구조 조정과 기술혁신을 통한 성장잠재력을 확충시키는 것인데 이는 다소 시간이 걸릴 것으로 보입니다. 그러나 정부는 과학기술투자는 대폭 확대할 계획이며 96년에는 GNP대비 과학기술투자를 3%까지 증가시킬 것을 계획하고 있기 때문에 이 문제는 시간이 지나면 해결되지 않을까 봅니다.

아직도 한국경제의 잠재력은 상당히 크다고 봅니다. 예컨대 1980~1989년까지 노동생산성은 연 평균 5.5%나 증가하였습니다. 앞으로 10년 동안도 이 정도의 생산성이 증가되고 또 노동력도 1.5~1.7%의 연평균 증가가 예상되기 때문에 한국경제는 앞으로 10년 동안도 연평균 7%를 성장할 수 있는 잠재력을 가지고 있다고 하겠습니다. 90년 현재 1인당 GNP가 $5,400임을 감안할 때 인구증가율 0.7~0.8%를 고려하더라도 2000년에는 현재 가격으로 1인당 GNP가 약 10,000달러 수준에 도달할 수 있을 것으로 전망됩니다.

　　이것은 물론 단순한 산술에 지나지 않으며 앞으로 10년 동안 경제가 평균 7%씩 성장하는 것은 쉬운 일이 아니며 국제경제 환경과 순조로운 산업구조조정 등 여러 가지 대내·외적 여건이 충족되어야 되기 때문입니다.

　　우선 국제경재 환경만 하더라도 예측하기는 어려우나 UR을 중심으로 하는 다자간 협상이 연내에 마무리될 것으로 보이고 그렇게 되면 세계무역환경이 보호무역주의로 후퇴하지는 않을 것입니다.

　　보다 중요한 것은 앞으로 동북아 지역에서는 어떤 형태든 경제협력이 강화될 것이고 그렇게 되면 지역 내에서의 무역이 활발해질 것으로 보이기 때문에 90년대의 세계무역환경이 좋아질 것으로 봅니다.

　　다만 한국에 대해서는 선진국으로부터의 시장개방 압력이 강화될 것은 틀림없으나 이것은 우리가 어떻게 대처하느냐에 따라 달려있다고 하겠습니다. 외부로부터의 개방 압력이란 도전인 동시에 하나의 기회이기 때문에 꼭 부정적으로만 볼 필요가 없는 것입니다.

　　국내적으로는 눈을 돌리더라도 문제는 간단하지는 않습니다. 임금은 계속 상승압력을 받을 것이며 반면 기술집약적인 수출산업의 개발은 용이하지 않기 때문에 경쟁력이 있는 수출산업을 유지한다는 것은 쉽지가 않습니다. 또한 농업의 개방에 따른 농업구조 조정문제라든지 소득분배를 통한 계층 간의 갈등 해소 등 한국경제가 해결해야 할 과제가 적지 않습니다.

그러나 한국경제는 60년대, 70년대, 80년대를 통해서 언제나 큰 도전과 시련을 맞이했습니다만 이를 극복해 왔기 때문에 90년대의 도전도 잘 대응하지 않을까 생각됩니다. 역사학자 토인비는 어느 민족이나 국가에도 언제나 도전(Challenge)은 있기 마련이며 이에 잘 응전(Response)하는 국가는 발전한다고 하였는데 한국경제는 90년대의 새로운 도전에 응전할 준비와 각오가 되어 있다고 말하고 싶습니다.

4 한국의 교훈

지금까지 저는 지난 30년 동안 한국경제정책의 큰 줄기를 말씀드리고 또 나아가야 할 방향에 대해서 말씀드렸습니다. 끝으로 한국의 경험으로부터 배울 것은 무엇인가에 대해 간단히 말하겠습니다.

첫째로 정부의 역할이 매우 중요하다고 하겠습니다. 특히 경제발전의 초기에 있어서는 기업가도 없고 투자도 부족하고 기술도 없기 때문에 정부가 이를 담당하지 않으면 안 되었으며 모든 부문에 걸쳐 정부의 개입이 불가피했습니다. 중국의 경우는 더 그러했을 것으로 보입니다. 그래서 한국경제는 기본적으로 시장경제체제이면서도 정부의 개입이 강했기 때문에 한국경제의 발전은 흔히 정부주도형 경제발전이라고 하고 있습니다.

그러나 여기에서 주의할 것은 정부가 거의 모든 부문에 관여하면서도 대외적인 면에서는 시장의 기능을 발휘하고자 하였다는 것입니다. 가령 환율의 유동화를 일찍부터 시작했다든지, 수입의 자유화, 외국자본 및 기술도입에 있어서는 비교적 일찍부터 점진적이나마 자유화를 시도하여 왔다는 것입니다. 이것이 한국경제로 하여금 경쟁력을 키우고 외국환경에 적응하는 데 큰 공헌을 하였다는 것입니다.

수입을 자유화하는 것은 단순히 외국물품이 국내에 들어옴으로써 경쟁을 촉진시키는 데 그치지 않고 기술과 정보를 가져오고 사람을 기를 수 있다는 큰 장점이 있다는 것을 잊어서는 안 됩니다.

이와 같이 한국경제는 일찍부터 부분적인 개방화를 시도해 왔으며 정부의 개입과 정책방향도 발전단계에 따라 적절히 신축적으로 대응해 왔다는 것입니다. 앞에서도 지적했듯이 60년대는 수출 드라이브, 70년대는 중화학공업육성, 80년대는 수입자유화, 90년대는 농업 및 서비스산업의 개방화 등 정책방향을 잘 설정해서 추진해 왔다는 것입니다.

둘째는 물가안정 문제입니다. 개방화가 성공적으로 추진되기 위해서는 물가안정이 있어야 한다는 것입니다. 개방화란 대외적으로 시장의 원리를 도입한다는 것인데 시장기능이 원활하게 작동되고 효과를 얻기 위해서는 물가안정이 기본요건이기 때문입니다. 물가문제는 한국도 성공적이었다고 볼 수 없으며 오늘날 한국경제가 안고 있는 여러 가지 문제점도 따지고 보면 지난 70년대에 물가를 안정시키지 못한 데 있습니다. 물가안정은 개방만을 위해서가 아니라 시장경제질서가 잘 운영되기 위한 기본이기 때문에 항상 유념을 하여야 한다는 것입니다.

셋째는 사람을 교육시키고 훈련을 시켜야 한다는 것입니다. 오늘날 한국경제가 이 정도로 발전할 수 있었던 것은 교육에 대한 투자가 있었고 많은 사람들이 해외에서 훈련을 받았다는 데 있습니다. 더구나 한 나라가 본격적인 개방체제로 들어가기 위해서는 모든 부문과 각계각층에서 국제적인 안목과 지식을 갖춘 전문 인력의 양성이 있어야 합니다. 한국은 최근에 와서 국제화가 급격히 이루어지고 있는데 이에 대응할 만한 전문 인력의 부족이 심각해서 어려움을 겪고 있습니다. 따라서 점문인력의 양성은 아무리 강조해도 지나치지 않다고 하겠습니다.

이것으로 제 이야기를 끝을 내겠습니다. 끝까지 경청해주셔서 대단히 감사합니다.

04

감속성장, 왜 바람직한가*

　　국내외를 막론하고 많은 사람들이 지금 우리 경제에 대해 불안감을 가지고 있고, 일부에서는 비관적인 견해도 가지고 있는 것 같다. 경제가 이처럼 어렵게 된 원인으로는 흔히 우리 경제의 "고비용·저효율" 구조를 들고 있다. 임금, 금리, 땅값은 비싼데 생산성은 떨어지기 때문에 경쟁력이 없고, 경쟁력이 없다보니 경상수지가 버티기 어렵게 되었다는 것이다. 문제는 왜 요소비용이 높고 생산성이 떨어지게 되었느냐에 있다.

　　우리가 고비용·저효율 구조의 원인을 제대로 규명하지 않고서는 이 문제를 근본적으로 해결할 수 없다. 고비용 구조를 해결하기 위해 그동안 정부는 여러 가지 조치를 취한 바 있다. 예컨대 금리를 인위적으로 인하한다든지, 공단의 땅값을 낮추어 준다든지, 또는 고위 공무원의 급여를 동결하는 등 일련의 조치를 취하였다.

---

* 이 글은 1997년 2월 12일 세계경제연구원(IGE)의 「세계경제지평」에 기고한 내용임.

물론 이러한 조치들이 불필요한 것은 아니지만 이러한 단편적 조치만으로는 고비용 문제를 해결할 수 없다. 우리경제가 이렇게 어렵게 된 것은 엄격하게 따지자면 고비용·저효율 구조 자체가 원인이 아니라 고비용·저효율 구조를 낳게 한 정책이 진짜 원인이라고 보아야할 것이다. 왜냐하면 우리 경제가 처음부터 고비용·저효율 구조를 가졌다고는 볼 수 없기 때문이다. 따라서 이 문제를 해결하기 위해서는 이 문제의 진인(眞因)을 찾지 않으면 안 된다.

1 우리 경제 고비용·저효율 구조의 원인

우리 경제가 고비용·저효율 구조를 가지게 된 근본 원인은 지난 30여 년 동안 물가를 잡지 못하고 고도성장을 지속하여 온 데 있다. 임금문제만 하더라도 6.29선언 이후 정치적 민주화 과정에서 생긴 노동자의 단체교섭권 강화와 1980년대 후반 200만호 주택건설로 인한 임금파동 등이 한 몫을 한 것은 사실이나, 전체적으로는 노동의 수요가 공급을 줄곧 초과함으로써 임금의 지속적 상승은 불가피하였다. 이는 우리나라의 매우 낮은 실업률을 가지고도 알 수 있다. 현재 우리나라의 실업률은 세계 어느 나라보다도 낮은 수준으로, 자연실업률보다도 낮은 초과 완전고용상태에 있다.

땅값의 경우만 해도 30년 이상 인플레가 지속되지 않았더라면 이렇게까지 오르지는 않았을 것이다. 인플레가 지속되니 땅은 투기의 대상이 되고 개인이든 기업이든 돈 있는 사람은 모두 땅을 사게 됨으로써 땅값이 오르지 않을 수 없다. 국민과 정부는 우리 기업에 대해 기술개발을 하지 않는다고 비난하지만, 기업으로서는 인플레에 편승해서 돈을 버는 것이 훨씬 용이하므로 기술개발을 소홀히 할 수밖에 없다.

더구나 과거에는 정부가 여러 모로 기업을 보호해 주었기 때문에 기술개발을 하고자 하는 유인이 더욱 적었고 기껏해야 외국으로부터 기술을 도입, 모방하는 데 그쳤다. 금리문제만 하더라도 인플레 아래에서는 실질금리가 낮기 때문에 기업은 가능하면 타인자본에 의존하고자 한다. 이로 인해 기업의 부채비율이 높아짐으로써 자금수요가 좀처럼 줄지 않아 금리가 쉽게 떨어질 수 없다. 물론 여기에는 관치금융으로 인한 금융산업의 낙후가 일조를 하였음은 두말할 필요도 없다.

이상에서 지적한 바와 같이 우리경제의 고비용·저효율 구조는 기본적으로 고도성장은 하였으나 물가를 잡지 못한 데서 생긴 부작용이라 할 수 있다. 그렇다면 왜 물가를 잡지 못하였는가? 여기에는 통화량의 공급이 너무 많았다던지, 중화학 공업을 무리하게 추진하였다던지 등 여러 가지 이유가 있다. 그러나 이것도 따지고 보면 우리가 무리하게 성장을 추구하였기 때문이다.

이와 같은 사실은 지금까지 우리의 실제성장률이 잠재성장률보다 계속 높았다는 데에서도 알 수 있다. 다시 말하면 우리나라의 경제정책은 성장제일주의(成長第一主義)에 있었으며 경제안정은 1980년대 초를 제외하고는 거의 무시되어 왔다 해도 과언이 아니다. 역대 정권마다 경제안정은 강조되었으나 업계의 저항과 정치적 이유 때문에 실패하고 말았다. 물가안정이 있었다면 그것은 지수상의 안정이었을 뿐 국민들이 피부로는 느끼지 못하였기 때문이다. 즉, 고비용·저효율 구조의 진정한 원인은 안정이 없는 고도성장에 있기 때문에 이 문제의 해결을 위해서는 성장의 속도를 우리의 능력에 맞게끔 낮추는 것이 선결과제다.

2 최근의 국내외 경제환경

최근에 와서 정부가 다소 늦은 감이 없지는 않으나 성장은 희생하더라도 물가안정과 경상수지 적자를 줄이겠다고 한 점은 매우 바람직한 방향이다. 정부가 인기 없는 안정화정책을 쓰지 않을 수 없는 이유는 오늘의 국내·외 환경이 몇 가지 측면에서 과거와는 매우 다른데 있다.

첫째, 이미 주지하고 있는 사실이지만 우리의 잠재성장률이 크게 떨어지고 있다는 점이다. 잠재성장률은 노동력 증가율과 노동생산성 증가율의 합으로 구할 수 있는데, 우리나라 경제전체의 노동생산성 증가율이 약 5% 내외이고, 노동력 증가율이 1.5% 미만이라는 점을 고려한다면 우리나라의 잠재성장률는 6.5% 미만이다. 이는 과거의 잠재성장률 7~8%에 비하면 크게 낮은 수준인데 노동력증가의 감소로 인해 앞으로 더욱 떨어질 전망이다. 따라서 우리 경제는 과거와는 달리 고도성장을 할 수 없을 뿐만 아니라 고도성장의 지속은 즉각 물가상승과 국제수지 악화로 이어질 수밖에 없으므로 이는 현실적으로 수용될 수 없다.

둘째, 오늘날 우리의 외채문제는 결코 가볍게 볼 수 없는 위험수위에 달했으며 더욱더 어려운 점은 경상수지적자가 가까운 시일 안에 해소될 가능성이 없다는 것이다. 따라서 우리는 지금부터 경상수지적자를 축소하기 위한 노력을 집중적으로 경주하여야 하며 그렇지 않을 경우 멕시코사태와 같은 외환위기에 직면할 가능성이 없지 않다. 경상수지적자를 감축하기 위해서는 환율의 적절한 유동화가 있어야 하겠지만 이와 함께 총수요관리를 통해 정부, 기업, 가계 모두가 씀씀이를 줄이고 군살을 빼는 등 모든 경제주체가 자신의 능력과 분수에 맞는 경제행위를 하여야 한다.

셋째, 우리의 환경이 과거와 다른 점은 정부가 쓸 수 있는 정책수단이 매우 제한적이라는 점이다. 과거에는 수출이 잘 안 되면 정부가 여러 가지 정책수단을 동원해서 수출을 지원해 주었으며 기업이 어려우면 정부가 직·간접으로 기업을 도와줄 수 있었다. 예컨대 저리금융, 조세지원, 수입규제 등을 쓸 수 있었다. 이러한 정부의 각종 지원정책은 수출을 증진시키고 기업의 투자활동을 자극함으로써 경제성장을 촉진시키는 데 적지 않게 기여하였다. 그러나 이제는 국제적 규범에 위배되는 성장촉진정책을 쓸 수 없게 되었다는 것도 감속성장의 한 요인이라 할 수 있다.

이상에서 지적한 바와 같이 국내외 경제환경의 변화로 인해 우리 경제는 감속성장을 하지 않을 수 없는 상황에 있다. 이에 효과적으로 대처하기 위해서는 우선 정부부터 솔선수범하면서 씀씀이를 줄여야 한다. 기업도 이제는 고도성장기의 외형성장, 매출액 중심의 경영에서 내실 있는 성장, 수익성 위주의 경영으로 경영전략을 바꾸어야 한다.

지금까지 우리기업은 너무 안이한 경영을 해왔다 해도 과언이 아니다. 과거 경제가 어려웠을 때 기업은 스스로 감량경영을 하고, 생산성 향상과 기술개발을 추진하기보다는 정치권에 압력을 가하여 경기부양책을 쓰도록 하였다. 경기부양책은 기업의 고통을 일시적으로는 줄일 수 있으나 경쟁력을 향상시키는 데는 아무런 도움을 주지 못한다.

3 경제난국의 해결을 위한 제언(提言)

지금의 경제난국을 헤쳐 나가기 위해서는 정부나 기업의 노력만으로는 부족하며 국민적 동참이 있어야 한다. 정부가 아무리 근검절약 운동을 편다 하더라도 국민이 이에 적극적으로 호응하지 않으면 성공하기 어렵다. 국제수지가 어려운 데도 불구하고 국민들이 외국상품이면 가격이나 품질을 따지지 않고 충동적으로 구매한다면 국제수지 방어는 불가능하다. 따라서 국민의 건전한 소비행위나 근검절약하는 자세는 경제난국을 타개하는 데 매우 중요하다.

더구나 우리나라의 임금은 대립적, 투쟁적 노사관계 때문에 생산성 증가율을 넘는 수준에서 결정되어 왔다. 그러나 이제 생산성 상승을 초과하는 임금인상이 허용되어서는 안 된다. 우리나라의 노동생산성 증가율은 전체적으로 5~6%를 넘지 못하고 있기 때문에 임금상승률도 5~6% 수준에서 안정시키는 것이 바람직하다.

앞에서도 지적한 바와 같이 고비용·저효율 구조는 우리가 지난 30여 년 인플레를 잡지 못한 채 고도성장을 하여온 부작용, 즉 고도성장의 대가이기 때문에 성장률을 낮춤으로써 문제 해결을 위한 실마리를 찾아야 한다. 일부에서는 원화를 대폭 절하함으로써 탈출구를 찾아야 한다거나, 통화량을 풀어 금리를 인하시켜야 한다든지, 임금을 동결시켜야 한다는 주장도 있다.

　　그러나 이러한 대증요법적(對症療法的) 조치만으로는 문제를 해결할 수 없으므로 문제의 본질에 도전하지 않으면 안 된다. 물론 여기에는 모든 경제주체가 고통을 감수해야 하는 어려움이 따르지만 현재의 사태를 너무 비관적으로만 볼 필요는 결코 없다. 성장률이 5~6% 수준으로 떨어진다고 하더라도 이는 국제적 기준으로 볼 때 상당히 높은 수준이다. 우리경제는 고도성장기를 지나 저성장기로 이행하는 과도기에 있으며 이는 정부, 기업, 가계 등 모든 경제주체에게 과거와는 다른 행동원리를 요구하고 있음을 잊어서는 안 될 것이다.

빈곤층과 비빈곤층간의 소득분배*

1 서론

우리경제는 지난 4반세기 동안 대외지향적 공업화전략을 추진하여 옴으로써 지속적인 고도성장을 유지하여 왔으며, 특히 거시적 외형적 성장에는 괄목할 만한 성과를 가져왔다. 그러나 이러한 고도성장은 다른 한편으로는 적지 않은 부작용과 문제점을 노정시켜왔던 것도 사실이다. 80년대 초까지만 하더라도 우리 경제는 줄곧 높은 인플레에 시달려왔으며, 수출의 급신장에도 불구하고 국제수지적자는 누적되어왔고 지역 간, 계층 간, 산업 간의 불균형적 발전도 심화되어 왔다고 할 수 있다.

80년대에 들어오면서 정부의 강력한 안정화정책에 의하여 물가가 안정되고, 또 최근의 삼저 현상의 덕택으로 국제수지문제가 해결

---

* 이 논문은 한양대학교 경제연구소의 「경제연구」 제8권 제2호(1987.11)에 게재됨

되는 등 매우 고무적인 면이 없지 않으나 오랫동안의 누적된 불균형적 발전이 가져온 경제력의 집중화, 소득분배의 불평등, 도·농 간의 경제적 격차 등은 아직도 크게 개선되지 못하고 있는 것이 사실이며, 이는 그동안의 우리 사회에 있어서 마찰과 갈등의 요인이 되어 왔음을 부인하기 어렵다. 최근에 와서 정치적 전환기를 맞이하여 각계각층에서 요구가 분출하고 계층 간의 마찰과 갈등이 현재화되고 있음이 이를 잘 반영해 주고 있다고 하겠다.

오늘날 우리 사회가 겪고 있는 이러한 사회적 갈등현상은 물론 여러 가지 측면에서 그 원인을 찾을 수 있겠으나 우리가 그동안 경제발전을 추진하여 옴에 있어 형평과 복지문제를 너무 소홀히 하여 온 데 있지 않나 생각된다. 경제발전이란 공업화에 의한 성장의 극대화로만 생각했지 빈곤퇴치와 소득분배의 개선 등 사회적 형평의 증진도 요구되는 매우 다면적인 변화과정이라는 것을 충분히 이해하지 못한 데 있다고 하겠다.

물론 우리 경제는 그동안 고도성장의 덕택으로 절대빈곤인구가 크게 줄어들고 고용이 확대되는 등 복지면에서도 상당한 진전을 보였으나 아직도 절대빈곤문제가 해소되지 못하고 있고 계층 간의 소득격차는 생활수준의 전반적인 향상에도 불구하고 확대되어왔고, 특히 빈곤층과 부유층간의 소득격차는 크게 확대되고 있다. 이러한 상대적 빈곤감이야말로 오늘날 심화되고 있는 우리 사회에 있어서 계층 간 위화감과 갈등현상을 조성하는 중요한 요인이 아닌가 생각된다.

그동안 우리나라에서도 소득분배에 대한 연구가 적지 않았으나 기존의 소득분배분석방법으로는 위에서 지적한 계층 간 첨예화되고 있는 갈등과 마찰현상을 설명하기 어렵다. 우리나라처럼 급속히 성장하는 경제에 있어서는 사회적 갈등의 주요인은 빈곤층과 부유층 간에 생기는 소득격차, 즉 빈부격차의 문제이기 때문에 우리가 당면하고 있는 계층 간의 위화감 내지 갈등문제를 설명하기 위해서는 빈부계층 간의 소득분배문제를 다루지 않으면 안 된다.

이러한 시각에서 본고에서는 지난 20년 동안 경제성장의 과실이 빈곤층과 비빈곤층에 어떻게 분배되었으며, 양계층 간의 소득격차는 얼마나 확대되어왔는가를 분석코자 한다. 아울러 양계층 간의 소득격차가 저소득층의 의식구조에는 어떤 영향을 미쳤는가도 고찰함으로써 오늘날 우리가 당면하고 있는 분배문제의 실상을 제대로 이해하는 데 조금이라도 도움이 되었으면 한다.

2 기존 소득분배연구의 한계

우리나라의 소득분배에 관한 연구는 한국개발연구원의 주학중 박사(1979, 1984)를 위시하여 적지 않은 연구가 있었으나 대부분이 지니계수나 십분위분배율 등 전통적인 분석방법을 이용하고 있다. 이들 연구에 의하면 우리나라의 소득분배는 대체로 70년대에는 악화되었다가 80년대에 들어오면서 다시 개선되는 움직임을 보이고 있다.

〈표 1〉에 의하면 지니계수는 1970년의 0.332에서 1980년에는 0.389로 올랐다가 1984년에는 다시 0.357로 떨어지고 있다. 또한 하위 40% 소득계층의 상위 20% 소득계층에 대한 비율도 1970년에서

표 1 한국의 소득불평등도

	1970	1976	1980	1984
전가구 지니계수 십분위분배율	0.3322 19.63/41.62	0.3908 16.85/45.34	0.3891 16.06/45.39	0.3567 18.86/42.28
비농가 지니계수 십분위분배율	0.3455 18.87/43.04	0.4118 15.36/48.70	0.4053 15.29/46.89	0.3655 18.40/43.53
농 가 지니계수 십분위분배율	0.2945 21.24/38.64	0.3273 19.45/40.62	0.3555 17.48/42.19	0.2992 21.36/37.92

주: 십분위분배율은 하위소득계층 40%의 상위소득계층 20%에 대한 비율임.
자료: Sang−Mok Suh & Ha−Cheong Yeon(1986), p.20.

1980년까지는 떨어졌다가 1984년에는 다시 올라가고 있어 소득분배는 70년대에 악화되었다가 80년대에 와서 개선되고 있음을 보이고 있다.

뿐만 아니라 절대빈곤율은 해마다 계속 급격히 떨어지고 있는데 1984년에는 절대빈곤율이 1970년의 23.4%에서 4.5%까지 떨어지고 있다. 상대적 빈곤율(전체 평균가구소득의 1/3이하에 있는 가구의 비율)도 1980년까지는 올라갔다가 84년에는 다시 떨어지는 것으로 나타나고 있다(〈표 2〉 참조).

이와 같이 지금까지의 연구결과에 의하면 우리나라의 소득불평등도는 70년대에 악화되었으나 80년대에 들어오면서 개선되고 있고, 불평등도의 비율 자체도 국제적으로 볼 때 다른 개도국들과 비교해 보면 나쁘지 않기 때문에 분배문제는 그렇게 심각하지 않은 것으로 이해할 수 있다.

물론 여기에는 이러한 분석의 기초자료인 도시가계조사나 농가

표 2 우리나라의 절대 및 상대빈곤율

	1965	1970	1976	1980	1984
절대빈곤율[1]					
전　　체	40.9	23.4	14.8	9.8	4.5
도　　시	54.9	16.2	18.1	10.4	4.6
농　　촌	35.8	27.9	11.7	9.0	4.4
상대빈곤율[2]					
전　　체	12.1	4.8	12.5	13.3	7.7
도　　시	17.9	7.0	16.0	15.1	7.8
농　　촌	10.0	3.4	9.2	11.2	7.5

주: 1) 절대빈곤인구가 전인구에서 차지하는 비율.
　　2) 전체 평균가구소득의 1/3 이하에 있는 인구가 전인구에서 차지하는 비율.
자료 : Sang-Mok Suh & Ha-Cheong Yeon(1986), p.21

경제조사가 가지고 있는 자료상의 제약 때문에 지니계수나 십분위분
배율 자체의 신빙성에 상당한 문제가 있다는 것은 잘 알려진 사실이
다(이정우, 1987: 491). 그러나 비록 이러한 자료상의 문제점을 무시한
다 하더라도 지니계수나 상대적 빈곤율과 같은 개괄적이며 총체적인
지표만으로 분배의 실상을 파악하는 데는 한계가 있으며, 더구나 계
층 간, 예컨대 가난한 계층과 잘사는 계층 간의 심화되는 갈등감이나
위화감 등을 설명하기는 어렵다는 것이다.

　우선 지니계수만 하더라도 일정기간에 있어서 소득의 불평등도
가 좋아졌다든가 나빠졌다든가의 매우 개괄적인 분배상태의 변화만
이야기하는 것에 지나지 않는다. 소득분배의 계층 간의 상대적 변화
를 나타내는 십분위분배율이나 상대적 빈곤율도 기본적으로 지니계수
의 개괄적이며 총체적 지표의 성격을 벗어나지 못하고 있다. 빈곤율
도 십분위분배율의 경우는 항상 인구의 일정비율(가령 40%)이 빈곤층
에 속하기 때문에 소득수준의 변화나 소득분포의 변화와는 아무런 관

계가 없을 뿐 아니라 아무리 소득수준이 높다 하더라도 빈곤층이 존재한다는 모순이 있다. 그야말로 이는 절대적 소득수준과는 아무런 관계가 없는 순수한 상대적 빈곤개념(purely relative definition of poverty)이라 할 수 있다. 상대적 빈곤율도 전체 평균소득수준에 의하여 영향을 받기 때문에 소득수준의 변화와는 아무런 관계가 없다. 또한 평균소득의 1/3을 빈곤선으로 보는 것도 매우 자의적일 뿐 아니라 빈곤선 자체도 평균소득수준의 변화에 따라 달라지기 때문에 빈곤선의 개념 자체가 분명하지가 않다.

이러한 상대적 빈곤의 개념은 절대적 빈곤을 추계할 필요가 없다는 점에서 장점이 있으나 경제성장의 과실이 계층간에 구체적으로 어떻게 배분되었고 어느 계층이 성장의 혜택을 얼마나 받았으며, 또 계층 간의 소득격차는 어떻게 움직였는가를 알고자 하는 데는 아무런 정보나 도움을 주지 못한다. 다시 말하면 지니계수나 상대적 빈곤율과 같은 총괄적인 지표는 소득분배에 대한 개괄적인 상태나 변화만을 가리키지 그 이상의 아무런 정보도 제공하지 못한다는 것이다.

그러나 소득분배문제는 매우 현실적이며 정치적으로나 사회적으로나 매우 민감한 문제이며, 특히 우리나라처럼 경제성장이 빠른 나라일수록 더욱 그러하다. 왜냐하면 경제성장의 몫이 어느 특정계층, 예컨대 빈곤층에 얼마나 돌아갔느냐 하는 문제는 현실적으로 매우 중요하기 때문이다. 따라서 어떤 비율이나 계수만으로는 소득분배문제를 설명하기에는 불충분하며, 여기에는 반드시 어떤 절대적 수준의 개념이 필요하다는 것이다. 소득분배문제에 있어 가장 중요한 것은 빈곤의 퇴치이기 때문에 절대적 빈곤은 소득분배분석에 있어서 가장 기본적인 기준이 되어야 한다.

　다음으로 중요한 것은 잘사는 계층과 못사는 계층, 즉 빈곤계층과 부유층 간의 갈등과 마찰현상이라 하겠다. 막연히 하위 40% 소득계층이 차지하는 분배몫의 비율이 높다든지 낮다든지 하는 것을 가지고는 계층 간의 갈등문제를 설명할 수는 없다. 소득분배가 갖는 정치적·사회적 측면을 제대로 파악하기 위해서는 가난한 소득계층과 그렇지 않은 계층 간의 분배문제를 다루지 않으면 안 된다. 이러한 시각에서 본고에서는 오늘날 우리 사회에서 첨예화되고 있는 분배문제를 설명하기 위한 하나의 방법으로서 소득계층을 빈곤계층과 비빈곤계층으로 나누어 경제성장의 과실이 이 양계층 간에 어떻게 분배되었으며, 소득의 격차는 어떻게 되어 왔는지를 분석하고자 한다.

　우리나라의 절대빈곤인구는 그동안 고도성장의 덕택으로 급격히 감소해온 것은 사실이다. 〈표 2〉에서 보는 바와 같이 1965년에는 절대빈곤율이 40%를 넘어섰으며, 빈곤인구의 대다수도 농촌에 살았으나 1984년에는 빈곤율이 4.5%로 떨어졌다. 그러나 아직도 200만에 가까운 인구가 절대빈곤선상에 있고 빈곤인구는 농촌보다는 도시에 집중하고 있기 때문에 오늘날 우리나라의 빈곤문제는 아직도 사회적으로 중요한 문제라고 하지 않을 수 없다. 특히 도시의 절대빈곤인구는 도시영세민의 형태로 대도시의 특정지역에 집단 거주하는 이른바 '빈곤문화'를 형성하고 있고, 이들의 상당수는 기존 사회질서나 체제에 대하여 부정적인 태도를 보이는가 하면 잠재적인 사회적 저항세력으로 존재하고 있음을 부인하기 어렵다. 이러한 점에서 빈곤계층과 비빈곤계층 간의 분배문제는 매우 중요한 분배정책의 과제라 하지 않을 수 없다.

3 도시빈곤층과 비빈곤층간의 소득분배

경제성장의 과실이 빈곤층과 비빈곤층 간에 어떻게 배분되었는
지를 알기 위해서는 우선 도시의 소득계층을 절대빈곤선 아래에 있는
빈곤층과 절대빈곤선 위에 있는 비빈곤층으로 나누어야 한다. 이를
위해서는 빈곤층을 어떻게 정의하느냐가 가장 핵심적인 문제인데 빈
곤층이란 가구기준으로 한다면 가구의 소득이 최저생활을 유지하는
데 필요한 생계비(최저생계비)에 미달하는 소득계층을 가리킨다고 할
수 있다. 따라서 최저생계비를 어떻게 산정하느냐는 빈곤층을 정의하
는데 기본이 된다고 하겠다.

최저생계비를 실재로 추정하는 데는 그 기준이 되는 생활의 기본
수요를 어떻게 보느냐에 따라 수준이 달라지는 등 실제 계측에는 여
러 가지 어려움이 따른다. 최근에 와서 우리나라에서도 최저생계비추
정에 대한 논의가 활발히 이루어지고 있으나 과거에 대한 시계열자료
는 KDI의 서상목 박사(1981: 94-104)가 추계한 자료밖에 없기 때문
에 이 자료를 이용하여 우선 도시근로자가구의 월평균최저생계비를
추계하였다.*

도시가계조사에 나타난 소득계층별자료에서 이에 가장 가까운

---

* 최저생계비 추계과정에 대해서는 〈표 3〉의 주 1)을 참조.

표 3 도시노동자가구의 절대빈곤선 및 빈곤율 추이(단위: 경상가격, 원, %)

	1965	1970	1976	1980	1984
절대빈곤선(월, 원)					
월최저생계비[1](A)	7,706	15,104	41,690	83,001	150,414
가구월소득상한선[2](B)	8,000	19,999	49,999	89,999	149,999
절대빈곤율(%)					
도시가계조사[3]	56.7	31.0	23.0	8.0	6.9
KDI[4]	54.9	16.2	18.1	10.4	4.6

주: 1) 월최저생계비를 이와 같이 보게 된 근거는 서상목 박사(1981: 102)가 구한 1인당 월최저생계비를 이용하여 각 년도의 가구당 월최저생계비를 다음과 같이 구했기 때문이다. 즉 가구균등화지수를 서상목 박사의 경우와 같이 4인가구=100, 5인가구=110, 6인가구=120으로 보고 1965년의 경우 서상목 박사의 1인 월최저생계비가 1,720원이고 「도시가계연보」 조사대상 가구 평균 인원수가 5.2(人)이므로 1965년 가구당 월 최저생계비=(1,720×4)(1.1) + {(1,720×4)(1.1)}(0.2)=7,706(원)과 같이 구했다. 1970년의 경우는 1인 월최저생계비가 3,233원이고 가구평균 인원수가 5.34(인)이므로 1970년 가구당 월최저생계비=(3,233×4)(1.1) + {(3,233×4)(1.2)−(3,233×4)(1.1.)}(0.34)=15,104(원)이다. 이와 같이 구한 1976년, 1980년의 가구당 월최저생계비는 각각 41,690(원), 83,001(원)이다. 참고로 1976년, 1980년의 「도시가계연보」 조사상의 평균가구원수는 각각 5.05(인), 4.54(인)이다. 1984년 월최저생계비는 장현준 박사(1986: 38)의 4인가구, 2,500Kcal 기준치이다.

2) 주 1)의 월최저생계비가 포함되는 소득계층의 상한선으로서 「도시가계연보」의 '현금소득 계층별 근로자가구 월평균가계수지'(1965, 1970), '전도시 근로자가구의 현금소득계층별 가구당 월평균 가계수지'(1976, 1980), '전도시 근로자가구의 소득계층별 가구당 월평균 가계수지'(1984)에 나오는 소득계층 중 1965년은 네 번째 계층의 상한선인 8,000원을, 1970년은 두 번째 계층의 상한선인 19,999원, 1976년은 세 번째 계층의 상한선인 49,999원, 1980년과 1984년은 두 번째 계층의 상한선인 89,999원과 149,999원임.

3) 註 2)의 상한선이하 소득계층의 누적가구비율(빈곤노동자가구/조사대상 전 노동자가구)임.

4) 도시부문의 빈곤율(빈곤인구/전인구)임. 서상목 외(1981), p.102 및 Sang-Mok Suh & Ha-Cheong Yeon(1986), p.21 참조.

자료: 경제기획원, 「도시가계연보」, 각 년도.

소득계층을 빈곤계층의 상한선으로 보고 상한선 미만에 있는 모든 가구를 빈곤계층으로 보았다(〈표 3〉 참조). 〈표 3〉에서 보는 바와 같이 가구당월평균 최저생계비와 도시가계조사에 나타난 빈곤계층의 상한 선 간에는 약간의 차이가 있으나 도시가계조사가 소득계층별로 나누 어졌기 때문에 가구당 월평균 최저생계비와 도시가계조사자료상의 소 득계층과 일치시키는 것은 불가능하기 때문에 최저생계비에 가장 가 까운 소득계층을 빈곤층의 상한선으로 보았다.

이와 같이 도시가계조사를 기초로 하여 계산된 빈곤층과 비빈곤 층가구의 소득흐름을 보면 〈표 4〉와 같다. 이 표에서 보는 바와 같이 비빈곤층의 소득이 빈곤층의 소득보다 빨리 증가하고 있고, 1965~ 1984년 사이에 빈곤층의 실질소득은 연평균 3.3%가 증가하였으나 비 빈곤층의 소득은 6.0%가 증가하였다. 이리하여 1965년에는 비빈곤층 의 소득이 빈곤층의 소득의 2.5배에 달하였으나 1976년에는 2.9배로 뛰었으며, 1984년에는 4.1배까지 올라가는 등 소득격차는 더욱 벌어 지고 있다. 1965~1970년 사이에는 빈곤층의 소득이 비빈곤층의 소득 보다 빨리 올라갔으나 1970년대부터는 역전됨으로써 양 계층의 소득 격차는 계속 엄청나게 벌어지고 있다.

이처럼 빈곤층의 소득증가가 상대적으로 부진한 이유는 이들 도 시빈곤층가구의 대부분이 도시영세민이거나 단순육체노동자 등 생활 능력이 약한 계층이기 때문에 그들의 소득은 비빈곤층보다 빨리 올라 가리라고는 기대할 수 없겠으나 문제는 소득격차가 너무 확대되고 있 다는 데 있다. 가령 1965년에서 1985년 사이의 실질소득으로 보면 빈 곤층의 소득은 연평균 3.3%만 상승한 반면, 비빈곤층의 소득은 연평 균 6.0%나 상승함으로써 양 계층 간의 소득격차는 빠른 속도로 확대 되어 왔다.

표 4 빈곤층과 비빈곤층 가구소득의 추이(단위: 1970년 불변가격, 천원)

	1965	1970	1976	1980	1984	연평균 증가율(%)				
						1965 ~70	1970 ~76	1976 ~80	1980 ~84	1965 ~84
전체계층의 가구당 월평균소득(A)	15.0	28.2	37.6	52.0	64.9	13.4	4.9	8.4	5.7	8.0
빈곤층의 가구당 월평균소득(B)	9.1	15.1	15.3	14.3	16.9	10.8	0.3	-1.8	4.3	3.3
비빈곤층의 가구당 월평균소득(C)	22.8	34.1	44.3	55.2	68.5	8.4	4.5	5.7	5.5	6.0
C-B=D	13.7	19.0	29.0	41.0	51.6					
D/A	0.92	0.67	0.77	0.79	0.80					
C/B	2.5	2.3	2.9	3.9	4.1					

자료: 경제기획원, 『도시가계연보』, 각 년도.

이러한 양계층간의 소득격차는 주로 1970년대에 이루어졌는데 〈표 4〉에서 보는 바와 같이 1970년에 비하여 1980년의 절대빈곤층의 가구당 실질소득은 절대금액면에서도 떨어지고 있다. 1980년대에 들어와서 빈곤층의 실질소득이 상당히 빠른 속도로 회복되고 있으나 비빈곤층의 소득상승율에는 미치지 못하고 있다.

주목할 만한 사실은 1960년대 후반에서는 빈곤층의 실질소득 증가율이 비빈곤층의 소득증가율보다 높았다는 것인데 이는 우리나라의 소득분배가 1960년대 후반에는 개선되었다가 1970년대에는 악화되고 있다는 일반적인 관찰과 기본적으로는 일치한다고 하겠다. 그러나 우리가 여기서 지적하고자 하는 것은 양 계층 간의 상대적 소득분배상태가 아니라 양 계층 간 소득격차의 절대규모가 얼마나 벌어졌느냐 좁혀졌느냐의 절대적 수준의 파악이 중요하다는 것이다. 왜냐하면 소득분배상태는 계층 간의 생활수준의 비교로서만 가장 잘 파악될 수 있으며, 생활수준의 정도는 소득의 절대수준에 의해서만 가장 잘 측정될 수 있기 때문이다.

〈표 4〉에서 보는 바와 같이 1965년과 1970년 사이에 빈곤층의 실질소득이 비빈곤층의 실질소득보다 빨리 증가하였음에도 불구하고 소득격차는 확대되었으며 그 이후에는 이러한 격차의 폭이 더욱 더 확대되고 있다. 1965년에는 비빈곤층의 소득이 빈곤층소득의 2.5배에 달하였으나 1984년에는 4.1배로 확대되었다. 이는 빈곤층의 생활수준이 20년 전보다는 크게 개선되었음에도 불구하고 비빈곤층의 생활수준과의 차이는 엄청나게 확대되었다는 것이다.

오늘날 우리나라 소득분배의 핵심적 과제는 이와 같이 잘사는 계층과 가난한 계층 간의 생활수준의 지나친 격차에 있는 것이며, 이러한 생활수준의 격차는 지니계수와 기타 유사한 지표로서는 설명할 수 없다. 그러면 1965년에서 1984년 사이에 경제성장의 과실이 빈곤층과 비빈곤층 간에 어떻게 배분되었는지를 보기로 한다.[*]

도시근노자가구의 총소득(Y)은 빈곤층가구의 소득(Y_p)과 비빈곤층 가구소득(Y_n)의 합계로 표시할 수 있다.

$$Y = Y_p + Y_n \dots\dots\dots(1)$$

빈곤층가구의 소득은 빈곤층가구수에다 빈곤층가구의 평균소득

---

[*] 測定方法에 대해서는 Gary S. Fields(1980) 참조.

을 곱한 것과 같고 비빈곤층가구의 소득도 비빈곤층가구수에 비빈곤
층가구의 평균소득을 곱한 것과 같다. 여기서 가구수 대신에 가구비
율을 사용하면 식(1)은 전체계층의 평균소득을 나타내며, 다음과 같
이 쓸 수 있다.

$$\overline{Y} = y_p f_p + y_n f_n \dots\dots\dots\dots\dots\dots\dots\dots\dots\dots(2)$$

여기서 $\overline{Y}$는 전체계층의 평균소득이며 y_p는 빈곤층가구의 평균
소득이고 f_p는 빈곤층가구비율(전근노자가구에서 차지하는 비율)이며,
y_n과 f_n는 비빈곤층가구의 평균소득과 비빈곤층가구비율이다. 빈곤
층과 비빈곤층간에 경제성장의 과실이 어떻게 배분이 되는가를 알기
위해서 식 (2)를 일차정차방정식으로 풀면 다음과 같다.

$$\triangle \overline{Y} = \overline{Y}_2 - \overline{Y}_1 = \underset{(\alpha)}{(f_n^2 - f_n^1)(y_n^1 - y_p^1)} + \underset{(\beta)}{(y_n^2 - y_n^1)f_n^1}$$
$$+ \underset{(\gamma)}{(y_n^2 - y_n^1)(f_n^2 - f_n^1)} + \underset{(\delta)}{(y_p^2 - y_p^1)}. \dots\dots(3)$$

여기서 1과 2는 각각 기준연도와 비교연도를 가리킨다. α는 비
빈곤층가구 비율의 변화에다 기준연도에 있어서의 빈곤층가구 평균소
득과 비빈곤층가구 평균소득의 차를 곱한 것이며 이는 빈곤층에 있던
가구가 비빈곤층으로 올라갔을 때 이들 빈곤층가구의 소득이 그 전보
다 얼마나 향상되었는가를 측정한다고 하겠다. 다시 말하면 이는 빈
곤층가구가 비빈곤층이 됨으로써 늘어난 소득이기 때문에 전체계층의

소득증가분중 빈곤층에 혜택이 돌아간 몫이라고 할 수 있다. 따라서 이것은 비빈곤층가구의 확대에서 생기는 확대효과(enlargement effect)라고 할 수 있다.

β는 기준연도의 비빈곤층가구 비율에 비빈곤층가구의 소득증가를 곱하였기 때문에 비빈곤층가구에 돌아가는 몫으로 부유효과(enrichment effect)라 할 수 있다. γ는 비빈곤층가구의 증가에 따른 확대효과와 비빈곤층가구의 소득증가에 따른 부유효과와의 합이라 할 수 있다. δ는 β와 비교되는 빈곤층가구의 부유효과이다. 이를 다시 요약해 말하면 α와 δ는 전체계층의 소득증가분중 빈곤층에 돌아가는 몫이라 할 수 있고 β는 비빈곤층에 돌아가는 몫이라 할 수 있다. γ는 양 계층에 공유되는 몫이라 할 수 있다.

이와 같은 방법에 의하여 우리나라에 있어서 1965년과 1984년 사이에 경제성장이 빈곤층과 비빈곤층에 돌아간 몫을 계산한 것이 〈표 5〉이다.

〈표 5〉에서 보는 바와 같이 1965년과 1984년 사이에 도시근로자

표 5 한국, 미국, 브라질에 있어서 빈곤층과 비빈곤층 간의 소득분배

	한 국			미국[1]	브라질[1]
	1965~84	1965~76	1976~84	1959~69	1960~70
α	14	21	17	19	6
β	39	41	68	72	82
γ	46	32	14	8	2
δ	1	6	1	1	10
($\alpha+\delta$)	(15)	(27)	(18)	(20)	(16)
합計	100	100	100	100	100

주: 1) G. S. Fields(1977), p.574 참조.

가구소득자료에 의하면 이 기간 중 소득증가의 39%는 비빈곤층가구에 돌아갔으며 15%만이 빈곤층가구에 돌아간 것으로 나타나고 있어 경제성장의 혜택이 빈곤층보다는 비빈곤층가구에 더 돌아갔음을 알 수 있다. 나머지 소득증가의 46%는 비빈곤층가구의 확대에 의한 확장효과와 비빈곤층 자체의 소득증가인 부유효과의 상호작용에 의한 것이기 때문에 양 계층에 공동으로 돌아가는 몫이라 하겠다. 이와 같이 γ이 46%나 차지하는 이유는 조사기간이 20년이 되는 비교적 장기이기 때문에 비빈곤층의 평균소득이나 가구비율이 상당히 빠른 속도로 변화(증가)한 데 기인하고 있다. 따라서 조사기간을 좀 짧게 하면 이러한 현상은 피할 수 있을 것 같다.

〈표 5〉에서 보는 바와 같이 조사기간을 1965~1976년과 1976~1984년으로 나누어 보면 매우 흥미있는 사실을 발견할 수 있다. 가령 1965~1976년 사이에는 β는 41%인데 $\alpha + \delta$는 27%나 되고 있어 빈곤층가구에 돌아가는 몫이 상대적으로 상당이 컸음을 알 수 있다. 반면 γ는 32%로 상당히 떨어졌다. 그러나 1976~1984년간에 있어서 소득증가의 배분을 보면 β가 68%로 크게 증가한 반면, $\alpha + \delta$는 18%밖에 되지 않는데 이는 이 기간 중 비빈곤층가구의 몫이 크게 늘어났음을 가리키고 있다. 다시 말하면 이는 1965~1976년까지는 소득증가가 빈곤계층과 비빈곤계층 간에 비교적 균등하게 배분되었는 데 비하여 1976~1985년 사이에는 비빈곤층에 돌아간 몫이 빈곤층에 돌아간 몫보다 월등히 높다는 것인데 이는 그만큼 1970년대 후반 이후 소득분배가 악화되었음을 알 수 있다.

우리나라의 경험을 미국이나 브라질과 비교해보면〈표 5〉와 같다.

브라질에서는 1960년대에 경제성장의 대부분(82%)이 비빈곤층으로 돌아갔으며, 빈곤층에 돌아간 몫은 16%에 지나지 않고 있다. 브라질의 경우에는 국민경제전체를 대상으로 하였고 우리는 도시근로자소득만을 대상으로 하였고 절대빈곤의 개념상의 문제 때문에 직접적인 비교에는 문제가 있으나 전체적으로 볼 때 비빈곤층에 돌아간 몫이 우리보다는 크다는 것을 알 수 있다. 또 미국의 경우를 보더라도 1960년대에 있어서 경제성장의 72%가 비빈곤층으로 돌아가고 있고 빈곤층으로 돌아간 몫은 20%에 지나지 않고 있어 비빈곤층의 수혜가 빈곤층보다 크다는 것은 선후진국을 막론하고 일반적 현상이라 하겠다.

이처럼 경제성장의 혜택이 대부분 비빈곤층으로 돌아가는 것은 어떻게 보면 경제발전의 초기에 불가피한 현상이 아닌가 한다. 왜냐하면 비빈곤층에 속하는 사람이 빈곤층에 속하는 사람보다는 소득을 획득할 수 있는 기회가 많다고 보아야 할 것이며, 경제가 발전함에 따라 숙련공이나 전문직 등 고급인력의 고용기회가 높아지기 때문이다. 또한 앞에서도 지적한 바와 같이 빈곤층과 비빈곤층 간에 있어서의 소득의 지나친 격차 때문에 빈곤층의 소득이 원만히 빠른 속도로 증대하지 않는 한 양 계층 간의 소득격차는 벌어지기 마련이기 때문이다.

이처럼 비빈곤층의 경제성장으로부터의 수혜가 빈곤층보다 크다는 것을 인정하더라도 문제는 그 추세가 어떻게 움직이느냐에 있다고 하겠다. 다시 말하면 비빈곤층의 몫이 상대적으로 줄고 빈곤층의 몫이 커지느냐 아니면 반대로 움직이느냐가 중요하다고 하겠다. 이러한 측면에서 본다면 우리나라에서는 비빈곤층의 몫이 커지는 반면 빈곤층으로 돌아가는 몫은 적어지고 있다는 데 문제가 있으며 이는 오늘날 빈곤층과 비빈곤층 간에 있어서의 갈등과 마찰의 한 중요한 원인이 아닌가 생각된다.

4 직종 간의 임금격차

다음으로는 임금자료를 기초로 하여 계층 간 소득분배가 어떻게 움직였는가를 보기로 한다. 소득분배는 빈곤층과 비빈곤층 간의 문제이기도 하지만 비빈곤층 안에서의 소득분배도 중요한 문제라 하지 않을 수 없다. 임금은 모든 가계에 있어서 소득원의 핵심일 뿐 아니라 임금격차가 오늘날 사회계층간에 갈등과 마찰의 가장 중요한 요인을 형성하고 있음을 고려할 때 사회계층 간의 임금격차가 어떻게 움직여 왔는가를 본다는 것은 소득분배실상을 이해하는 데 있어서 가장 기본적이며 핵심적인 문제라 하지 않을 수 없다.

또한 오늘날의 분배문제를 제대로 이해하기 위해서는 계층 간의 갈등이란 측면에서 보아야 하며 막연히 상위 20% 인구와 못사는 하위40% 인구의 비율이 어떻다는 상대적 빈곤율만 가지고는 사회계층 또는 계급 간의 마찰과 갈등현상을 설명하기는 어렵다. 이러한 문제를 설명하기 위해서는 회사의 중역은 얼마를 받는데 광부는 얼마밖에 못 받는다든지 하는 구체적인 직업이나 직종을 기준으로 하여 계층을 분류하는 것이 필요하다. 가구소득을 가지고 소득계층을 분류하는 것은 이와 같은 사회계층의 개념을 제대로 파악하기가 힘들다. 왜냐하면 같은 소득계층가구 내에서도 상이한 사회계층이 공존할 수 있기 때문이다.

이러한 이유 때문에 직종별 임금자료를 기초로 하여 일반적으로 고소득층, 중소득층, 저소득층에 속한다고 간주되는 표준적 직업을 추출하여 이를 기능별, 계층별로 분류하였으며, 이렇게 분류된 상·중·하위 계층 간에 있어서 임금수준의 격차는 어떠하며 이 격차가 지난 10년간 어떻게 움직였는가를 분석키로 한다.

이와 같은 기준에 의하여 상중하위계층별, 직종수, 이에 종사하는 근로자수 및 전 직종근로자수에서 차지하는 비중을 보면 〈표 6〉과 같다. 물론 이러한 분류는 매우 자의적이기는 하나 표본의 크기가 전 직종노동자의 약 40%를 차지하고 있음을 고려할 때 어느 정도의 대표성을 가진다고 볼 수 있을 것이다.

상위계층에는 고급승무원, 의사, 회계사, 대학교수, 회계분석가 및 총괄관리직과 같은 임금수준이 가장 높은 전문직 및 고급관리직이

표 6 **상·중·하위 계층별 직종수 및 노동자수(1985년)**

	직종수[1]	노동자수	구성비	전직종노동자수에서 차지하는 비중
상위계층	6(개)	45,973(名)	3.6(%)	1.3(%)
중위계층	3	346,832	27.2	10.1
하위계층	9	883,462	69.2	35.8
소　　계	18	1,276,267	100.0	37.2

주: 1) 각 계층에 포함된 직종은 다음과 같다.
　　상위계층: 고급승무원, 의사, 회계사, 대학교수, 회계분석가, 총괄관리직(6개)
　　중위계층: 건축 및 공학기술자, 작가 및 언론인, 사무원 및 감독자(3개)
　　하위계층: 광부, 부두노동자, 교통안내원, 청소부, 의복제조공, 제화공, 전기·
　　　　　　 전자 장비조립공, 조리사·바텐더, 방적공(9개)
자료: 노동부, 『직종별 임금실태조사 보고서』, 1985.

포함되었으며 중위계층에는 건축 및 공학기술자, 작가 및 언론인, 사무원 및 감독자와 같은 전문직과 관리직이 포함되었고, 하위계층에는 광부, 부두노동자, 교통안내원, 청소부, 의복제조공, 제화공, 조립공 등과 같은 육체노동자 및 단순작업공을 포함시켰다.

〈표 7〉에서 보는 바와 같이 상·중·하위 계층 간의 임금격차와 임금수준의 움직임을 보면 몇 가지 측면에서 매우 흥미 있는 사실을 볼 수 있다. 우선 1976년에서 1985년 사이에 전 직종에 걸쳐 급속한 임금의 상승(약 4배 내외)이 있었으나 이는 주로 1970년대에서 1982년 사이에 발생했으며, 1982년 이후에는 비교적 작은 임금상승만이 있었다는 것이다. 둘째로는 1976년에서 1985년 사이에 하위직종의 임금이 가장 빨리 상승하였으며, 고급관리직과 고급전문직의 임금이 그 다음으로 빨리 올랐고, 중위계층직종임금의 상승이 가장 저조한 것으로 나타났다.

그럼에도 불구하고 계층 간 임금격차는 아직도 높은 것으로 나타나고 있는데, 1985년 현재 하위계층의 월평균임금(보너스포함)은 상위계층의 1/6에 불과하며, 중위계층의 1/3을 넘지 못하고 있다. 하위계층의 임금이 전 직종을 통하여 가장 빨리 올라갔으나 1982년 이후에는 상위계층의 월 임금이 가장 빨리 상승함으로서 상·하위계층 간의 임금격차는 물론 상·중위계층 간의 임금격차도 80년대에 와서 오히려 확대되었다는 것이다. 시간당 임금을 기준으로 하면 계층문 임금격차는 더욱 두드러지게 나타나고 있다(〈표 9〉 참조).

표 7 계층별 직종별 월평균 명목임금 추이[1] (단위: 천원, %)

	1976	1982	1985	연평균 증가율(%)		
				1976~82	1982~95	1976~85
상위계층	247	803	1,036	21.7	8.9	17.3
전문직	251	785	1,052	20.9	10.3	17.3
관리직	238	852	984	23.7	4.9	17.1
중위계층	148	436	534	19.7	7.0	15.3
전문직	112	400	492	23.6	7.1	17.9
사무직	179	466	573	17.3	7.1	13.8
하위계층	38	139	175	24.1	8.0	18.5
육체노동	57	235	284	26.6	6.5	19.5
서비스	38	158	192	26.8	6.7	19.7
단순작업공	36	126	161	23.2	8.5	18.1

주: 1) 각 직종의 근로자수를 가중치로 한 가중평균 총월급여액(보너스포함)임.
자료: 노동부,『직종별 임금실태조사 보고서』, 각 년도.

표 8 계층별 직종별 월평균 실질임금 추이[1] (단위: 1976년 불변가격, 천원, %)

	1976	1982	1985	연평균 증가율(%)		
				1976~82	1982~95	1976~85
상위계층	247	322	383	4.5	6.0	5.0
전문직	251	314	389	3.8	7.4	5.0
관리직	238	341	364	6.2	2.2	4.8
중위계층	148	175	197	2.8	4.0	3.2
전문직	112	160	182	6.1	4.4	5.5
사무직	179	187	212	0.7	4.3	1.9
하위계층	38	56	65	6.7	5.1	6.1
육체노동	57	94	105	8.7	3.8	7.0
서비스	38	63	71	8.8	4.1	7.2
단순작업공	36	50	59	5.6	5.7	5.6

주: 1) 디플레이터는 소비자가격지수를 사용하였음.
자료: 〈표 7〉에서 재작성.

표 9 계층별 직종별 시간당 명목임금 추이[1](단위: 원, %)

	1976	1982	1985	연평균 증가율(%)		
				1976~82	1982~95	1976~85
상위계층	1,350	3,917	5,425	19.4	11.5	16.7
전문직	1,443	3,848	5,626	17.8	13.5	16.3
관리직	1,139	4,116	4,871	23.9	5.8	17.5
중위계층	705	2,019	2,567	19.2	8.3	15.4
전문직	431	1,835	2,343	23.0	8.5	17.9
사무직	856	2,175	2,768	16.8	8.3	13.9
하위계층	162	577	714	23.6	7.4	17.9
육체노동	298	1,098	1,434	24.3	9.3	19.1
서비스	179	658	810	24.6	7.2	18.5
단순작업공	149	516	657	23.0	8.4	17.9

주: 1) 각 직종의 근로자수를 가중치로 한 가중평균 시간당 명목임금임.
자료: 노동부, 『직종별 임금실태조사 보고서』, 각 년도.

표 10 계층별 직종별 시간당 실질임금 추이[1](단위: 1976년 불변가격, 원, %)

	1976	1982	1985	연평균 증가율(%)		
				1976~82	1982~95	1976~85
상위계층	1,350	1,569	2005	2.5	8.5	4.5
전문직	1,443	1541	2079	1.1	10.5	4.1
관리직	1,139	1648	1800	6.4	3.0	5.2
중위계층	705	809	949	2.3	5.5	3.4
전문직	431	735	866	5.6	5.6	5.6
사무직	856	872	1023	0.3	5.5	2.0
하위계층	162	231	264	6.1	4.6	5.6
육체노동	298	440	530	6.7	6.4	6.6
서비스	179	264	299	7.0	4.2	6.1
단순작업공	149	207	243	5.6	5.5	5.6

주: 1) 디플레이터는 소비자물가지수를 사용함.
자료: 〈표 9〉에서 재작성.

이와 관련하여 우리가 특히 유의하여야 할 점은 하위계층의 임금이 가장 빨리 상승하였는데도 불구하고, 계층간 임금격차는 엄청나게 벌어지고 있다는 사실이다. 명목임금으로는 1976년에 있어서 상위계층과 하위계층간의 임금격차는 209,000원에 불과하였으나 1985년에는 무려 867,000원으로 확대되었으며, 중·하위계층 간에도 110,000원에서 359,000원으로 확대되었다. 하위직종의 임금의 상승률이 가장 빨랐음에도 이처럼 격차가 확대되고 있는 이유는 직종 간의 임금격차가 너무 크기 때문에 상승률에 있어서 약간의 차이가 있다고 하더라도 임금격차를 줄이는 데는 아무 도움이 되지 못한다는 것이다. 근로소득 외에 재산소득을 포함시킨다면 계층별 소득격차는 더욱 확대되었을 것이다.*

현실적으로 중요한 것은 임금의 상승률이 아니고 임금의 절대수준이기 때문에 하위직종의 임금상승이 조금 높았다 하더라도 계층 간 임금격차가 줄어들지 않는 한 계층 간에 있어서 갈등과 마찰의 소지는 계속 남아있다고 보아야 할 것이며, 이는 결과적으로 경제성장의 과실이 하위직종보다는 중·상위직종, 특히 상위직종에 편중적으로 돌아갔다는 것을 시사한다고 하겠다.

지금까지 우리는 임금격차를 경상가격기준으로 비교하였으나 이는 물가상승을 감안하지 않았기 때문에 다소 과대평가되었다고 할 수

---

* 유종구(1987)에 의하면 1984년 도시가구조사자료를 이용하였을 경우 소득불평등도의 정도는 총소득 중 근로소득이 차지하는 비율과는 부(負)의 관계가 있고 재산소득이 차지하는 비율과는 정(正)의 관계가 있는 것으로 나타나고 있다.

표 11 계층별 실질임금격차[1](1976년 불변가격)

	월평균 실질임금(千원)			시간당 실질임금(원)		
	1976	1982	1985	1976	1982	1985
상위계층(A)	247	322	383	1,350	1,569	2,005
중위계층(B)	148	175	197	705	809	949
하위계층(C)	38	56	65	162	231	264
A - B	99	147	186	645	760	1,056
B - C	110	119	132	543	578	685
A – C	209	266	318	1,188	1,338	1,741

주: 1) 디플레이터는 소비자물가지수를 사용하였음.
자료: 〈표 8〉 및 〈표 10〉에서 재작성.

있다. 그러나 〈표 11〉에서 보는 바와 같이 물가상승을 감안하더라도 계층 간 임금격차는 확대되고 있음을 알 수 있다.

5 의식구조의 변화

위에서 지적한 바와 같이 우리나라의 공업화는 절대빈곤인구를 크게 감소시켰다는 면에서는 높이 평가되어야 하겠으나 계층 간 소득분배는 개선되지 못하였다는 것을 지적하였다. 절대빈곤율이 크게 떨어진 것은 사실이나 빈곤층과 비빈곤층 간의 소득격차는 지난 20여 년 동안 확대되었다. 직종 간 임금에 있어서도 육체노동자, 단순작업공과 같은 하위직종에 종사하는 근로자들의 임금은 다른 전문 및 관리직종에 종사하는 사람들보다 빨리 올라간 것은 사실이나 임금의 격차는 오히려 확대되어 왔으며, 특히 상·하위 직종 간의 임금격차가 두드러지게 벌어지고 있다는 것이다.

이와 같은 계층 및 직종 간, 특히 가난한 계층과 잘사는 계층 간 소득격차가 확대되어 왔다는 것은 국민의 의식구조에 적지 않은 영향을 주었고 우리 사회에 있어서 계급 또는 계층의식을 가지게 하였다고 할 수 있다. 국민의 대다수가 가난하고 어렵게 살 때는 계급 또는 계층의식이란 생기기 어렵다. 특히 우리나라처럼 지주계급이 일찍이 몰락하고 또 공업화의 초기에 있어서 부의 축적이나 편재현상이 적은 경우에는 계급의식이 싹트기 어려운 것이다.

그러나 급속한 공업화가 진행됨에 따라 잘사는 계층과 못사는 계층, 즉 부유층과 빈곤층 간에 계층의식이 생기기 마련인데, 이러한 계층의식은 빈곤층에서 강하게 나타난다. 1981년 6월에 실시된 서울시 영세민 400가구에 대한 의식구조조사(서상목 외, 1981)에 의하면 조사가구의 56.8%가 빈곤에 대한 책임이 개인에 있다고 생각하나 나머지 43.2%는 사회나 개인이 져야 한다고 생각하고 있다. 또 미래의 생활전망이 있어서도 낙관적이지 못하며, 37.5%가 지금과 비슷하거나 못할 것으로 생각하고 있으며, 조사가구의 76%는 우리 사회에는 못사는 사람이 잘사는 사람보다 많다고 생각함으로써 부정적인 시각에서 우리 사회를 보고 있다.

이러한 빈곤층의 계층의식은 필연적으로 기존질서나 체제에 대한 부정적 자세를 유발한다는 것이다. 모든 계층이 과거보다 잘사는 것은 틀림없으나 문제는 계층 간의 소득격차가 확대됨으로써 상대적 빈곤감 내지 박탈감을 가져오게 하고 있으며, 이는 기존질서나 체제에 대한 부정적 자세로까지 발전하게 된다는 것이다.

허쉬만에 의하면 경제발전과정에서 다른 사람의 소득이 자기의 소득보다 빨리 올라가 잘살게 되면 처음에는 불평을 하지 않고 자기도 잘 살게 되겠지 하고 기다린다고 한다. 그러나 기다리는 것도 한계가 있기 때문에 상당기간 기다려도 자기의 생활이 다른 사람처럼 좋아지지 않으면 불평을 하게 되며 기존질서나 제도를 파괴하고자 한다는 것이다. 그는 앞으로 잘 살겠지 하고 기다리는 것을 tunnel효과라고 하였다(A.O. Hirschman, 1973).

1980년대에 들어오면서 우리 사회에서도 분배에 대한 관심이 고조되면서 그동안 고도성장과정에서 상대적으로 소외되었던 계층의 목소리가 높아지고, 기존질서나 제도에 대한 비판적이며 부정적인 눈으로 보는 세력이 형성되고 있음은 허쉬만의 tunnel효과가 쇠진되는 데서 오는 불평 및 불만세력의 현재화현상이라고 하겠으며, 이는 특히 빈곤층과 비빈곤층 간, 상위계층과 하위계층 간에 있어서 소득격차가 심화된 데서 오는 상대적 빈곤감에 그 원인이 있지 않나 생각된다.

이러한 상대적 빈곤감이 기존질서나 제도에 대한 부정적인 인식을 갖게 한다는 것은 상기의 영세민 의식구조조사에서도 나타나고 있다. 이들 도시빈곤층은 정치인이나 공무원 등 엘리트 계층에 대해서도 일반적으로 부정적인 인식을 가지고 있는 것으로 나타나고 있다. 가령 조사가구의 58.1%는 「정치가는 자신의 이익을 추구한다」고 보고 있으며, 공무원에 대해서도 긍정적인 인식을 하지 않고 있다. 「공무원은 어려운 사람을 잘 알고 도와주려고 하는 편」이라고 긍정적인 평가가 48.3%인가 하면, 「그 반대」라고 부정적인 평가를 한 것이 48.1%로서 거의 똑같이 나누어지고 있다. 또 준법정신에 관한 물음에서도 21.8%만이 「잘사는 사람이 법을 지킨다」고 생각하고 있어 부유층에 대해서도 부정적인 태도를 보이고 있다.

6 결론

우리는 지금까지 지난 20여 년 동안 경제성장의 과실이 빈곤층과 비빈곤층 및 하위직종과 상위직종 사이에 불평등하게 배분되었으며 이에 따라 계층 간 또는 직종 간의 소득격차가 확대되어 왔음을 지적하였다. 이러한 계층 간의 소득격차는 우리 사회에 있어서 계급 내지 계층의식의 형성에도 크게 영향을 미쳤을 것이라는 것을 또한 지적하였다.

그동안 우리나라가 급속한 공업화를 이룩하였으나 아직도 1인당 GNP가 2,000달러 수준을 크게 넘지 않은 발전도상국이라는 것을 고려할 때 우리가 절대빈곤문제를 완전히 해결한다는 것은 현실적으로 불가능한 것이며, 또 소득분배도 공업화의 초기에는 일반적으로 악화된다는 역사적, 경험적 사실에 비추어 볼 때 어느 정도의 분배상의 불평등은 고도성장과정에서 발생하는 불가피한 현상이라고도 할 수 있다.

그러나 앞에서 지적한 바와 같이 우리나라의 계층간 소득분배는 지니계수나 십분위지수가 가리키는 전체적인 지표보다는 매우 심각하다고 할 수 있으며 이는 도시에 있어서 빈곤층과 비빈곤층 간의 소득격차와 하위직종과 상위직종 간의 임금격차에서 두드러지게 나타나고 있다. 이러한 계층 간의 소득격차는 우리 사회에 팽배하고 있는 계층

간의 갈등과 마찰의 중요한 요인이 되고 있는 데 문제가 있다. 이러한 계층 간 소득격차의 확대는 어느 정도는 불가피한 현상이라고 하겠으나 여기에는 상당한 정책적 요인이 있다는 것을 간과해서는 안 된다. 다시 말하면 우리는 그동안 공업화를 추진하여 옴에 있어 형평과 분배문제를 소홀히 하여 왔다는 것이다.

주지하는 바와 같이 1962년 제1차5개년계획의 실시 이후 70년대 말까지 고도성장은 경제정책의 일관된 정책목표로 추진 되어 왔다. '성장이란 높으면 높을수록 좋다'는 사고방식이 고위정책결정자 사이에 지배하게 되었고 경제성장만 되면 이른바 trickle down effect(낙수효과)에 의하여 하위계층에까지 성장의 혜택이 퍼짐으로써 분배문제는 시간이 지나면 해결될 수 있다고 보았던 것이다. 이리하여 선 성장, 후 분배가 경제정책의 지도이념이 되어 왔다는 것도 부인하기 어렵다. 성장에 대한 지나친 집착은 물가안정을 소홀히 함으로써 많은 부작용을 가져왔고 이는 소득분배에 결정적인 악영향을 미쳤던 것이다.

이와 관련하여 지적되어야 할 또 하나의 중요한 사실은 경제발전이 곧 공업화라는 기본인식 아래서 농업발전은 제쳐둔 채 강력한 공업화정책을 밀고 나갔다는 것이다. 이는 농업이란 생산성이 낮기 때문에 제한된 자원을 공업에 투입하는 것이 더 효과적이라는 자원배분의 효율성을 중시한 입장에서 나온 정책적 판단이라는 측면에서는 수긍이 가나, 농업발전이 수반되지 않은 공업 위주의 개발전략은 결과적으로 농촌인구의 도시이주 현상을 가속화시킴으로써 도시에 있어서 빈곤층을 형성케 하고 계층 간의 소득격차율을 확대시키는 결과를 가져왔다. 이 밖에도 지역 간, 산업 간의 불균형적 발전도 계층 간의 소득분배를 악화시킨 요인으로 작용하였다고 할 수 있다.

물론 그동안의 고도성장은 소득수준의 제고, 고용기회의 증대 및 절대적 빈곤의 퇴치에 크게 공헌을 한 것은 사실이나 빈곤층과 비빈곤층, 특히 부유층과의 소득격차는 빈곤층의 소득이 크게 향상되었음에도 불구하고 계속 확대되어 왔으며 이러한 빈부격차의 확대는 계층의식을 싹트게 함으로써 국민의식구조에도 큰 영향을 미쳤다.

1980년대에 들어오면서 경제정책에서도 경제안정과 균형적 발전을 중시하는 방향으로 바뀌었고 복지정책을 개선코자 하는 정책적 노력이 전개되고 있어 고무적이기는 하나 빈부격차의 해소에는 미치지 못하고 있는 것이 사실이다. 따라서 계층 간의 소득격차를 줄이기 위해서는 경제정책의 지도이념을 효율성 위주에서 복지와 형평을 중시하는 방향으로 기본인식의 전환이 있어야 할 것이다. 또한 이러한 복지와 형평의 문제는 단순히 경제적 문제만이 아니라 사회적 문제이기도 하기 때문에 사회정책적 측면에서의 접근도 동시에 이루어져야 할 것이다. 이렇게 해야만 분배문제와 이에 따른 계층 간의 갈등문제를 해결할 수 있을 것이다.

📖 참고문헌

경제기획원, 『도시가계연보』, 각 년도.

노동부, 『직종별 임금실태조사 보고서』, 각 년도.

서상목 외, 『빈곤의 실태와 영세민 대책』, 한국개발연구원, 1981. 10.

유종구, 「우리나라 도시가구의 계층별 불평등도의 추계와 분석」, 『한국개발연구』,

한국개발연구원, 1987년(근간).

이정우, 「국민생활의 명암」, 『한국경제의 이해』(임원택 외),　비봉출판사, 1987.

장현준, 『최저생계비 산출모형과 도시부문생계비계측』, 한국개발연구원, 1986. 8.

주학중 편, 『한국의 소득분배와 결정요인』(상·하),　한국개발연구원, 1979.

_____·윤주현, 「1982년 계층별 소득분배의 추계와 변동요인」, 『한국개발연구』, 한국개발연구원, 1984년 봄호.

Fields, G.S., "Who Benefits from Economic Development? — Reexamination of Brazilian Growth in the 1960's," *American Economic Review*, Sep. 1977.

_____, *Poverty, Inequality and Development*, Cambridge: Cambridge Univ. Press, 1980, pp. 34−46.

Hirschman, A. O., *The Strategy of Economic Development*, Yale Univ. Press, 1958.

_____, "The Changing Tolerance for Income Inequality in the Course of Economic Development," *Quarterly Journal of Economics*, Nov. 1973, pp. 544−65.

Suh, Sang−Mok, *Economic Growth and Change in Income Distribution: The Korean Case*, Working Paper 8508, Korea Development Institute, Sep. 1985.

_____ and Ha−Cheong Yeon, *Social Welfare during the Structural Adjustment Period in Korea*, Working Paper 8604, Korea Development Institute, Dec. 1986.

시장경제의 윤리적 기초*

1 서론

오늘날 우리나라 경제정책의 지상과제는 이른바 시장경제질서를 정착시키고, 이를 바탕으로 지속적인 경제발전을 이룩하는 데 있다. 우리가 이처럼 시장경제질서를 경제정책의 지도이념으로 삼는 것은 오늘날 선진국이 된 나라는 예외 없이 시장경제질서를 채택하여 왔고 이를 통해 선진국이 되었기 때문이다. 뿐만 아니라 구소련을 중심으로 한 사회주의 경제체제의 몰락은 시장경제질서가 중앙관리 경제체제보다 우월하다는 것을 역사적으로 증명하고 있다. 따라서 우리나라도 선진국이 되기 위해 시장경제질서를 창달시키고자 함은 재언을 불요하다 하겠다.

우리가 시장경제질서의 발전을 국가경제정책의 기본목표로 한다

---

* 이 논문은 1999년 8월 「國際經濟研究」 제5권 제2호에 게재됨.

면 우리는 무엇보다도 시장경제질서에 대한 올바른 이해가 필요하다. 시장경제질서란 어떤 경제 질서이며, 그것이 발전되려면 어떤 조건이 충족되어야 하는가를 알아야 한다.

시장경제가 아무리 좋은 제도라 하더라도 아무 곳에서나 시장경제가 꽃을 피우고 국민의 복지증대를 가져오는 것은 아니기 때문이다. 최근 러시아 경제개혁의 실패에서 보는 바와 같이 시장경제질서란 쉽게 뿌리를 내리지 못하거나 좋은 성과를 가져오지 않을 수도 있다.

시장경제질서란 경제주체의 자유로운 경제활동이 시장을 통해 조정되는 경제질서라고 정의할 수 있다. 경제활동의 자유만 보장되면 사람은 각자 자기 개인의 이익추구를 위하여 최선을 다하며, 이는 시장이란 보이지 않는 손을 통해 사회 전체의 이익으로 귀결된다는 것이다. 따라서 경제주체의 자유로운 경제활동에 필요한 법적·제도적 틀만 만들어 주면 시장경제란 제대로 작동되는 것으로 이해하기 쉽다. 예컨대, 정부가 각종 규제를 철폐한다든지 또는 각종 경쟁제한행위를 제거하여 주면 자유경쟁은 촉진되고 경제활동은 시장이란 보이지 않는 손을 통해 잘 조정된다고 볼 수 있다. 다시 말하면, 자유경쟁이 보장되도록 정부가 행동규칙만 잘 만들어 주면 시장경제질서는 마찰 없이 잘 작동된다고 생각할 수 있다.

물론 시장경제가 잘 작동되기 위해서는 경제주체들이 지켜야 할 행동규칙이 있어야 하겠지만, 더욱 중요한 것은 사람들이 행동규칙을 잘 지켜야 한다는 것이다. 아무리 좋은 행동규칙이 있다 하더라도 경제주체가 이를 준수하지 않는다면 사적 이익추구는 사회적 이익추구와 충돌하기 쉽고 이렇게 되면 시장경제질서는 제대로 작동되기 어렵다. 그런데 시장경제의 행동규칙은 모든 사람이 수용하여야 할 행동규범으로서 윤리적 가치와 밀접한 관계가 있기 때문에 시장경제질서와 윤리문제는 불가분의 관계에 있다고 하겠다.

이러한 시각에서 본고에서는 시장경제질서의 필수조건이라 할 수 있는 행동규칙의 성격과 이를 뒷받침하고 있는 윤리적 가치는 무엇인지를 검토하고, 신고전학파 경제학이 상정하는 것처럼 시장경제질서는 이기심에 입각한 개인의 이익추구만이 존재하는 가치중립적인 제도인지, 아니면 다른 윤리는 존재하지 않는지를 검토하고 윤리와 경제발전 간의 관계를 살펴보기로 한다.

2 시장경제와 행동규칙

앞에서 시장경제질서란 시장참여자의 자유로운 경제행위가 시장을 통하여 조정되는 경제질서라고 하였다. 수많은 시장참여자의 행위가 마찰 없이 이루어지기 위해서는 일정한 행동규칙, 즉 경기규칙이 필요하며, 모든 시장참여자가 이 행동규칙을 준수함으로써만 시장경제질서는 잘 작동될 수 있다. 따라서 시장경제가 어떻게 작동되는가를 알기 위해서는 행동규칙에 대한 올바른 이해가 필요하다.

행동규칙이란 경제주체의 행동에 관련된 규범, 관행 및 관습을 총칭하는 것으로서, 법률이나 명령 및 지시형태를 취할 수도 있고, 또 관행이나 관습형태로 나타날 수도 있다. 중앙관리경제, 즉 계획경제체제에서는 개인의 이익보다는 조직이나 공동체의 이익을 우선하기 때문에 명령이나 지시가 행동규칙이 된다.

그러나 시장경제에서는 개인의 자유를 전제로 하기 때문에 행동의 기본원칙이 필요하다. 개인의 자유라 함은 의사결정 및 행동의 자유를 의미하는데, 한 사람의 자유는 다른 사람의 자유를 침해할 수 있기 때문에 마찰과 갈등문제가 생기게 된다. 예컨대, 두 사람이 같은 자리를 차지할 수 없는 것처럼, 한 사람의 행동자유는 다른 사람의 행동자유를 배제하는 배제의 원칙(principle of exclusion)이 적용되기 때문이다(K.E. Boulding, 1958).

따라서 개인 간 행동자유의 마찰을 해소하기 위해서는 각자 자기의 지식과 능력을 마음껏 이용·발휘할 수 있는 행동영역을 분명히 설정해 주는 것이 필요하며, 이 영역은 아무도 침범해서는 안 된다. 그런데 여기서 중요한 것은 개인의 자유영역은 관의 지시에 의하여 설정되는 것이 아니고, 모든 사람이 강제나 강요당함이 없이 어떤 일반적인 원칙을 수용함으로써 설정된다는 것이다. 다시 말하면, 정부가 무엇은 하고 무엇은 하지 말라는 것이 아니라, 모든 사람이 수용하는 행동의 일반적인 원칙을 사람들이 지킴으로써 개인의 자유가 보장된다는 것이다. 행동규칙은 어떤 특정 행동을 하라고 사람들에게 강요하는 것이 아니고 보호된 자유영역을 침범하지 못하도록 하는 데 있다는 것이다(F.A. Hayek, 1967). 따라서 이러한 행동규칙은 모든 사람이 준수하여야 할 규범이기 때문에 추상적이고 금지규정의 형태, 즉 negative system의 성격을 취하는 것이 바람직하다. 왜냐하면 그렇게 함으로써만 개인의 자유가 더 보호·보장될 수 있기 때문이다. 보호된 자유영역은 국가도 침범할 수 없으며, 국가의 강제력은 행동규칙의 엄격한 집행에만 국한시켜야 한다는 것이다.

이와 같이 행동규칙은 개인의 자유를 최대한 보호하고자 하는 데 있기 때문에 자유보장의 규칙이라 할 수 있다. 자유는 규칙을 지키는 범위 안에서만 허용된다는 뜻에서 시장경제 사회에서의 자유는 규칙 준수의 자유이며, 결코 방종의 자유가 될 수 없다. 이러한 성격의 행동규칙의 특징으로는 다음과 같은 것을 지적할 수 있다(E. Hoppmann, 1993).

첫째, 행동규칙은 일반적이어야 한다는 것이다. 일반적이라 함은 모든 사람에게 똑같이 적용되어야 하며, 어떠한 차별적 적용도 있어서는 안 된다. 개인은 물론 민간단체나 모든 국가기관에도 예외 없이 적용되어야 한다. 둘째, 행동규칙은 분명하여야 한다. 규칙의 적용범위가 명확하여 남용의 여지가 없어야 하며, 규칙을 위반하였을 때는 그 결과가 어떻다는 것을 명백히 하여야 한다. 셋째, 규칙은 추상적이어야 한다. 규칙이 어떤 목적이나 동기를 가져서는 안 된다. 넷째, 보호된 자유는 정부나 노동조합 등 어떤 조직이나 단체라도 침범해서는 안 된다. 이와 같이 시장경제에서의 행동규칙은 모든 개인과 단체에게 예외 없이 적용되기 때문에 공평의 규칙 또는 정의의 규칙이라 할 수 있다.

모든 사람이 수용하는 일반적·추상적인 금지의 성격을 갖는 행동규칙으로서는, 예컨대 "속여서는 안 된다", "계약을 파기해서는 안 된다," "다른 사람의 재산에 피해를 주어서는 안 된다," "도둑질을 해서는 안 된다" 등을 들 수 있다. 이러한 행동규칙은 다름 아닌 인간행동의 도덕적 가치문제이기 때문에 사람들이 일단 이를 인정하고 받아들이면 다른 모든 시장참여자들도 이를 지킬 것이라는 기대를 갖게 한다는 것이다. 즉, 행동규칙은 시장참여자들이 무엇은 하고 무엇은 하지 않을 것이라는 정보를 제공하여 준다고 할 수 있다. 따라서 사람들이 행동규칙을 따르면 상호 간에 신뢰가 형성됨으로써 자연적으로 하나의 질서가 형성된다는 것이다. 다시 말하면, 시장경제질서란 위로부터의 명령이나 지시에 의하여 형성되는 것이 아니고, 각자가 규칙의 범위 내에서 자기 목적을 독자적으로 추구하는 과정에서 생긴 자연적인 결과이지, 어떤 천재적 사람의 창조물이 아니라는 것이다. 그런 의미에서 시장경제질서란 하이에크가 말하는 것처럼 자발적 질서(spontane Ordnung)라 할 수 있다.

이러한 시장경제의 행동규칙은 역사적으로 보면 부족 및 씨족사회가 무너지고 교환사회가 발달되면서 형성되었다고 한다. 원래 인간의 사회적 관계는 부족사회나 씨족사회로부터 시작하였는데, 이들 사회에서는 사람들은 공동체장의 명령이나 지시에 따라 움직이기 때문에 명령과 지시가 곧 행동규칙이 된다. 이러한 폐쇄 사회에서는 공동체를 위한 희생정신, 자기의 이익보다는 남의 이익을 앞세우는 연대의식 등이 사람의 행동원리가 된다.

그러나 이러한 공동체의 행동원리도 분업의 발달로 폐쇄적인 부족사회가 무너지고 경제활동이 자유로운 교환사회가 발전함에 따라 새로운 행동규칙으로 대체되기 시작하였다. 왜냐하면 교환사회의 발달과 더불어 시장관계가 복잡해지고 밀접하게 됨에 따라 개인의 권익을 집단이나 공동체로부터 보호해 줄 필요성이 대두되었기 때문이다. 예컨대 다른 집단과의 거래자유를 허용한다든지, 사유재산 제도를 인

정해 준다든지, 계약의 자유를 허용하는 것과 같은 자유화조치가 필요하게 되었으며, 이는 시장참여자가 폐쇄사회에서처럼 어떤 공동목표를 추구하는 것이 아니고 다른 사람이 무엇을 하는지 모르는 가운데 각자 자기 자신만의 이익을 위하여 행동하는 하나의 추상적인 사회, 즉 열린사회의 발전을 가져오게 하였다(E. Hoppmann, 1993).

그런데 이러한 열린사회에서는 수많은 시장참여자가 각자 자유롭게 경제행위를 하기 때문에 이를 조정하는 문제가 제기된다. 다시 말하면, 폐쇄사회와는 전혀 다른 새로운 행동규칙이 필요하게 되었으며, 행동규칙은 어디까지나 시장참여자의 자유를 보장하면서 그것이 마찰 없이 이루어지기 위한 것이기 때문에 앞에서 지적한 바와 같은 불특정 다수와 불특정 목적을 대상으로 하는 일반적·추상적인 금지규정의 형태를 취하게 되었다.

이러한 행동규칙들은 오랜 사회의 발전과정 속에서 서서히 성문화된 사법 및 형법의 규칙으로 발전되었다고 한다. 사법과 형법은 모든 사람이 지켜야 할 올바른 행위의 일반준칙을 정하고 있기 때문에, 이러한 법이 지배하는 사회를 법치국가(Rechtstaat)라 한다면 시장경제질서란 다름 아닌 법치국가의 경제적 표현이라 할 수 있다. 이와 같이 법이 지배하는 사회, 즉 법치국가는 시장경제의 만족스런 작동을 위한 충분조건은 될 수 없으나 필요조건이라 할 수 있다(F.A. Hayek, 1960). 다시 말하면, 시장경제란 법치국가를 전제로 하고 있으며 법의 지배가 제대로 이루어질 때 시장경제질서도 제대로 작동될 수 있다는 것이므로 이런 의미에서 시장경제와 법치국가는 동전의 양면과 같다고 할 수 있다. 이와 같이 행동규칙이 법규형태로 구체화되는 경우 이를 공식적 또는 외적 행동규칙이라고 할 수 있다(공병호, 1996; 민경국, 1997).

그런데 일반적·추상적인 금지규정으로서의 행동규칙, 즉 "속여서는 안 된다," "도둑질을 해서는 안 된다," "계약을 파기해서는 안 된다" 등은 다름 아닌 도덕적 가치의 표현에 불과하다는 것이다. 다시 말하면, 행동규칙이 잘 지켜지려면 사람이 정직하고 진실해야 하며, 계약을 준수하고 사유재산제도를 존중하는 것과 같은 일련의 윤리적 가치가 뒷받침되어야 한다는 것이다. 만일 이러한 도덕적 가치가 뒷받침되지 않는다면 행동규칙이 설령 법으로 제정되었다 하더라도 규칙의 준수는 어렵고 시장경제제도는 잘 발전될 수 없다. 만일 계약의 준수가 잘 지켜지지 않고 사유재산제도가 존중되지 않는다면 경제활동의 자유는 촉진될 수 없고, 사람이 정직하지 못하고 진실성이 없고 책임감이 없다면 교환사회는 발전될 수 없다. 이와 같이 시장경제의 행동규칙은 일련의 도덕적 가치에 바탕을 두고 있다는 의미에서 시장경제의 행동규칙은 도덕의 행동규칙이라 할 수 있다(E. Hoppmann, 1995).

시장경제제도가 서방세계에서 잘 발달될 수 있었던 것도 이러한 가치관이 국민 대다수에 의하여 수용되었고, 특히 수공업자와 상인 및 농민과 같은 자영업자에 의하여 수용·실천됨으로써 관행화 및 습관화되었기 때문이다. 교환수단 및 계산단위로서의 화폐의 발견과 함께 시장에서 발견된 또 다른 하나의 현상은 정직성, 신뢰성, 약속의 이행, 공정성, 진실성과 같은 도덕적 가치가 관행화·습관화되었다는 사실이다(H. Giersch, 1996). 이러한 도덕적 가치의 관행화·습관화는 교환 및 분업의 비용, 즉 거래비용을 줄이는 데 크게 기여하였다. 정직, 성실, 신뢰, 자제와 의무감과 같은 가치는 능률적이고 즐거운 계약사회가 되기 위한 꼭 필요한 요인이며, 이러한 가치들을 다 합한다면 시장경제가 제대로 작동되기 위해서는 엄청난 양의 자비심과 도덕심이 필요하다는 것을 알 수 있다(A.O. Hirschman, 1981). 이러한 가치들도 일반적·추상적인 가치로서 의식 및 정신적 자세의 문제이기 때문에 비공식적 또는 내적인 행동규칙이라 할 수 있다(공병호, 1996).

이러한 가치관이 서방세계에서 관행처럼 된 데는 행동규칙을 지키는 사람이 경제적으로 성공을 하고 동업자 간에 인정됨으로써 사회적으로 존경받을 수 있었기 때문이다. '존경받는 상인'과 '존경받는 장인'이야말로 이러한 도덕적 가치가 추구하는 이상적 목표상이었다(E. Hoppmann, 1995). 이처럼 시장경제는 윤리와 무관한 가치중립적인 경제적 기계는 아니며, 일련의 윤리적 가치를 바탕으로 하고 있는데, 이러한 가치를 제도적 도덕이라 한다(E. Hoppmann, 1993).

3 시장경제의 두 가지 윤리

앞에서 지적한 바와 같이 부족사회와 같은 폐쇄사회에서는 공동체를 위한 희생 정신, 연대의식 등이 행동규칙을 지배하는 가치가 된다. 그러나 열린사회와 같은 시장경제에서는 사람은 각자 자기이익을 위하여 행동하기 때문에 공동체를 위한 희생정신과 같은 공동체의 윤리는 지배되지 않고, 이른바 시장윤리(Moral der Markt)가 지배된다.

그러면 시장윤리란 무엇이며, 시장경제에서는 공동체의 윤리는 없고 시장윤리만이 지배하는가?

　시장경제에서는 모든 사람은 각자 자기 이익을 극대화하고자 경제행위를 한다. 예컨대, 물건을 파는 사람은 가능하면 비싼 가격으로 팔고, 반대로 물건을 사는 사람은 가능하면 싼 가격으로 구매하고자 한다. 이러한 각자의 이익극대화 노력은 가격의 신호작용을 통해 조절되는데, 구매자와 판매자는 협상과 합의를 통해 양자가 만족하는 수준에서 거래가 형성된다. 거래가 성립되었다는 것은 거래당사자 모두가 거래에 대해 만족한다는 것이다. 다시 말하면, 시장의 자발적 질서는 호혜성(reciprocity), 즉 상호이익을 바탕으로 하고 있다는 것이다 (F. A. Hayek, 1967). 각자 자기 이익을 추구하는 가운데 상대방 이익도 동시에 고려하게 된다는 것이다. 왜냐하면, 거래결과가 어느 한쪽에만 이익을 주고 다른 쪽에는 아무런 이익이 되지 않는다면 거래는 성립될 수 없기 때문이다.

　이와 같이 시장경제에서의 교환은 zero sum game이 아니라 positive sum game이 되며, 이는 행동의 자유가 있기 때문에 가능하다. 만일 자유가 없다면 거래가 일방적으로 강요될 수 있고, 이러한 경우 상대방의 희생 아래서 자기 이익의 실현이 가능하기 때문이다. 다시 말하면, 시장경제에서는 자유가 있기 때문에 거래상대방의 이익도 고려하게 됨으로써 이기심이 제한을 받게 되는데, 이를 시장윤리라고 한다(E. Hoppmann, 1993). 즉, 시장이 이기심을 규율한다는 것이다.

　시장경제에서는 이기심이 경제행위의 주요 동기가 된다는 면에서 시장경제는 비윤리적·비도덕적이라고 비난하는 경우가 없지 않다.

즉, 시장경제는 이기심의 윤리에 기초하고 있다는 것이다. 그러나 시장경제에서는 앞에서 지적한 바와 같이 시장윤리가 작용하기 때문에 시장경제를 비도덕적·비윤리적이라고 비난하는 것은 잘못이다. 물론 시장경제에서는 경제행위의 주된 동기가 이기심에 있는 것은 사실이다. 그러나 교환과정에서 이른바 시장윤리가 작동하기 때문에 경제행위의 동기가 이기심에 있다고 해서 시장경제제도 자체를 비도덕적이라고 함은 옳지 않다. 이기심이란 인간의 원죄로서 사람이 사는 곳에는 그것이 시장경제든 중앙관리 경제든 존재하기 때문에 이기심을 어떤 특정 제도와 관련시켜 논하는 것은 옳지 않다. 물론 시장경제에는 얼마든지 비도덕적인 문제가 있을 수 있으나 비도덕적인 문제가 있다고 해서 제도 자체를 비도덕적이라고는 할 수 없다는 것이다.

이와 관련하여 지적되어야 할 것은 시장경제 아래서도 모든 경제행위가 이기적인 동기에 의해서만 일어나지는 않는다는 것이다. 시장경제에서의 경제행위는 시장이란 비인격적인 기구를 통하여 조정되기 때문에 물질적이며 이해타산만을 생각하는 이기적인 행동으로만 생각하기 쉬우나, 실제로는 그렇지 않고 인간적인 관계도 있을 수 있다는 것이다. 예컨대, 자기 고객에 대해서는 특별한 인간적 관리를 유지한다든지, 또는 근로자와 경영자 간에도 단순한 고용계약의 차원을 넘어 얼마든지 인간적인 관계가 형성될 수 있다. 물론 사람 간의 교환관계는 기본적으로 경제적인 관계인 것만은 사실이나 비경제적·인간적인 관계도 있을 수 있다는 것이다.

시장경제는 기본적으로 개인의 자유를 전제로 하기 때문에 시장참여자 간의 관계가 모두 이기적인 동기에서 출발한다고 생각해서는 안 된다는 것이다. 시장경제에서 중요한 것은 개인의 자유이며, 개인의 자유는 반드시 이기심을 전제로 하는 것은 아니기 때문이다. 애덤 스미스(A. Smith)에 의하면, 근대 시민사회에서 질서와 조화가 이루어지는 원리는 인간의 이성이나 인애(benevolence)에 있는 것이 아니라, 동감(sympathy)의 능력에 있다고 한다. 그에 의하면, 사람이 아무리 이기적이라 하더라도 인간에게는 다른 사람의 입장에 서서 자기를 생각하는 동감을 내재한 본성이 있으며, 이러한 인간의 본성이 근대적 시민사회, 즉 자유사회의 성립을 가능하게 하는 조건이라고 한다(박세일, 1989).

보다 중요한 것은 사람 간의 관계는 모두 시장을 통해서만 나타나는 것도 아니라는 사실이다. 시장경제에서의 교환행위는 대부분 시장을 통해 이루어지지만 사회에는 시장만이 있는 것은 아니며, 가정, 기업, 교회, 각종 협회, 시민단체 등 수없이 많은 조직이나 공동체가 있는데, 이러한 소집단에서의 인간관계란 시장을 통해 이루어지는 경제적 관계는 아니며, 이웃사랑, 희생정신, 다른 사람의 이익을 앞세우는 연대의식과 같은 인간적·사회적인 관계의 성격을 가지고 있다. 이러한 관계는 부족사회와 씨족사회에서 지배하던 공동체 윤리가 인간 행동의 기본원리가 되는데, 이를 사회윤리(Moral des Sozialen)라고 한다(E. Hoppmann, 1995).

위에서 지적한 바와 같이, 시장경제사회에는 두 가지의 윤리가 공존하고 있다는 사실이다. 하나는 시장윤리, 다른 하나는 연대의식과 이웃사랑이란 사회윤리이다. 이 두 가지 윤리는 서로 모순되는 것은 아니다. 시장경제사회라 하더라도 사람은 물질적·이기적인 동기에 의

해서만 행동을 하는 것은 아니며, 공동체나 집단이익을 위해서도 행동하기 때문이다. 만일 이러한 두 가지 윤리가 공존하지 않았더라면 시장경제사회는 비인간적인, 메마르고 황폐한 사회가 되었을지도 모른다. 이런 맥락에서 볼 때, 신고전학파 경제학이 인간을 물질적인 복지만을 추구하는 합리적·이기적 개인으로만 가정하고 있음은 잘못이라 하지 않을 수 없다(F. Fukuyama, 1996).

시장윤리와 사회윤리는 외견상으로는 상호 모순되는 것 같지만, 시장경제에서는 각각 나름대로의 역할이 있기 때문에 배타적으로만 생각할 것이 아니라 이를 잘 보존하는 것이 바람직하다. 오늘날 우리 사회에서 보는 바와 같이 시민단체, 예컨대 경실련이나 참여연대와 같은 조직은 사회정의와 연대의식과 같은 사회윤리에 입각해 행동하는 대표적 예로서 시장경제질서의 발전에 크게 기여한다고 할 수 있다.

4 윤리와 외부성

앞에서 우리는 시장경제질서가 작동하기 위해서는 행동규칙이 필요하며, 행동규칙은 일련의 윤리적 가치, 예컨대 정직, 성실, 근면, 신뢰, 약속이행 등을 기초로 하고 있다는 것을 지적하였다. 이러한 윤리적 가치가 뒷받침될 때만 시장경제질서는 제대로 작동되어 사적 이익과 사회적 이익은 조화를 이루는 가운데 자원의 효율적 배분이 가능하다. 이와 같이 윤리적 가치가 중요한 것은 사회의 구성원이 더 열심히 일하고, 더 정직하고, 신뢰성이 있을 때는 그렇지 않은 사회보다도 더 능률적이고 생산적이 되기 때문이다. 뷰캐넌(J. M. Buchanan)에 의하면, 근로윤리나 저축윤리는 외부성을 창출함으로써 경제발전에 긍정적인 영향을 미친다고 한다.

예컨대 일을 더 많이 한 사람은 그 사람의 소득만 증대시키는 데 그치지 않고 다른 사람의 소득도 증대시키게 된다는 것이다. 왜냐하면, 일을 더 하면 더 많은 수입을 올릴 수 있고, 수입이 늘어나면 지출도 늘어남으로써 교환망(exchange network)의 크기가 확대되어 교환망에 들어오는 다른 모든 시장참여자의 소득도 증대시킨다는 것이다. 다시 말하면, 사회 전체로 볼 때, 노동투입이 증가한 것 이상으로 국민소득이 증대하는 보수체증의 법칙이 작용한다는 것이다(J.M. Buchanan, 1995). 가령 어떤 사람이 주당 노동시간을 두 배로 증가시키면 그 사람의 소득도 두 배로 늘어나고 지출도 그만큼 늘어나 시장의 크기가 확대된다. 시장의 크기가 확대되면 스미스가 지적한 대로 분업이 촉진되고, 분업촉진은 생산성의 증대를 가져옴으로써 국민총생산은 증가하는데, 요소투입이 증가한 비율 이상으로 증대된다는 것이다. 여기서 보수체증이란 개별기업이나 산업의 생산과정에서의 규모크기에 대한 것을 의미하는 것이 아니고 국민경제 전체의 크기에 대한 보수체증을 의미한다.

국민경제 전체의 크기에 대해 보수체증이 작용하는 것은 일을 더 하고자 하는 근로윤리가 외부성을 창출하기 때문이며, 외부성이 창출되는 것은 시장참여자는 교환관계를 통해 경제적으로만 상호 의존관계에 있는 것이 아니라, 윤리적으로도 상호 의존관계에 있기 때문이다(J.M. Buchanan, 1991). 일을 열심히 하는 사람이 경제적으로 성공을 하여 사회적으로 존경을 받게 되면 근로윤리가 사회적으로 확산됨으로써 외부성이 창출된다는 것이다. 이러한 윤리의 외부성 때문에 일을 더 하고자 하는 근로윤리가 강한 나라에서는 경제발전이 촉진되며, 반대로 근로윤리가 약한 사회는 발전이 후퇴할 수밖에 없다는 것이다. 사람들이 일을 더 많이 하는 것은 다른 사람에게 외부적 편익을 주는 반면, 일을 적게 하는 것은 다른 사람에게 외부적 손해를 주기 때문이다. 윤리가 외부성을 창출함으로써 경제 전체의 크기에 영향을 줄 수 있다는 것을 간과한 것은 신고전학파 이론의 맹점이라 할 수 있다.

노동윤리에 관한 논리는 저축윤리에 대해서도 적용될 수 있다. 즉, 노동윤리가 외부성을 창출하는 것과 마찬가지로 저축을 더 하고자 하는 저축윤리도 외부성을 창출한다는 것이다. 저축을 더 많이 하면 투자가 증대되고, 이는 자본재의 생산증대를 가능하게 한다. 자본재는 생산적이기 때문에 생산성이 증대된다. 가령 1\$만큼의 투자를 하면 1.05\$만큼의 생산을 가능하게 함으로써 시장규모를 크게 한다는 것이다. 경제규모가 크게 되면 분업의 가능성이 커지고 생산성 증가를 가져옴으로써 모든 사람의 복지를 증대시킨다.

이와 같은 노동윤리와 저축윤리가 얼마나 강하고 실제 개인의 행동에 얼마만큼의 영향을 미치는가는 사람에 따라, 사회 환경에 따라 다르며, 시간에 따라 변화하게 되는데, 이는 그 사회의 전통, 관행, 종교와 같은 문화적 요인에 의하여 크게 영향을 받기 때문이다.

5 결론

위에서 지적한 바와 같이 시장경제질서는 윤리와 무관한 가치중립적인 순수한 경제적 제도가 아니라 윤리적 가치를 기초로 하고 있다. 시장경제가 작동하기 위해서는 일반적·추상적인 행동규칙이 필요한데, 이 행동규칙이 지켜지려면 일련의 윤리적 가치가 뒷받침되어야 되기 때문이다. 예컨대, 정직성, 진실성, 신뢰성, 책임의식, 공정성 등과 같은 일련의 윤리적 가치가 시장참여자에 의하여 생활화·습관화되어야 한다. 이러한 가치관이 사회에서 생활화·습관화되기 위해서는 이를 잘 지키는 사람이 사회적으로 성공을 하고 존경을 받는 풍토가 조성되어야만 한다. 서방세계에서 시장경제질서가 잘 발달될 수 있었던 것은 이러한 가치관이 오랜 세월 동안 사회의 모든 계층, 특히 농민, 상인과 수공업자 등과 같은 자영업자에 의하여 전수되고 생활화되었기 때문에 가능하였다는 것이다.

이와 관련하여 중요한 것은 행동규칙을 단순한 법이나 규정 등과 같은 공식적인 제도로만 이해해서는 안 된다는 점이다. 우리는 흔히 시장경제가 잘 작동되기 위해서는 법과 제도만 잘 만들어지면 되는 것으로 이해하기 쉽다. 그러나 아무리 좋은 법과 제도가 잘 만들어진다 하더라도 사람들이 이를 지키지 않으면 시장경제는 제대로 작동될 수 없다. 행동규칙이 잘 지켜지기 위해서는 앞에서 지적한 일련의 가치가 모든 계층의 사람들에 의하여 생활화·관행화되어야 한다. 이러한 윤리적 가치를 비공식적 행동규칙이라고 할 수 있는데, 공식적 행동규칙이 시장경제의 필요조건이라면 비공식적 행동규칙은 시장경제의 충분조건이라 할 수 있다. 그런데 시장경제의 행동규칙은 그 나라의 역사, 전통 및 문화와 밀접한 관계를 가지고 있기 때문에 시장경제질서가 능률적이고 매우 좋은 경제제도인 것만은 틀림없으나 이를 정착, 발전시킨다는 것은 결코 용이하지 않다.

이러한 점은 오늘날 우리 경제에도 시사하는 바가 크다. 정부는 각종 제도개혁으로 새로운 행동규칙을 만들고 있으나, 위에서 지적한 일련의 윤리적 가치관이 확립되고 사람들에 의하여 생활화되지 않고는 소기의 성과를 거두기 어렵다. 새로운 가치관의 확립이 어려운 것은 그것이 단순히 경제 분야만의 문제가 아니라 다른 사회분야, 예컨대 정치, 행정, 사법, 언론, 종교, 문화 분야의 문제이기도 하며, 이들은 상호 의존적이므로 어느 한 분야의 개혁만으로는 성공할 수 없기 때문이다. 정치가 부패, 파당정치화가 되고, 사법부의 신뢰성이 추락되고, 공직사회가 부패되고, 지연과 학연이 능력보다 우선하는 사회에서는 정직, 성실, 준법정신, 책임감, 신뢰감 등의 가치관이 뿌리를 내릴 수 없다. 이러한 가치관이 모든 사회구성원에 의하여 생화·관행화되지 않고서는 시장경제질서의 진정한 창달은 어렵다 하겠다.

📖 참고문헌

공병호(1996), 『시장경제란 무엇인가』, 한국경제연구원 자유기업센터, 96, 120 – 123
민경국(1997), 『시장경제의 법과 질서』, 한국경제연구원 자유기업센터, 334.
박세일(1989), "아담 스미스의 도덕철학체계," 조순 외, 『아담 스미스 연구』,

민음사, 38.

Boulding K. E.(1958), Principles of Economic Policy, Maruzen CO., LTD., 115.

Buchanan, J. M.(1991), The Economics and the Ethics of Constitutional Order, The University of Michigan Press, 159.

_____(1995), Ethics and Economic Progress, University of Oklahoma Press, 25.

Fukuyama, Francis(1996), Trust, A Free Press Paperbacks Book, 18.

Giersch, H.(1993), Die Ethik der Wirtschaftsfreiheit in: Handbuch Marktwirtschaft, hrsg. von Roland Vaubel und Hans D. Barbier. —2. Aufl. — Stuttgart, Neske, 114.

Hayek, F. A.(1960), The Constitution of Liberty, Chicago University Press, 222.

_____(1967), Studies in Philosophy, Politics and Economics, London : Routledge & Kegan Paul, 165 — 164.

Hirschman, A. 0.(1981), Essays in Trespassing, Cambridge University Press, 301.

Hoppmann, E.(1993), Prinzipien freiheitlicher Wirtschaftspolitik, J. C. B. Mohr (Paul Siebeck), Töbingen, 8 — 9, 20.

_____(1995), Moral und Markts

저자 소개

김적교

학력 및 경력

1. 학력

1958	서울대학교 상과대학 경제학학사
1961	미국 Vanderbilt대학교 경제학석사
1964	네덜란드 사회과학원(ISS) 경제기획Diploma
1970	독일 Bochum대학교 경제학박사

2. 주요경력

1958-61	부흥부 기획국 관리과 근무
1962-63	경제기획원 2차산업국 사무관
1966-71	Bochum대학교 개발연구 및 개발정책연구소(IEE) Assistent
1971-79	한국개발연구원(KDI) 수석연구원, 연구2부장
1979-81	국제경제연구원 부원장
1982-00	한양대학교 경제학과 교수, 경제연구소장, 학술연구처장, 경영대학원장
1982-83	Bochum대학교 동아세아학부 객원교수
1986	한국국제경제학회 회장
1988,94	아세아개발은행(ADB) 자문관(consultant)
1989-90	기술경제연구회 대표간사
1989-92	대외경제정책연구원 초대원장
1993,1995	UNIDO(UN공업개발기구) 자문관
2000	Duisburg대학교 동아경제연구소 객원교수
2003,04	UN인도네시아재건기획단(UNSFIR) 자문관
2005-09	경희대학교 아태국제대학원 객원교수
2000-현재	한양대학교 경제금융대학 명예교수

3. 자문활동

1973	경제기획원 장기전망심의위원회위원
1977-91	경제기획원 제4차5개년계획-6차5개년계획 계획조정위원회위원
1979-94	한국무역협회 통상진흥위원회위원
1981	국무총리실 정책자문위원회위원
1983-89	과학기술처 정책자문위원, 국책개발사업심의위원회위원
1985-99	아산사회복지재단 연구개발부문 자문위원
1985-89	상공부 공업구조민간협의회,공업발전심의회위원
1987-88	한국생산성본부 자문위원
1987-97	재정경제원 금융산업발전심의회위원
1988-90	대통령 물가안정위원회위원
1989	한국은행 자문위원
1989-97	산업은행 자문위원
1993-97	산업자원부 업종전문화협의회위원
1996-97	재정경제원 경쟁력강화추진위원회위원

4. 저술활동

【단행본】

〈국문〉

1. 예산제도 개선에 관한 연구, 한국개발연구원, 1975. 1.
2. 우리나라 제조업의 생산성 분석, 한국개발연구원, 1979. 1.
3. 한국기계공업의 구조와 전망(편), 한국개발연구원, 1979. 10.
4. 한국·대만·일본의 제조업 생산성분석(공저), 한양대학교 경제연구소, 1984. 7.
5. 대만의 산업정책, 한국경제연구원, 1984. 12.
6. 연구개발과 시장구조 및 생산성(공저), 한국개발연구원, 1989. 9,
7. 경제정책론, 박영사, 1996. 2.
8. 경제정책론 개정판, 박영사, 1998. 2.
9. 독일의 사회적 시장경제(공저), 한국경제연구원, 1999. 11.
10. 경제정책론, 제2개정판, 박영사, 2001. 1
11. 경제정책론, 제3개정판, 박영사, 2008. 1
12. 한국의 경제발전, 박영사, 2012. 1
13. 경제정책론, 제4개정판, 박영사, 2013. 1
14. 한국의 경제발전, 제2판, 박영사, 2016. 1
15. 경제정책론, 제5개정판(공저), 박영사, 2020. 6

〈외국어〉

1. Wirtschaftswachstum und Kapitalkoeffizient, Bertelsmann Universitätsverlag, Düsseldorf, 1972.
2. Planning Model and Macroeconomic Policy Issues(ed.), Essays on the Korean Economy, vol. l, Korea Development Institute, March 1977.
3. Industrial and Social Development Issues(ed.), Essays on the Korean Economy, vol. ll, Korea Development Institute, March 1977.
4. Public Finances during the Korean Modernization Process(coauthor), Studies in the Modernization of the Republic of Korea : 1945-75, Harvard Univ. Press, 1986.
5. Korea's Development Policy Experience and Implications for Developing Countries, Korea Institute for International Economic Policy, 2008.
6. Economic Development of Korea, World Scientific Publishing Co., Singapore, 2019.

【주요논문 및 연구보고서】

[국문]

〈논문〉

1. 후진국경제개발에 관한 이론적 분석: 균형성장론 대 불균형성장론, 계간경제조사, 8권1호, 경제기획원, 1963. 3.
2. 우리나라 제조업의 생산성 분석, 한국개발연구, 한국개발연구원, 1979 창간호.
3. 산업기술수준 측정에 관한 시도(공저), 한국개발연구, 한국개발연구원, 1979 가을호
4. 우리나라 제조업의 성장과 생산성 추이, 경제연구, 제3권 제2호, 한양대 경제연구소, 1982. 11.
5. 한국 전자공업의 기술수준격차의 측정에 관한 연구(공저), 경제연구, 제7권 제1호, 한양대 경제연구소, 1986. 5.

6. 빈곤층과 비빈곤층간의 소득분배, 경제연구, 제8권 제2호, 한양대학교 경제연구소, 1987. 11.
7. 고부가치, 고임금과 기술혁신, "90년대의 과학기술혁신의 방향"에 관한 학술발표회, 서울대학교 사회과학연구소, 1988. 2.
8. 우리나라 공업화의 특징과 문제점, 봉산 고승제 박사 고희기념 논문집, 서울대학교 출판원, 1988. 5.
9. 우리가 지향해야 할 시장경제체제와 정책방향, 서강 하버드비즈니스, 제7권 제2호, 한국경제신문사, 1989. 3.
10. 우리나라 서비스 산업의 성장과 생산성 분석(공저), 경제연구, 제10권 제2호, 한양대 경제연구소, 1989. 11.
11. 동·서독 경제통합의 교훈, 제28차 국제경제학회 정기학술발표회, 1991. 6.
12. 동북아 경제협력의 형태와 방향, 동북아경제권에서 본 신 태평양공동체제안, 동북아경제협력 민간협의회, 1994. 8.
13. 질서이론과 질서정책, 국제경제연구, 제3권, 제1호, 한국국제경제학회, 1997. 4.
14. 거래비용의 거시적 추계, 국제경제연구, 한국국제경제학회, 제3권, 제3호, 1997. 12.
15. 시장경제의 윤리적 기초, 국제경제연구, 한국국제경제학회, 제5권 제2호, 1999. 8.

[연구보고서]

1. 장기경제사회발전,1977-1991(총괄 및 공업부문 집필), 한국개발연구원,1977. 12. 6.
2. 중소기업의 기술개발능력 및 기술집약형 중소기업육성 대책, 한국과학재단, 1983. 7.
3. 중소기업의 기술개발정책에 관한 연구, 대한상공회의소 1985. 2.
4. 우리나라 과학기술 예산제도의 개선방안에 관한 연구, 한국과학재단, 1985. 4.
5. 기술혁신촉진을 위한 조세지원제도의 개선방안에 관한 연구, 한국과학재단, 1986. 1.
6. 안양지역 중소기업의 기술개발 실태에 관한 연구, 안양상공회의소, 1987. 12.
7. 한독기술협력증진방안에 관한 연구, 과학기술정책연구평가센터, 1988. 5.
8. 독일경제사회통합에 관한 연구(총괄 및 감수), 대외경제정책연구원, 1990. 12.

[외국어]

1. Capital Intensity and Investment Criteria in Underdeveloped Countries, Institute of Social Studies, The Hague, 1964.
2. Productivity Analysis of Korean Export Industries, KDI Working Paper 7203, June, 1972.
3. Exports and Productivity Trends of Korean Manufacturing Industries, in Wontack Hong and Anne O. Kreuger (eds.) "Trade and Development in Korea", Korea Development Institute, 1975.
4. The Growth Pattern of Central Government Expenditure in Korea, KDI Working Paper 7702, March 1977.
5. The Growth of the Automative Industry in Korea, KDI Working Paper 7709, August 1978.
6. Industrial Policy and Small and Medium Industries in Korea, Working Paper, No. 19, KIEI, December, 1981.
7. The Major Government Policies and Outlook for the Korean Economy, presented at International Symposium on "South Korea-Stagnation or Change" organized by Friedrich Ebert Stiftung, Bonn, Germany, Nov. 1981.
8. Ancillary Firm Development in the Korean Automative Industry(coauthor), KIEI Working Paper No. 13, October, 1980, a revised version to appear in Konosuke

Odaka ed., the Motor Vehicle Industry in Asia, Singapore University Press, 1983.

9. Development Strategy and Economic Development in Korea, presented at the Development Exchange Program for Economic Planning and Development, sponsored by the Institute of Economic Research, Hanyang University, and the Ministry of Science and Technology, Dec. 1985.

10. 製造業の成長と生産性，韓國の經濟發展，渡辺俊夫・朴宇熙編，文眞堂，東京，1983.

11. 韓日經濟關係の課題と改善策，經濟評論，日本評論社，東京，1985. 7.

12. Technological Innovation of Production in Small and Medium Firms in Korea, presented at Korean - German Seminar on the Role of Small and Medium Industry in Technological Development and Structural Change, Small and Medium Industry Promotion Corporation, Seoul, Nov. 1986.

13. Government Policy and Industrial Innovation in Korea, presented at International Symposium on Technological Competition in the 21st Century, Duisburg, Germany, August 3-7, 1987.

14. Small Medium Industries and Technology Development in Malaysia, submitted to Asian Development Bank, September 30, 1988.

15. Evolution of Industrial Policy in Korea, in Wolfgang Klenner ed., Trends of Economic Development in East Asia, Essays in Honor of Willy Kraus, Springer-Verlag, Berlin, Heidelberg, New York, 1989.

16. Economic Development Policy Planning in Korea, presented at international Conference on Public Policy Planning, Taipei, June 11-19, 1989.

17. Prospects/Problems for the Korean Economy and Implications for Korea-U.S. Trade, presented at Conference on "Korea-US Relations : Managing Change - A Bilateral Dialogue on Business in the 1990s" cosponsored by the Federation of Korean Industries and the Asia Society, New York, April 17, 1990.

18. Intra-German Trade and Its Lessons for Korea, presented at International Conference on "The Ordeal of the Unification of Germany and the Korean Peninsula", cosponsored by the Dong-A Daily News and the Free University of Berlin, Berlin, December 12, 1990.

19. Conceptual Framework and Modality of the Northeast Asian Economic Cooperation, in "Northeast Asian Economic Cooperation", ed. by Jang-Won Suh Korea Institute for International Economic Policy, 1991.

20. The Openness and Performance of Korean Economy(coauthor), presented at Annual Conference of the Korea-America Economic Association, Anaheim, California, Jan. 5-7, 1993.

21. SMEs Development, SMEs Policy Approaches, Achievements and Constraints in the Republic of Korea, submitted to UNIDO, Nov. 1993.

22. Industrial Development and Science and Technology Policy Planning in Korea, submitted to Asian Development Bank, June 19947.

23. Industrial Development and Science and Technology Policy in Taiwan, submitted to Asian Development Bank, July 1994.

24. Development of Industrial Sub-Contracting in Korea, submitted to UNIDO, Sep. 1995.

25. Outward-looking Development Strategy and Export-promoting Policy, presented at International Seminar on Industrialization and Export-led Growth Strategies organized by Korea Development Institute and Development Strategy Institute,

Hanoi, Vietnam, Feb. 26-28, 1996.

26. Korea's Trade and Industrial Policies since the early 1960s, presented at International Seminar on Vietnam's Long-Term Economic Development Prospects from Present to the Year 2000, Korea Development Institute, Aug.25-Sept. 1, 1996.

27. Korean Experience in Outward-looking Development Strategy, presented at International Conference on Integration of Central and Eastern European Countries into the World Economy, Duisburg University, Duisburg, Germany, Apr. 24-26, 1997.

28. Government Policies for Promoting Linkage between Big Corporations and SMEs in Korea, presented at International Workshop on Linkage Schemes Between Big Corporations and Small and Medium Enterprises organized by the Colombo Plan Secretariat, Asian Development Bank, and Indonesian government, Jakarta, Indonesia, June 16-28, 1997.

29. Emergence of WTO and Its Implications for Developing Countries, presented at International Workshop on Development of Export Capability of SMEs organized by the Colombo Plan Secretariat, Lahore, Pakistan, May 11-20, 1998.

30. Evolution of Trade and Industrial Policy in Korea, in "Rahmenbedingungen von Entwicklung - Festschrift zum achtzigsten Geburtstag von Willy Kraus," Olzog-Verlag, München, 1998.

31. Target Setting and Major Policy Direction for Paraguay during 1999-2003, submitted to government of Paraguay, Aug. 1998.

32. On the Origins of the Korean Financial Crisis: An Institutional Approach, Duisburg Working Papers on East Asian Economic Studies, No.55/2000, Duisburg University, Oct. 2000.

33. Productivity Growth in Sri Lankan Manufacturing and Policy Implications, submitted to the Ministry of Constitutional Affairs and Industrial Development, the Government of Sri Lanka, June 28, 2001.

34. The Role of Government in Korea's Economic Development, presented at International Conference on Experiences from Economic Development in Korea for Enforcing Rural Economic Development in Cambodia jointly organized by The Office of Council of Ministers and Korea Development Institute, Phnom Penh, March 7-8, 2002.

35. SMEs Development Policy for Costa Rica, submitted to Ministry of Economy, Industry and Commerce, Government of Costa Rica, July, 2003.

36. Industrial Development Strategy for Indonesia; Lessons from the Korean Experience, submitted to United Nations Support Facility for Indonesian Recovery(UNSFIR) and National Planning Agency(BAPPANES), Government of Indonesia, November, 2003, published in UNSFIR Working Paper Series No. 03/02: Revised version to appear in Journal of the Asia Pacific Economy, vol.10, No. 3, 2005.

37. SMEs Development Policy in Korea and Its Implications for Indonesia, presented at international workshop on "Indonesia: Tackling the Challenges to SMEs of Global Integration and Regional Integration, June 8-9, 2004, Jakarta, Indonesia.

개발연대의 정책 이야기

초판발행	2023년 1월 20일
지은이	김적교
펴낸이	안종만·안상준
편 집	전채린
기획/마케팅	최동인
표지디자인	이영경
제 작	고철민·조영환
펴낸곳	(주)**박영사**
	서울특별시 금천구 가산디지털2로 53, 210호(가산동, 한라시그마밸리)
	등록 1959. 3. 11. 제300-1959-1호(倫)
전 화	02)733-6771
f a x	02)736-4818
e-mail	pys@pybook.co.kr
homepage	www.pybook.co.kr
ISBN	979-11-303-1674-1 93320

copyright©김적교, 2023, Printed in Korea

* 파본은 구입하신 곳에서 교환해 드립니다. 본서의 무단복제행위를 금합니다.
* 저자와 협의하여 인지첩부를 생략합니다.

정 가   19,000원